外国语言文学与文化论丛

四川大学外国语学院

四川大学出版社

特约编辑:余　芳
责任编辑:敬铃凌
责任校对:周　洁
封面设计:米迦设计工作室
责任印制:王　炜

图书在版编目(CIP)数据

外国语言文学与文化论丛. 10 / 四川大学外国语学
院主编. —成都：四川大学出版社，2014.5
　　ISBN 978-7-5614-7679-6

　　Ⅰ.①外… Ⅱ.①四… Ⅲ.①语言学-国外-文集②
外国文学-文学评论-文集③文化学-国外-文集
Ⅳ.①C53

中国版本图书馆 CIP 数据核字（2014）第 103921 号

书名　**外国语言文学与文化论丛** · 10
　　　Waiguo Yuyan Wenxue yu Wenhua Luncong

编　　者　四川大学外国语学院
出　　版　四川大学出版社
地　　址　成都市一环路南一段24号 (610065)
发　　行　四川大学出版社
书　　号　ISBN 978-7-5614-7679-6
印　　刷　郫县犀浦印刷厂
成品尺寸　165 mm×240 mm
印　　张　17
字　　数　306 千字
版　　次　2014 年 5 月第 1 版
印　　次　2014 年 5 月第 1 次印刷
定　　价　45.00 元

◆读者邮购本书,请与本社发行科联系。
　电话:(028)85408408/(028)85401670/
　(028)85408023　邮政编码:610065
◆本社图书如有印装质量问题,请
　寄回出版社调换。
◆网址:http://www.scup.cn

目　录

文　化　CULTURE

翻　译　TRANSLATION

语言学·语言教学

LINGUISTICS · LANGUAGE TEACHING

大学英语课堂中教师的角色构建

余 黎

（四川大学外国语学院，成都 610064）

摘 要：随着全球化的发展，英语作为国际通用语言的地位日益凸显，世界英语以及各种英语的变体也应运而生。在世界英语的大背景下，大学英语教师应以培养学生的跨文化能力为目标，在以学生为中心的教学中充分利用各种资源和方法激发学生，形成学生的学习自主权。同时，教师也应不断地培养教师自主权，做到教学相长。

关键词：世界英语；跨文化能力；激发学生；学习自主权；教师自主权

1. 国际英语还是世界英语？

回顾英语的发展历史，早在公元 5 世纪，盎格鲁人、撒克逊人和朱特人三个日耳曼部落入侵大不列颠岛，随着社会的发展，一门新的语言，也就是英语的前身逐渐形成，并逐渐取代了当时该地使用的凯尔特语。之后，英语又经历了古英语、中古英语、近代英语、现代英语等时期。随着英国发展为日不落帝国，其对外殖民扩张的过程也是英语不断吸收外来文化的过程。随着互联网的出现和全球化的影响，英语的地位不断上升，英语在全球的影响力也得到很大的扩展，同时，与英语全球化地位相关的新名词也不断涌现。其中，就包括世界英语和国际英语。哪种模式的英语应该被搬上大学英语的讲堂呢？

国际英语（International English）强调的是由于受到全球化的影响，英语成为在全球范围内进行交流的手段和工具，并且国际英语的概念更趋向于全球化的标准英语（Standard English）。坚持标准英语"SE"一说的代表人物包括英国著名的语言学家伦道头·夸克（Randolph Quirk）。他坚称英语在其发展过程中虽然衍生出很多变体，但这些变体与英国英语和美国英语是无法相提并论的，并强调标准英语的重要性（Quirk，1990：5）。另外一位语言学家波恩（Berns）对夸克的观点表示支持，认为对于英语为非母语的人来说，英国英语和美国英语应该是他们学习英语时可遵循的规范和标准，是正规语言学习环境中的示范（Berns，1995：3-11）。国际语言虽然强调的是英语的国际化，然而，正如英语的单数形式一样，研究者主要站在英国英语或美国英语的立场来探讨英语国际化的问题（潘章仙，2004：22）。就英语是否应该标准化以及什么样的英语才能成为标准英语这个问题，迄今为止，都没有一个准确清晰的答案（王银泉，2002：63）。

关于世界英语（World Englishes）的研究，最具影响力的理论来自美籍印度著名语言学家卡齐鲁（Kachru）提出的"三大同轴圈"理论（3 circles model of Englishes）。根据不同国家的历史、社会语言和文化特征，他将全世界的英语分为三大圈，分别为：内圈（inner circle），将英语作为第一语言的国家和地区；外圈（outer circle），将英语作为第二语言的国家和地区；延伸圈（expanding circle），将英语作为外语的国家和地区（Kachru，1985：11-30）。作为国际上的通用语言（lingua franca），英国在不同的国家和地区中被广泛使用，因此，必然出现带有各地文化特色的英语或英语变体，如印度英语、马来西亚英语、新加坡英语、中国英语等。新加坡学者安·帕克（Anne Pakir）用"glocal language"（Pakir，2003）一词来描述世界英语的多元化。她表示英语既是世界的和开放的，也必定带有特定的地域色彩（Pakir，1999）。

随着英语在学校的普及以及在各个领域的广泛应用，中国英语这种英语变体已呈现出不可阻挡的趋势。"Long time no see"已经确立了正确的地位，"people mountain and people sea"在美国已开始登上大雅之堂。西方人在谈论中国时也不可避免地用到"four modernization"（四个现代化）以及"Strike Hard Campaign"（严打运动）这些富有中国特色的词汇。中国英语在词汇层面的特征最为明显（潘章仙：2002：24-26）。那么，作为从事对外英语教学（TESOL）的教学工作者，我们应该如何设置中国英语的标准与模式呢？我们作为把英语作为外语进行考量的延伸圈国家，必须建立一套与英国英语或者美国英语格局接近但又具有自身文化特色的语言标准。有两个方面需要着重强调：一是语言的多样化（diversity），二是语言本身的动态性（dynamic nature）。正如外语界的前辈王宗炎先生所说的那样："跨文化交际是双向的交流。在中国人力图学习地道的英语，学习英美本族语的同时，对方也在捕捉、模仿中国人的一些语言思维习惯。"（杜争鸣，1998：11）语言学家卡齐卢（Kachru）讲到，英语现在已经具有多重的文化身份（Kachru，1985：357）。科克帕里克（Kirkpatrick）在 World Englishes: Implications for International Communication and ELT 一书中提到，某个地区的英语变体会反映出当地的文化和思维，并通过英语向世界传播。他以中国文化来举例，中国的传统中医、孙子兵法、孔子学说等已被很多西方国家所熟知，它们都是通过英语传播到西方国家的典型例子（Kirkpatrick，2007：37）。

因而，在世界英语和多元文化的大环境下，我们在英语教学时应强调培养学生的跨文化能力（intercultural competence），并把它作为培养学生的首要目标，从而达到实现有效交流（effective communication）的目的，而不能一味地追求所谓的标准英语。我想，这也是英语全球化带给大学英语教学的意义。

2. 激发学生与学习自主权

既然明确了世界英语的趋势要求教师在教学时注重培养学生的跨文化能力，那么在具体的课堂中，作为教师，如何成功地激发学生（motivating students）呢？关于教育，我国古代著名的道家学派著作《老子》中讲道："授人以鱼，不如授人以渔。"关于教学，英国也有句名言："You can take a horse to water, but you can't make it drink."这两句名言都在讨论激发学生的策略。引用德尔涅伊与泽尔（Dörnyei & Csizer）的研究结果"Ten Commandments for motivating English learners"（Dörnyei，1998：215），讨论的策略包括提高学生的学习自主权（learner autonomy），个性化学习过程，提高学习者学习外语的信心，同学习者建立良好关系，培养学习者的目标性，使学习者熟识目标文化（target culture），用自己的行为为学生树立榜样，合理地设置任务，营造课堂轻松的学习氛围，以及增加语言课堂的趣味性。在教学的过程中，如何选择能够吸引学生感官的信息以及激发学生主动探索知识对于教师来说是一个挑战。这必然涉及教学中材料的选择和设计。教材在教学环境中到底应该扮演怎样的角色？它可以是老师、地图、资源、教练、权威或一种意识形态，也很可能成为"deskiller"（take away the skill of the teachers）。也就是说，一位教师如果在多年的教学中过分地依赖于教材，则可能会丧失很多教师的基本技能。

除此之外，在日常的课堂管理中，一定要注重培养学生的批判性思维。学习者首先要能够表达自己的观点，其次要争取做到更具原创性和批判性。同样，作为教师，要在课堂上给予学生更多的选择权，引用威廉与伯登（William & Burden）的理论"more choices lead to higher motivation"（William，1997），更多的选择权往往更能激发学习者的学习动机，从而构建学习自主权。德尔涅伊与奥托（Dörnyei & Ottó）曾指出，学习的动机和学习自主权是密不可分的，这一观点已被普遍认可。学习自主权（learner autonomy）这一概念最早由法国学者霍尔克（Henri Holec）提出，他对"learner autonomy"的定义为"对自己的学习愿意负责的一种能力"（Holec，1981：3）。其核心的能力包括"active"，"risk-comfortable"以及"reflective"。学者大卫·利特尔（David Little）把学习自主权定义为"a capacity for 'detachment, critical reflection, decision making and independent action'"（Little，1991）。在课堂中，教师可以一步一步引导学生获得学习自主权。根据班森和沃勒尔（Benson & Voller）所述的办法，在课堂中构建学习者自主权的过程分为五个阶段："Teacher controls"，"Teacher supervises"，"Teacher facilitates"，"Teacher advises"，"Students control"。通过课堂上的多种任务互动，循序渐进，学习者最终获得学习自主权，课堂逐渐由教师为中心变成以学生为中心。但以学生为中心的英语学习课堂的开展，并不意味着教师职责的逐渐减弱（Arnold，1999）。既然激发学生是成功教学的关键因素之一，那么教师应当将激发学生的方式方法当作有效教学的中心来看待。

3. 教师自主权

在以学生为中心的课堂，以培养学生跨文化能力为目标的英语教学中，教师仍然发挥着关键作用。学者们也逐渐意识到要培养学生的学习自主权，我们必须首先培养教师自主权（Benson，2000）。教师自主权被定义为教师通过自身的努力提高教学的能力（Lamb & Reinders，2008）。

今年暑假笔者前往英国赫瑞瓦特大学（Heriot-Watt University）进行教学培训，老师们被分成很多小组。我们首先去实地观摩了"EAP pre-sessional programme"（学术用途英语预备课程）的课堂。在课堂观摩的基础上，老师们一起讨论了听、说、读、写的教学技巧。首先，针对英语的说（speaking），课堂上不同的口语练习往往会有不同的侧重，包含流利度（fluency）、准确性（accuracy）以及复杂性（complexity）；同时，学习者还必须要有跨文化的意识。要学会一门语言，学习者必须了解该语言是如何在社会文本（social context）中被运用的。成功的口语交流包含许多元素：词汇（lexical）、句法（syntactic）、实用（pragmatic）、语音（phonological）、文化（cultural）。因而，学习者必须通过大量的不同种类的口语任务的练习，才能够掌握交流的技能。

针对英语的听（listening），我们又该如何进行有效的教学呢？巴克与龙岗（Buck & Tatsuoka）关于二语听力的理论提出："Second-language listening ability is not a point at one linear continuum, but at a point of multi-dimensional space."（Buck and Tatsuoka, 1998：146）作为一项被最广泛运用的语言技能，听力理解包含了自上而下（top-down processing）和自下而上（bottom-up processing）两个信息处理过程。针对听力的教学，仅仅靠大量的练习是不够的。教师应该帮助学习者掌握听力的策略，主要包含六大点：第一，学习者主动提出假设或推断（hypotheses），学习者应重视整体的内容而避免在单词上花费太多功夫；第二，成为听力中成功的参与者，在对话中给予对方回应（back-channeling）；第三，"自我效能"（self-efficacy）（Bandura, 1977），提高学习者的自信心；第四，提高学习者在沟通中的跨文化意识；第五，增加口语任务的真实性（authenticity）；第六，设计涵盖有效听力的四大元素（global, intensive, selective, interactive）的听力任务。

如何教授英语的读（reading）和写（writing）呢？在课堂上，培训教师首先带领我们做了一个小实验：发给每位老师一篇用世界语（Esperanto）编写的简短新闻，要求回答三个问题。虽然老师们都没有学习过世界语，但是看完新闻，大家都能回答或推测三个问题的答案。根据这个试验，我们了解到理解文本的关键在于正确地理解语言线索（clue），即使学习者对某门语言的知识非常有限，他仍然能够使用一些语言线索来帮助理解。这些语言线索包括文本的布局（layout）、图片、同英语相似的词、跨语言的信息等。针对写作，教师们应设计更为交际型、整体化，更具真实性以及能够提供读者身份（readership）的写作任务，使学习者得以锻炼写作中多方面的能力。

在接下来的培训中，老师们针对学术用途英语（EAP）展开了讨论，并且针对 EAP 的听说读写技能的教学进行了探讨。学术用途英语的重心在于读和写，大多数学生在学习 EAP 的过程中存在的问题包括阅读的速度太慢、无法理解整篇文章的大意等。研究发现，阅读速度和语言理解是呈正相关的，那么如何提高学习者的阅读能力呢？一些成功的阅读者的经验策略如下：阅读的目的清晰明确，能够系统地搜寻文章，批判性地阅读，能够意识到学术性的文章是互相关联的等等。同样，EAP 的写作相对于一般用途英语而言，也是有明显的区分的。在学术写作中，应尽量不用缩写，而是使用词语的完整形式；在正式文体中，尽量使用名词化的措辞（nominalized phrasing），少用动词、暂定的结论，避免太过主观化的写作。

4. 小结

学习一门外语，基本功对学生而言是相当重要且不能被忽略的。作为教师，我们也应该重视培养学生的语言基本功，不断改善教学方法。此外，学习一门语言，必然离不开语言中包含的文化及孕育语言的环境。这就要求我们务必熟知英语国家的文化，同时也应不断思考我们自身的文化，这也就回到了第一节所讨论的教学目标跨文化能力（ICC）上了。语言学习的各个方面环环相扣，教师也应与时俱进，教学相长。

参考文献：

杜争鸣. 世界英语语境与中国英语中的语言与文化 ［J］. 外语与外语教学，1998.

潘章仙. 语言的主体性空间：世界语言探索 ［J］. 外语学刊，2004.

潘章仙. 中国英语变体的研究——回顾与展望 ［J］. 外语研究，2002（6）.

王银泉. 英语的全球化、本土化与标准化 ［J］. 解放军外国语学院学报，2002.

Arnold, J. *Affect in Language Learning* ［M］. Cambridge：Cambridge University Press，1999.

Bandura, A. Self-efficacy：Toward a Unifying Theory of Behavioral Change ［J］. *Psychological Review*，1977，84（2）：191 – 215.

Benson, P. & Voller, P. *Autonomy and Independence in Language Learning* ［M］. London：Longman，1997.

Benson, P. Autonomy as a learners' and teachers' right ［M］// Sinclair, B., McGrath, I. & Lamb, T. Eds. *Learner Autonomy, Teacher Autonomy：Future Directions*. London：Longman，2000：111 – 117.

Berns, M. English in the European Union ［J］. *English Today*，1995（11）：3 – 11.

Buck, G. and Tatsuoka, K. Application of the Rule-space Procedure to Language Testing：Examining Attributes of a Free Response Listening Test ［J］. *Language Testing*，1998（15）：119 – 157.

Dörnyei, Z. and Csizer, K. Ten Commandments for Motivating Language Learners：Results of an Empirical Study ［J］. *Language Teaching Research*，1998（2）：203 – 229.

Dörnyei, Z. and Otto, I. Motivation in Action：A Process Model of L2 Motivation ［J］. *Working Papers in Applied Linguistics. London：Thames Valley University*，1998（4）：43 – 69.

Holec, H. *Autonomy and Foreign Language Learning* ［M］. Oxford：Pergamon Press，1981：3 – 7.

Kachru, Braj B. Standards, Codification and Sociolinguistic Realism：The English Language in the Outer Circle ［M］// Quirk, Randolph and Widdowson, Henry Eds. *English in the World：*

Teaching and Learning the Language and Literatures. Cambridge: Cambridge University Press, 1985: 11 – 30.

Kirkpatrick, A. *World Englishes: Implications for International Communication and English Language Teaching* [M]. Cambridge: Cambridge University Press, 2007.

Lamb, T. & Reinders, H. *Learner and Teacher Autonomy: Concepts, Realities, and Responses* [M]. Amsterdam: John Benjamin, 2008.

Little, D. *Learner Autonomy1: Definitions, Issues, Problems* [M]. Dublin: Authentik, 1991.

Pakir, A. English as a Global Language: Implications for English Language Teaching Worldwide [R]. Plenary Speech at the 33rd IA TEFL Conference, Heriot-Watt University, Edinburgh, Scotland, 1999.

Pakir, A. Which English? The Nativization of English and the Negotiations of Language Choice in Southeast Asia [R] // Ahrens, Rudiger, Parker, David, Stierstorfer, Klaus and Tam, Kwok-Kan Eds. *Anglophone Cultures in Southeast Asia: Appropriations, Continuities, Contexts.* Heidelberg: University Atsverslag, 2003: 73 – 84.

Quirk, R. Language Varieties and Standard Language [J]. *English Today*, 1990 (21): 3 – 10.

Williams, M. & Burden, R. *Psychology for Language Teachers* [M]. Cambridge: Cambridge University Press, 1997.

The Construction of Teacher's Role in College English Class

Yu Li

Abstract: With the development of globalization, the influence of English as a Lingua Franca becomes more significant, and World Englishes as well as different varieties of English emerge. Under the World Englishes, the teachers of college English should place cultivating the intercultural competence (ICC) of students as the goal, and make use of various methods and resources to motivate students in student-centered teaching, till they gain the learner autonomy. Meanwhile, teachers themselves should cultivate teacher autonomy, so that teaching will benefit teachers as well.

Key words: World Englishes; intercultural competence; motivating students; learner autonomy; teacher autonomy

原型范畴理论下的汉语动趋构式语义分析

郭 霞

（四川大学外国语学院，成都 610064）

摘 要：汉语动趋构式是由"动词＋趋向词"组配而成的高频使用的语言格式。本文对该话题的关注源自一道网络趣味测试题，由此引出对"动趋构式"多样化语义属性以及属性间关系的深入讨论，进而尝试在原型范畴理论框架中概括和整合动趋构式的语义呈现。汉语动趋构式是一个原型范畴，范畴内成员间的语义扩展方向和路径不是任意的，原型范畴蕴含的"最大范畴信息量"规约了其扩展方向和路径，且成为语义扩展限制条件的认知理据。

关键词：动趋构式；原型范畴；语义分析；语义限制

1. 引 言

网上有一道颇为流行的趣味测验题：河上有一座最大承重 50 公斤的木桥，一个不会游泳且体重 80 公斤的人如何才能过桥呢？网友们对该题给出了各种回答：有的说"飞过去"；有的说"地球是圆的，朝背河方向'跑过去'总会到达河对岸"；甚至还有人根据时空转换相对论，指出"只要跑步速度超过光速，时光就会'倒转过来'，人自然就能跑过桥去"。网上的"标准"答案可能会博你一笑，也可能会让你"晕过去"，因为答案就是"晕——过去"。

本文不准备对答案的"娱乐"或"幽默"效果进行过多讨论，但"飞过去""跑过去""倒转过来"乃至"晕过去"都涉及汉语里极具特色的动趋构式，即由"动词＋趋向词"组配而成的动词短语结构。动趋构式有着复杂的语义表现和用法，由表示移动义的"飞过去"到表示状态义的"晕过去"，其间的语义变化究竟遵循了怎样的方向和路径，以及如何阐释构式语义和用法差别的认知理据，本文尝试在原型范畴的理论框架下对其做出描写。具体来说，下文将阐述三个方面的问题：第一，这几例动趋构式是否属于同一范畴？第二，如果是，原型或典型成员是哪一个？识别或判定的依据是什么？第三，范畴是否对动词存在一定语义限制，为什么"吃过去""喝过去"这类表达不能被常规性使用？

2. 经典范畴理论的解释困境

首先回顾一下经典范畴理论的相关知识要点。从亚里士多德时代开始，经典范畴理论就一直占据着哲学、心理学、语言学的核心地位。在其框架中，特征是事体的客观标志、固有本质；范畴被视为一组拥有共同特征的元素所组成的集合，可由特征束或一组充分必要条件集来定义；范畴边界是确定和闭合的，一个实体是否属于一个范畴就看它是否具有范畴的特征；范畴内成员隶属程度相等，成员之间无核心和边缘之分；对范畴可采取客观主义和静态描写的方法，可用语义特征分析法来定义范畴（王寅，2007：98－99）。因而，在经典范畴理论者看来，"走过去"和"晕过去"显然分属于不同的语义范畴。前者蕴含的"动作方式＋动作方向"特征并未出现在后者中，而后者所传递的"状态改变"信息也没有在前者里体现出来，两者具有互不相容的概念特征。如此说来，对应两个范畴的边界就应是明确和清晰的，但这个边界应该怎样明示呢？考虑到一两个具体的语料尚不足以支撑理论层面的分析，我们又收集了一些包含相似表达的例句。

例1：

（1）宝宝，快爬过去。

（2）你要从这条河里游过去。

（3）她是从村边的那座桥跑过去的。

（4）张三从第二检票口混过去了。

（5）这道坎我们一定要跨过去。

（6）她再多说一句，我就会晕过去了。

（7）听到这消息，他一下就昏迷过去了。

上例（1）（2）（3）中的动趋构式都明确表示出动作方式和动作方向的语义属性；（4）和（5）句的动趋构式中动作方式的语义角色开始淡化，动词转而表示一定动作的目的或目标；而在（6）（7）句中，动趋构式基本丧失了对动作方式的表征，趋向词表示动作方向的意义也变得比较微弱，取而代之的是对"动作的结果"或"受体状态的变化"的突显。因此，上述各例中动趋构式对应的范畴特性就可被界定为："动作方式"或"动作方向"这一语义逐步弱化，而"动作目标"或"动作结果"的属性依次得到强化。

这就给经典范畴理论带来了不少麻烦和挑战。如果说上面的几个例子属于动趋构式中不同范畴的话，那中间的（4）（5）两句显然不能被归在"非此即彼"的任何一个范畴中。由此推理下去，就会产生经典范畴的理论困境：既然边界不明确，你就无法识别或确定某个对象是否属于特定的范畴，那作为"一组充要条件"集合的范畴存在的意义又在哪里呢？

3. 原型范畴理论对动趋构式的描写和解释

与经典范畴相对，原型范畴理论认为人们不可能完全客观地认识外部世界，隶属于同一范畴的各成员之间存在家族相似性而非共享所有的范畴特征；所谓"原型范畴"，主要是指具有"家族相似性"的范畴，即含有原型和非原型的范畴，可指具体的典型代表，也可指抽象图式表征或属性集合；范畴建立在纵横交错的动作方式相似性网络之上，包含了互动性、多值性、可分解性、差异性、具体性等众多属性，范畴特征不能被简单二分；范畴的边界是模糊和开放的，成员的地位并不相等，是以典型成员为中心向外辐射和扩展的（王寅，2007：100 - 103）。同时，认知语言学还指出，范畴是由基于人类对现实世界的互动性体验而形成的基本意象图式以及认知模型（Cognitive Model）、理想认知模型（Ideal Cognitive Model）建构而成；抽象层面上的意象图式通过隐喻、转喻机制扩展产生了更多的范畴和概念，最终使人类形成句法构造，获得意义和建构知识。莱考夫（Lakoff）提出了"动觉意象图式"和"形式空间化假设"，阐明经过范畴化、概念化后形成的范畴和概念结构是从物理空间到概念空间隐喻映射的结果（Lakoff，1987）。这些观点为我们理解原型范畴概念，以及判别谁是范畴的典型代表或核心图式表征等，提供了语义范畴分析的认知理据和方法途径。

3.1　动趋构式是一个原型范畴

重新回到例1中，依据上述"意象图式"和"原型范畴"理论观点，语义的中心部分表现为人们基于体验与外界互动过程中经由范畴化和概念化的认知加工而形成的意象图式，因而上例前五句都可归为"始源—路径—目的地"图式（Source - Path - Destination Schema），其中始源地是说话者所处的空间位置或观察所处的地点，可能显示也可能隐现：如（1）句中的始源地是当妈妈说话时婴儿和妈妈相邻的空间位置，由于两人参照点的重叠而略去；（2）至（5）句中始源地是"河、桥、检票口、坎的一侧"；路径均为从 A 到 B；目的地分别为与始源地相对的一个空间位置。值得注意的是，与前面的四句相比，（5）句还引申出一个抽象的语义，即从面对困难（始源）到克服困难（目的地）的路径意义。最后两句中，通过"AN EVENT IS AN AREA"概念隐喻，"过去"表示的空间域属性被隐喻性运用到时间域之中，从而形成"始源—路径—结果（状态的变化）"的意象图式，并最终涌现出合意表达。

为更清晰地表现出从"目的地"到"结果或状态变化"的这种隐喻转换关系，我们再引入类似的"动词＋过来"的语言事实加以说明。

> 例2：（1）宝宝，快走过来。
> （2）你要从这条河里游过来。
> （3）她是从村边的那座桥跑过来的。
> （4）张三是从第二检票口混过来的。
> （5）坚持再坚持，你一定会熬过来的。
> （6）日上三竿的时候，我才醒过来。
> （7）到急诊室打了一针，他很快就清醒过来了。

显然两例的前五句所对应的意象图式在移动路径上相反，其他图式的要素均一致，例2的（5）句同样具备"度过困境"的抽象语义。还有，例2最后两句也表现出一个更为明显的时间段特征，即经过一定时间续段所产生的状态变化，从而证实了不同动趋构式之间存有隐喻转换关系，从"始源—路径—目的地"逐步扩展到"结果或状态变化"。

至此，我们可对引言中的第一个问题做出回答。在原型范畴理论看来，语法结构"动词＋趋向词"仅仅是动趋构式在语法维度的形式表现。尽管"飞过去"、"跑过去"和"晕过去"表示了"方向性移动"或"状态变化"等不同语义类型，但都隶属同一范畴，其中成员间语义以概念转喻或隐喻的方式相联结。

3.2 范畴成员间语义扩展方向和路径

既然属于同一范畴，那应该如何甄别典型或非典型成员呢？认知语言学对此有两种看法：一种是将具体的典型代表看成原型（Langacker，1987：371），另一种则认为是抽象表征或属性集合（Taylor，1989：59）。在笔者看来，前者更加符合认知语言学的基本观点，因为语言是人类基于互动式体验而建构的，体验的个体性、渐进性和动态化特征也就决定了概念范畴的形成路径：个体从出生开始，随着成长逐步扩大感知和认识外部世界的活动事件，以家族相似性为基础的思维能力相应得到加强，因此建立在典型事体事件基础上的范畴化方式应是人们主要的认知方式。这不但反映在对客观对象的直接经验上，也显著体现在间接体验层次。比如谈到"神仙""妖魔"时，我们在头脑中首先浮现的是"仙风道骨、举止飘逸"或者"张牙舞爪、面目狰狞"的拟人化形象，而非"公道与正义化身"或者"邪恶与罪行代表"之类的属性；当看到"金山"一词时，人们也会想到一座由黄金组成的山峰，而不是对"金山是不存在的"属性的判断对象。所以，本文把"原型"简单定义为该范畴中"最为典型的代表或成员"。

比较例 1 各句，我们容易发现，（1）句是最为典型的代表成员，它对应了 Lakoff 有关动觉意象图式分类中最为基本的运动图式；虽然它的语言结构最简单，却包含了一个最大范畴信息量（Maximal Category Information），后面各句都可视为对它在不同方向上信息明确化的加工；（2）（3）（4）句分别对动作的路径进行了明确界定；（5）句不仅明确了动作的路径，还进一步突显出动作目的；（6）和（7）句将初始状态和动作路径还原为背景，强调了动作行为之后达到的状态。由此推断，一个成熟原型范畴结构中的最典型成员、最大范畴信息量和抽象图式表征往往是对应的，这为判断一个成员是否更接近原型提供了重要的依据和方法。我们还可依照泰勒（Taylor）关于"语义链"的理论论述（Taylor，1989：99），把例 1 中动趋构式语义扩展路径图示如下①："（1）→（2）（3）（4）→（5）→（6）（7）"。

3.3　范畴的语义限制

对于引言中的第三个问题，我们把它再细分为两个问题：一是讨论"吃""喝"这类动词为何不能进入构式"动词＋过去"的原因，二是分析需要经过怎样的句式转换（相应的语义隐喻映射）之后，才可能产生类似"？＋吃＋？＋过去"这样的合意表达。

首先，对比"吃、喝"与例 1 中出现动词的类型特征，我们就可发现，"跑、爬、游、昏"等动词的射体和界标一致，受动角色同时也为动作发出

---

① 因为语义演变是一个渐进过程，每一步变化都可能保留着先前的语义属性，即 A→（A）B→（AB）C→…。

者；而一般意义的"吃、喝"类动词，发出动作的主体和感受动作的主体不能重叠；这就启示我们，始于典型成员的语义辐射和隐喻扩展都有一定的方向选择，而不是随意的"漫扩散"。在"动词 + 过去"构式中，原型对应的"始源—路径—目的地"运动图式表征对象在空间上位置移动的认知事件，因而具备显著的空间域属性，并可通过隐喻扩展到时间域中对象在精神等抽象状态的变化事件；该图式要求填入的动词要具有表示路径或对象自身变化的语义属性，这就解释了为什么"吃、喝"类动词不能直接进入"动词 + 过去"构式，因为"吃、喝"所表示的动作方向或路径无法与动作主体的状态变化路径重合或一致。

相应地，我们也就想到，如果通过一定的语法成分添加，将"吃、喝"类动词转变为表示动作方式或者动作伴随方式的话，就应该能够产生合理的语法表达。从实证分析的角度来看，若现实语言中存在这样的语例用法，就能证明我们这一猜想的正确性。值得庆幸的是，汉语中确实有上述的合意语例。

例3：（1）他一路上都是吃着过去的。（表伴随方式）

（2）他这么贪酒，**总有一天**会喝过去的。（表动作条件或诱因）

例句中黑体部分都可看成是必要语法成分添加。（1）句中的"着"是时体助词，加在"吃"的后面使其"频率化"为表示持续发生的动作义，恰好与动趋构式表示方向移动义的时间属性相一致，用来表示移动过程中的伴随方式；（2）句的"总有一天"说明了某种动作行为所造成结果出现的条件，"过去"表示出"偏离正常生活状态"语义，"喝"就突显了达到这一状态的动作方式，动趋结构也就表征出一定动作行为所产生的结果事件域。

4. 余 论

本文通过对"动词 + 过去"等动趋构式的认知语义分析，探讨了与之对应的原型范畴、意象图式以及由核心成员向边缘成员辐射和隐喻的作用机理。当然，汉语动趋构式中还有一些相似的现象与事实未被囊括进来。比如"请他过来""坐车回去"等，它们更接近于重动或连动构式，而非动趋构式，这涉及对"动趋构式"更准确的定义和不同构式间的比较研究。此外，文中基于个别语料的局部分析过程和结论也提示我们，只有建立起一个相对封闭和更加完整的"动词＋过去"语料库，才有可能对相关的原型辐射和隐喻扩展的机制展开深入探讨，这些问题有待于我们在以后时间里加以补充完善。

参考文献：

王寅. 认知语言学［M］. 上海：上海外语教育出版社，2007.

J. , Taylor. *Linguistic Categorization—Prototypes in Linguistic Theory*［M］. Oxford University Press, 1989.

Lakoff, G. *Women, Fire, and Dangerous Things: What Categories Reveal about the Mind*［M］. Chicago：The University of Chicago Press, 1987.

Langacker, R. W. *Foundation of Cognitive Grammar: Theoretical Prerequisites*［M］. Stanford, California：Stanford University Press, 1987.

Semantic Analysis of Chinese Verb-direction Construction from the Perspective of Prototype Theory

Guo Xia

Abstract：Chinese "Verb-direction" Construction has been used in high frequency. An online quiz triggered the current survey of the interaction between meaning and syntax of the construction. The author probed into the generalization and integration of semantic manifestation from the perspective of prototype theory. "Verb-direction" Construction is represented as a prototype category in which extension path is not arbitrary, but conventionalized by "maximum category information".

Key words："Verb-direction" Construction；prototype category；semantic analysis；semantic restriction

汉语字调对英语学习者语调习得的影响：
案例研究

蒋红柳

（四川大学外国语学院，成都 610064）

摘　要： 成人的外语学习会受到母语先入为主的干扰，造成迁移影响。汉语与英语在语调、音高及其语音实现上有一定的差异，使得我国英语学习者的英语语调容易受汉语声调的影响。本案例研究从一百位我国英语专业大学生中随机选择了 12 位学生作为被试对象，并根据性别将被试对象分为两组。作者希望本案例研究的相关讨论和发现有助于提高我国英语语调教学的效果。

关键词： 英语语调；母语迁移影响；案例研究

　　语言用来承载文化，是人们社会交往的主要媒介，语调则在人们进行话语交流时起到十分重要的桥梁作用，有语言学家更是提出了"语调是语言的灵魂，发音则是语言的躯干"（Kingdon，1958：xiii）。这句话对语调语言而言尤为重要。这是因为语调在话语交际中的作用主要体现在其能传递独立于词汇语义的信息。谭奇便指出："母语说话人通常都会宽容非母语说话人在辅音、元音和词重读上的问题（甚至对声调语言而言在字调上的问题），因为他们能理解外语学习者在单词发音上的困难。但通常母语说话人却不把这种宽容给予语调。"（Tench，1996：11）韦尔斯也指出："母语说话人可以容忍英语为非母语的说话人在音段发音上的错误，但不能原谅语调的错用，这很可能是因为母语说话人没有意识到会发生用错语调的情况。"（Wells，2006：2）谭奇更进一步指出："或许更为严重的是，一个错误的语调仍具有意义；这便极有可能造成你希望表达的是一个意思，而听话人理解的却是另外一个意思。"（Tench，1996：11）亦即是说，对非母语说话人而言，讲英语时只要语调模式（包括重读、节奏、调核选择等方面）运用正确，即使单词发音有些问题，都容易被母语听话人所理解和接受。相反，如果单词发音正确而语调使用不当（不符合英语母语的规约要求），就会造成听话人理解困难甚至产生误解。因此，相较单词发音的准确性，语调得体与否更为重要。就如以英语为母语的说话人在评价非母语说话人的英语时通常会说："她英语说得很好，只是略微带有一点口音。"（Kingdon，1958：xiii）所谓带有一点口音是指其单词发音还不是十分准确，而评价其说得很好则是指说话人的语调模式使用得体恰当。

正因为语调是语言特别是口语表达的核心要素，作为非母语的英语学习者，正确掌握和在话语交际中运用好英语语调就成为学习中一个十分重要的环节。汉语作为声调语言，"声调跟元音、辅音一样具有区分词义的功能"（林茂灿，2012：9）。而汉语的语调由于受到字调的影响，其语言实现的方式较语调语言更加复杂，如赵元任所指出的："可将音节的声调和句子的语调比作小波浪跨在大波浪上。实际结果是两个波浪的代数和。"（转引自林茂灿，2012：220）为此，我们需要在英语语调习得过程中关注并了解汉语字调对英语语调习得的迁移影响状况，并在学习过程中有意识地避免负迁移影响。本文以语音实验的方式开展案例实证研究，希望能以此更为准确地考察我国英语学习者在语调习得中受母语语调影响的状况，找寻提升英语语调习得效果的有效路径。

1．案例研究

本文在开展英语学习者语调习得效果的语音实验分析时，借鉴 IViE 英语母语语料库的语料内容，在某高校英语专业一、二年级学生中挑选了部分来自国内不同地区的男女学生，按照英国学者（Grabe，2002）领导的语音实验小组所建立的 IViE 语料库中的文字材料，利用 Praat 声学软件录制了声音语料样本。语料样本包括单句朗读和段落朗读两部分。单句句型为按照语音学要求的控制句型，包括简单句、陈述疑问句（陈述句型但句末为升调）、一般疑问句、特殊疑问句和选择疑问句等；段落朗读是童话故事《灰姑娘》的片断。

样本的音高数据通过导入 Praat 软件获得，有关音高数据的统计分析研究已发表在 2012 年第 1 期《中国外语》杂志上（蒋红柳，2012）。本文则主要利用 Praat 来直观地观测语料样本的基频 F_0 曲线、波形图和频谱图的特征，结合播放学生被试的语料来听辨分析学生被试英语语调习得效果，并将学生被试的典型语调特征与 IViE 语料库中母语被试的语调特征进行对比，以便进一步了解我国学生被试英语语调受母语语调迁移影响的状况。

我们以陈述句"We live in Ealing"为例来考查学生被试英语语调的典型特征以及与母语相同语料在语调特征上的差异情况。图 1 为女学生被试在该句型上的典型音高波形图（上）、频谱图（中）和基频 F_0 曲线（下），其核心音高重音（Pitch Accent）及其短语调（Phrase Tone）＋边界调（Boundary Tone，此句落在 Ealing）曲拱为 H * L L%，即传统语调理论的降调。该图反映女学生被试的整个音高基频曲线除了"We"外，其他单词的音高基本上处于同一水平，"live"和"Ealing"的时长也比较接近，在听感上一是"live"、"in"和"Ealing"都有重音，并且在三个单词间都有非常明显的停顿（图中标注为"Sil"），波形图和频谱图均清晰地反映出了句子中每个单词的发音状况：一是每个单词的元音音节都以重音的形式实现，我们可通过考查单词音节的时长来分析该样本语料的语调特征，除"We"的时长较短外，其他三个单词音节的时长均较长，"live"和"Ealing"的时长大致相同，而"in"的时长超过了"We"。从听感上，这样的话语很难感知到调核位置，即携带关键信息的核心音高重音没能得到突显，其结果便是很难判断话语中的焦点信息；再从话语节奏韵律的角度看，样本语料在单词间有明显的停顿，缺少连贯性。反映在频谱图上就是，每个单词的边界都非常清楚，这表明是按单词的音节在发音和朗读句子，整个句子听起来缺乏英语应有的节奏和韵律。此例中的学生被试样本的语调特征更接近汉语语调，显示出其受到了汉语母语字调的影响。

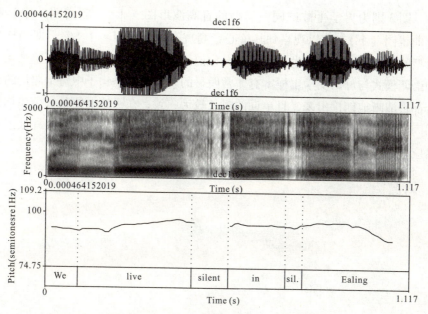

图1　女学生被试陈述句音高波形图（上）、频谱图（中）和 F_0 曲线图（下）— （H * L L%）

　　笔者也同样考察了 IViE 语料库中母语说话人相同句子的语调特点。IViE 语料库中的母语被试均为 16 岁的当地中学生，他们的语调已基本定型。图 2 为母语女学生被试陈述句的音高波形图（上）、频谱图（中）和 F_0 曲线图（下）。母语被试语调模式的特点是音高运动起伏波动较小，整个句子的音高 F_0 曲线有轻微的下倾，到核心音高重音后的短语调处有一定的降低，而到句末的边界调时，音高又有一定的抬高，核心音高重音的边界调为 H%，核心音高重音曲拱为 H * L H%，即为降升调。频谱图和波形图均清晰地显示整个句子的声音很连贯，虽然每个单词在频谱图上也可以分辨出各自的边界，但单词间没有出现中国学生那样明显的停顿，同时也可看到单词间的连读情况，特别是"in"和"Ealing"两个单词因连读而在波形图上很难区分出它们之间的边界，这一结果显示出母语被试很熟练地运用了英语句子中单词间的连读等话语技巧，整个句子听起来流畅并具有英语应有的节奏和韵律感。此外，母语女学生被试的调核音节及其后的短语调＋边界调的时长超过前三个单词音节之和，在听感上便凸显了焦点信息，同时，母语女学生被试在该样本句型上使用了较明显的升调模式。而本文的语音实验结果表明，陈述句使用升调的情况在非母语的中国男女学生被试的样本中均很难发现。

　　图 3 则为男学生被试同一句型的音高波形图（上）、频谱图（中）和 F_0 曲线图（下）。可以观察到其核心音高重音曲拱为 H * L L%，即同样呈典型的高降调。与女学生被试的情况相似，该语料样本同样反映出整个句子的语调模式与母语女学生样本有非常明显的差异。一是句子中每个单词的元音都很清晰地朗读出来，且单词的时长较为一致，在听感上便是每个单词都如同读汉字的音节一般，结果便是单词间同样存在明显的停顿，同样缺乏英语应有的节奏和韵律感。

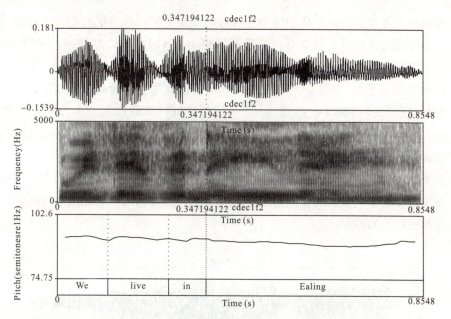

图 2　母语女学生被试陈述句音高波形图（上）、
频谱图（中）和 F_0 曲线图（下）—（**H ∗ L H%**）

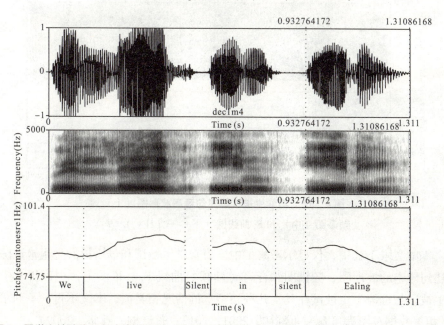

图 3　男学生被试陈述句音高波形图（上）、频谱图（中）和 F_0 曲线图（下）—（**H ∗ L L%**）

相应地，再考察 IViE 语料库中母语男学生被试的语料样本的语调特点，发现母语男学生被试在调型使用上与母语女学生被试有一定的差异，母语男学生被试在该句型上其核心音高重音曲拱为 H * L L%，即使用的是降调。图 4 显示的是男性母语被试同一句子的音高波形图（上）、频谱图（中）和 F_0 曲线图（下）。其特点是音高曲线 F_0 与母语女学生的音高曲线相似，较为平滑且起伏波动很小，虽然在"live"与"in"处有一个不十分明显的停顿，但在"We"与"live"和"in"与"Ealing"间则很难区别它们之间的边界。同样，核心音高重音（调核）及短语调＋边界调的时长超过其他三个单词音节时长之和，显示是透过拉长音节来凸显调核。同图 1 和图 3 中国女学生和男学生被试的音高曲拱所表现出的音高波动大、单词间有停顿的情况形成较大的差异。

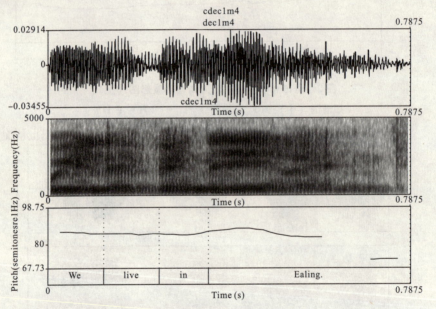

图 4　母语男学生被试陈述句音高波形图（上）、
频谱图（中）和 F_0 曲线图（下）— （H * L L%）

本文限于篇幅，仅显示考察了中国男女学生被试和母语男女学生被试陈述句样本的波形图、频谱图和音高（基频）曲线 F_0。事实上，中国男女学生被试与母语学生被试在其他几种句型上的情况相类似，本文不再一一列示（相关数据及图表可参考蒋红柳，2001，2012；蒋红柳，石坚，2009）。

2. 简析汉语字调对英语语调学习的影响

本文尝试对上述语音实验发现做简要分析讨论。首先，笔者认为中国学生被试的英语语调特征存在明显汉语语调的痕迹。根据林茂灿（2012）的观点，汉语跟英语一样都以超音段上的音高（F_0）及其时长来体现语调，但汉语作为声调语言，与作为语调语言的英语相比，每个字均有自己的声调，即字调。汉语字调具有区别词义的功能，同样的音由于调不同而代表了不同的字，如"微、唯、伟、位"。汉语字调除了能够在字的层面上产生声调的变化外，也对整个句子的句调（语调）产生影响。反观汉语语调的语音实现，由于字调具有区分词义的功能，因此首先需要确保字调的准确，在此基础上再来运用语调，即"语调高低升降的变化并没有对声调原有的音高升降模式产生严重影响"（林茂灿，2012：222）。例如："你姓郑，我姓蒋。"虽然"郑"出现在悬念子句末尾（通常用升调），也应保持其去声的调型；而"蒋"作为结论子句的末尾（通常用降调），也应该保持其上声的调型。显然，汉语由于需要用字调来区分词义，我们习惯于将每个字在音和调上都发准确和清晰，所谓"字正腔圆"。而英语话语中的核心语调显然不太受词的重读音节的影响，在一个语调短语中（Intonational Phrase, IP），核心音高重音相较于紧跟其后的短语调和边界调的音高水平的差异，便明示了语调的调型。因此汉语的语调受字调与句调叠加的交互影响，相对于英语语调更加复杂，不同字调与句调所叠加出语调的音高基频曲线有明显差异（相关内容可参见林茂灿，2012），正如赵元任提出的"代数和"的观点。本文的语音实验表明，中国学生被试在说英语时，大多会受到汉语字调的影响，主要表现在较为平均地分配元音时长，显示出学生希望将每个英语单词都发准确和清晰，在一个语调短语（IP）中没有有效区分核心音高重音与非核心音高重音，未能凸显焦点音节的音高，没有很好地利用英语语调的话语功能。本案例研究反映出我们的英语语调教学在有效抑制母语负迁移影响方面效果不理想，英语学习者在与母语说话人进行话语交际时便可能产生如下的问题。

第一个问题是男女学生被试在朗读英语句子时，按照汉语的语调模式和习惯，不自觉地重读每个单词的重读音节。汉语以字为音节单位，在长度上大致相等，很少因为节拍的关系对音节进行压缩。虽然汉语多音节词中各音节音高存在"轻""重"的差异，但与英语中弱读形式会改变单词元音有很大不同。此外，汉语中音节连读的情况（儿化音除外）也不常见。再加上汉语的每个字都有字调，且字调有区分词义的作用，必须用清楚准确的字调才能让听话人明确词义。这样，汉语的语调模式更强调"字正腔圆"，以便让听者通过字调来确定所关联的汉字。因此汉语的话语无论是说还是听，给人的感觉就是"字字珠玑"和"字正腔圆"。本文案例研究显示，学生被试的英语语调明显受到汉语语调的影响，句子中每个单词都重读的结果就是无法通过核心音高重音来突显话语中的关键信息，使得听话人难以确定说话人要传达的主要内容，给听话人理解说话人的话语含义造成困难。塔尔博特在谈到不同地区人们的语言习惯时指出：

> 在完全不同的种族群体中长大的人，这些人彼此交流时是很有可能出现问题的，因为交流者对于彼此的文化期待不一样。例如，在香港商人和美国商人用英语交流的会议上，香港商人所说的英语可能带有出自汉语的句式。这样的话，以英语为母语的美国商人理解起来就可能遇到困难，例如无法确定香港商人在何时对话语中的重要信息已经做过强调。
>
> （塔尔博特，2004：151）

事实上，就塔尔博特的描述来看，造成美国商人理解困难的因素除了中英文句式不同外，还应包括语调差异。因为英语话语中的重要信息是靠选定信息焦点作为调核，经语音突显来实现的。英语为母语的人群在本能上对一个语调群中的核心音高重音（调核重读音节）十分敏感。对他们而言，抓住了语调短语（IP）中核心音高重音所对应的词汇，便能较容易地理解整个话语的意思。而本文语音实验结果反映出男女学生被试在每个英文单词的重读音节都以重音实现，在这种情况下母语为英语的听者很难区别调核重读和非调核重读，这也是造成上述美国商人无法辨别香港商人希望强调的内容的原因。我们必须认识到，当我们说英语时，即使单词发音正确也可能会由于下意识地把汉语的语调经验运用到英语语调上，让母语是英语的听话人感到很不适应，甚至造成理解上的困难，或是母语听话人按照自己的语调习惯来进行解读，结果却可能造成误读。从这个角度来讲，在单词发音基本正确的前提下，语调在话语交际中的重要性要超过单词发音，即母语说话人评价一个非母语说话人英语地道与否的标准是其话语的语调是否正确或是符合母语的话语习惯。

第二个问题是话语的节奏和韵律。本案例语音实验结果表明，除了元音时长较一致外，中国学生被试英语语料样本还表现出话语连贯性较差，单词间大都有明显的停顿的问题，使得整个语调曲拱缺少连贯性，每个单词的音高曲拱都反映出明显的音高运动，致使英语句子缺少应有的节奏和韵律感。出现这个问题的主要原因是中国学生被试没有真正领会两种语言在音节上的差异，没有掌握英语语调和节奏的关键特点。我们需要在语调教学中让学生理解汉语是以音节为节拍，而英语则是以重音为节拍。即英语是"重音计时"（stress-timed）的语言（Cruttenden，2002：20）。英语的节奏由两部分共同构成：一是在单词层面，主要涉及构成单词的各个音节的长度和音节的时长，英语的单词音节在数量上长短不一，因而一个句子的音节数量有很大的随机性；二是在句子层面上的焦点单词的重读音节（调核重读音节或核心音高重音）在句中的位置。由于英语句子中的重读音节有限而非重读音节大量存在，因此，英语句子的节奏是通过在句子或话语中相对平均地分配重读音节的方式来实现的。也就是重音的出现在时间上有一定的规律性，但重音间的音节数量却不一定，为保持节奏，重音间的非重读音节就会因为节拍的原因而被挤压，实现的方法就是用弱读、连读等。这样做的目的是在保持话语节奏的基础上，更好地通过调核重读来提示话语中的关键信息以便被听话人所关注，达到传递信息的作用。

通过对比分析英语和汉语的话语节奏特点，我们可以明确：造成英语语调学习困难的主要原因是母语定势，在外语学习中学习者受母语迁移影响是一种普遍的现象。平克指出："每一个人都知道成人期第二语言的学习比童年期学习母语困难得多。大多数的成人终其一生无法真正掌握第二语言，尤其是语音的部分！"（平克，2004：310）他还举了美国前国务卿基辛格的例子，说明过了青春期后才移民的人即使非常聪明好学，也只能掌握第二语言的大部分文法，而无法很好地掌握发音（基辛格16岁后移居美国，其英语带有浓厚的德国口音）。事实上，本案例研究表明，语调的问题应得到更多关注。发音不是太好但语调符合目的语的规则，在话语交际中就不容易产生误会。事实上，基辛格虽然有浓厚的德国口音，但并不妨碍他作为美国的国务卿来处理各种复杂的外交谈判。而如果他的英语语调不规范导致在外交谈判中因语调而产生误会就是很可怕的事情了。

3. 结语

不同的语言对语调唤起的概念各不相同，汉语属汉藏语系，它是"意合"语言；英语属印欧语系，它是"形合"语言。汉语的基本单位是"字"，由于汉语的"字"有固定的声调（字调），句子的语调就必然受到字调相当大的制约。而英语单词中各音节本身均没有声调，所以单词本身音调的变化不会导致其词义的变化。但如果说话人把单词放在语句中并使用不同的语调，通过突显单词的重读音节来灵活地展现语调的灵活性，就会表现说话人不同的态度、情绪和意图，所以英语语调对意义的体现起着十分重要的作用。在这一点上，英语语调在话语交际中的运用很大程度上与汉语是有区别的。

本文语音实验实证分析显示，我国的英语学生其语调学习效果受汉语语调负迁移影响，他们所拥有的汉语语调经验对英语语调的运用产生了一定的干扰。当学生到了大学学习阶段，作为母语的汉语语言运用体系早已被固化，在用英语进行话语交流时，就可能发生本案例语音实验所反映出的状况：学习者对英语的句法、词汇等有较充分的掌握且单词发音也较为准确，但却按照自己所熟悉的汉语语调的习惯去说或听，其结果很可能是由于语调运用差异而造成双方理解上的困难。汉语是声调语言，汉语语调明显受到字调的制约。整体而言，汉语语调的特点是其复杂性增加而其功能作用下降。中国男女学生被试的英语语调最典型的特征是：句子中每个单词的元音时长较为一致，核心音高重音即焦点音节不突出，结果导致不易感知到话语的关键信息；在话语节奏上，句子朗读缺乏连贯性，没有掌握"重音计时"对非重读音节压缩的要求。

要提升英语学习者语调习得的效果，寻求减轻汉语负迁移影响的解决之道，需要我们更有针对性地开展英语语调的教学工作。例如，我们在英语语调教学中应让学生了解语调的信息传递功能和表态功能的实现机理，这些功能主要通过核心音高重音凸显焦点位置、调型选择来实现。在具体的语音实现上则是通过扩大音域、拉长时长来凸显核心音高重音，在方法上与汉语语调的语音实现有共同之处，但在表现形式和实现的手段上仍有差异。另一个需要关注的是话语节奏，要在语调教学中强调英语话语中重读音节的规律形成的节奏特点，单词的连读、弱读等方面的运用规则和方法等。笔者认为，英语学习者只有掌握了这些规则和方法，才能正确地运用英语语调的话语功

能，从而用英语与母语说话人开展顺畅的话语交际活动。

参考文献：

蒋红柳，石坚. 英语语调性别差异的统计分析 [J]. 数理统计与管理，2009 (6)：1059 - 1066.

蒋红柳. 大学英语专业学生语调学习效果探讨——语音实验案例研究 [J]. 中国外语，2012 (2)：65 - 71, 80.

蒋红柳. 语音实验软件系统在英语语调学习中的作用 [J]. 实验技术与管理，2009 (9)：84 - 86.

林茂灿. 汉语语调实验研究 [M]. 北京：中国社会科学出版社，2012.

平克，史迪芬. 语言本能——探索人类语言进化的奥秘 [M]. 洪兰，译. 汕头：汕头大学出版社，2004：310.

塔尔博特，玛丽. 语言与社会性别导论 [M]. 艾晓明，等，译. 武汉：华中师范大学出版社，2004.

Bolinger, D. Intonation in American English [A] // Hirst, D., A. D. Cristo. *Intonation Systems: A Survey of Twenty Languages* [C]. Cambridge：Cambridge University Press，1998：45 - 55.

Cruttenden, A. *Intonation* [M]. Cambridge：Cambridge University Press，1997. Beijing：Peking University Press，2002：20.

Grabe, E. et al. Intonational Variation in English [A] // B. Bel, I. Marlin. *Proceedings of the Speech Prosody 2002 Conference. Aix-en-Provence*：Laboratoire Parole et Langage，2002：343 - 346.

Jiang Hongliu. Gender Difference in English Intonation [A] // *Proceedings of the 17th International Congress of Phonetic Sciences* [C]. Hong Kong，2011：974 - 977.

Kingdon, R. *English Intonation Practice* [M]. London：Longmans，1958.

Ladd, D. R. *Intonational Phonology* [M]. Cambridge：Cambridge University Press，1996.

Pierrehumbert, J. The Phonology and Phonetics of English Intonation [D]. Doctoral dissertation. MIT. Indiana University Linguistics Club，1980.

Pike, K. *The Intonation of American English* [M]. Ann Arbor：University of Michigan Press，1945.

Tench, P. *The Intonation System of English* [M]. London：Cassel，1996.

Wells, J. C. *English Intonation: An Introduction* [M]. Cambridge：Cambridge University Press，2006.

Influence of Chinese Word Tone on English Intonation Learning

Jiang Hongliu

Abstract: The adult foreign language learning may be interfered by their mother tongue, which is also called the negative transfer. There are some differences in the pitch level of intonation as well as in the phonetic realization between Chinese and English, which makes Chinese learners of English intonation vulnerable to the impact of Chinese tones. The experiment picks out 12 students randomly from 100 Chinese college English major testees, divided into 2 groups based on the gender difference. The writer hopes that the research findings and discussion will help to improve our English intonation teaching and learning.

Key words: English intonation; mother tongue interference; empirical study

分析语音教学缺失对大学英语听说课教学效果的影响

——抓住小班教学改革契机,加强语音教学和语音训练

李 颖

(四川大学外国语学院,成都 610064)

摘 要: 语音是语言的核心之一,也是语言及语言能力的载体。我国的公共英语教学对语音教学和训练不能说不重视,按中学《新课标》的要求,语音教学在英语学习的初级阶段就应完成。但纵观高校非英语专业大学生的语音习得现状,情况却非常严峻。很多大学新生并未达到中学阶段对语音知识掌握的要求,基础薄弱,缺少足够的语音常识,很多学生更表现出强烈的语音焦虑感,而这些问题却没有在大学英语的课堂上得到重视与解决。本文对此现象进行调查分析,探讨了大学英语听说课语音教学中存在的问题,分析了语音教学缺失与大学英语听说教学效果的关系,强调了语音知识和训练对大学生后续英语学习能力的推动作用。

关键词: 大学英语;语音教学;听说教学

1. 高校大学英语教学中语音教学和语音训练受到忽视的现状

教育部 2011 年 7 月颁布的《全日制义务教育普通高级中学英语课程标准》对语言知识中的语音知识提出了二级、五级和八级的目标要求。其中二级目标包括"语音清楚,语调自然";五级目标包括"了解语音在语言学习中的意义;了解英语语音包括发音、重音、连读、语调、节奏等内容;在日常生活会话中做到语音、语调基本正确、自然、流畅;根据重音和语调的变化理解和表达不同的意图和态度;根据读音拼写单词和短语";八级目标包括"在实际交际中逐步做到语音、语调自然、得体、流畅;根据语音、语调了解和表达隐含的意图和态度;根据语音辨别和书写不太熟悉的单词或简单语句"。

根据该标准,学生在六年级结束时应达到第二级要求;九年级结束时应达到第五级要求;而第八级为学生在高中毕业时应达到的基本要求。所以说,语音教学在我国的初中、高中阶段应该是受到重视的,我国的公共英语

语音教学在英语学习的初级阶段就应该已经完成了。当学生进入高校的大门，大学英语教师对他们的预期是语音知识基本规范，接受过相应的语音训练，语音能力基本过关。接手了这些学生后，按教育部 2007 年 7 月颁布的《大学英语课程教学要求》，确定教学目标是"培养学生的英语综合应用能力，特别是听说能力，使他们在今后的学习、工作和社会交往中能用英语有效地进行交际……"。根据该目标中强调的对听说能力的培养，大学英语教师积极参与听说教学改革，设计听说课的教学内容、步骤，搜集话题，拓展背景知识，辅助外教教学，希望帮助学生提高对语言的实际应用能力。但在实施这个目标的过程中，很多大学英语教师却遇到了困难。他们逐渐发现高校非英语专业大学生的语音习得现状根本不容乐观。刚入学的新生对语音知识的掌握往往都非常薄弱，当他们想完成老师精心设计的讨论、陈述等听说任务时，却听不懂老师和同学说的英语，他们讲的英语和读的课文也令老师和同学费解。这些学生虽然在入学前已经学过至少六年甚至更长时间的英语，但显然他们仍然缺少足够的语音常识，缺乏系统的语音训练，对重音、语调、节奏的运用一塌糊涂。这些学生很难适应大学英语课堂，因为在一堂普通的初中和高中的英语课上，英语的使用量通常只有三分之一，无论是老师还是学生都使用英汉夹杂的语言。而大学英语的一般要求首先就是要能听懂英语授课，以及听懂相当比例的英语原声素材，并且学生也被要求用英语回答问题，进行讨论和陈述。大学英语与中学英语授课方式的不同使那些语音不好、听力不好的学生马上产生了巨大的压力，语音焦虑感表现得非常明显，甚至逐渐失去了学习动力和信心。于是矛盾出现了：一方面老师为了更好地实现《大学英语课程教学要求》"培养学生的英语综合应用能力，特别是听说能力"的目标，在课堂上尤其是在听说课堂上，运用丰富的听说教学手段让学生有更多的机会进行听说训练；另一方面不仅学生的听说能力没有质的飞跃，学生还变得更沉默了，没有耐心听了。这一矛盾说明在大学英语课堂教师是有需要改进的地方的。

听说能力的提高必须建立在较好的语音基础之上。没有语音基础，何来听说的进步？所以，大学英语教师制定教学计划时，一定要考虑到学生的语音水平现状，充分认识到大学新生在语音训练方面的不足，甚至是语音知识的严重缺失，帮助他们在大学阶段有机会进行弥补，不能让语音教学在大学英语教学阶段继续呈现缺失的状态。此外，更值得注意的是，不能让由于语音不好导致的"哑巴英语"现象对学生的后续英语学习产生严重的负面影响。虽然有观点认为其实只有少数人才会从事对听说能力要求较高的工作，大多数人通常只需要具备能从书面获取信息的能力，即能用英语进行阅读和文字翻译就行了，但是研究和实验已经证明，阅读能力和语音能力割裂开后是不能独自良性发展的，语音能力不仅影响听说表达，也会制约阅读理解能力，并进一步给写作和翻译设置障碍（王艳萍，2010）。如果不卸下语音障碍这块沉重的包袱，非英语专业的大学生们要想在大学英语学习阶段继续取得进步非常困难。

2. 语音教学与训练在大学英语听说教学中的重要地位

英国著名语音学家、《英语发音词典》（*English Pronouncing Dictionary*）的编者吉姆森（A. C. Gimson）认为，一个人要学会说任何一种语言，必须学会其几乎100%的语音，而只需掌握50%到90%的语法和10%的词汇就够了。他的观点充分说明了语音的重要性。语音是语言的核心之一，也是语言及语言能力的载体。语法和词汇"要靠语音来体现"（桂灿坤，1978）。词汇需要通过语音去识记，听说需要语音来辅助。语音训练在听、说、读、写、译全方位、多角度的综合英语训练中，占据举足轻重的地位。

语音重要，而"在学习一门外语时，要克服的第一个难关总是语音"。前文已经阐述了大多数非英语专业大学生在初高中阶段并没有过好这个难关，现在他们来到崭新的学习环境，最应该得到的语音知识补习或后续学习，在高校大学英语教学中却呈现一种被忽视甚至完全缺失的状态。可喜的是，随着大学英语教学改革的势头上涨，非英语专业英语教学的课程设置更加科学了。以四川大学为例。我校首先大力推广英语小班教学，把每个班的人数控制在25人左右，这为教师有效开展语音训练提供了空间条件。第二，在四川大学，新生刚入校的第一学年里，听说课与综合英语课是独立的两门课，第二学年听说课也可以独立于综合英语课。这为听说课的老师在教学中融入语音教学提供了时间条件。第三，四川大学已经实施了口语课由专职外教负责的体制，这为学生学以致用，在真实的语境中体会和运用学到的语音知识提供了极佳的"人和"条件。

有了硬件条件，接下来就是老师的意识和功夫了。口头交际能力的提高在很大程度上是依赖语音能力的提高的，但大学英语听说课堂上却很少有老师对学生进行系统的语音训练。如四川大学几年前用过的《全新版大学英语听力教程》上涉及语音训练的，往往会被老师当成简单的热身练习一带而过，甚至直接跳过。现在使用的《新标准大学英语视听说教程》每个单元都有一个针对发音训练的板块，若善加利用应该能收到很好的语音训练效果，但遗憾的是在实际操作中因认识不足、学时分配、授课重点安排等原因，这个部分往往也被忽视了。很多老师教授语音知识时仅仅是想到什么说什么，一带而过，基本不反复举例，因为他们认为这些都是学生在中学就掌握了的，不必再"老生常谈"了。很明显，听说教材的编写者们是领会到了语音习得和语音训练的重要性的，是意识到了大学阶段继续学习语音知识的必要性的。但由于老师对现状估计不足，这块语言学习的基石却往往被不明究竟却还急着过河的语言学习者遗忘在了词汇、阅读和写作训练的激流中。学习者们很多都没有认识到语音学习的重要性，而大学英语的教师们也渐渐放任它被其他繁重的教学任务淹没。这种情况的后果是语音能力薄弱导致学生在英语学习、话语交际，或在对学生最具现实意义的各种英语等级考试中难以进步，甚至举步维艰。

语音知识的匮乏和语音训练的缺失，影响和制约了学生英语语言应用能力的持续发展和提高。"瓶颈"，学生们常常用这个字眼来形容大学阶段的英语学习状态。大学英语听说课上丰富的听说教学素材和多样化的教学手段并没有让那些被语音缚住手脚的学生真正体会到英语学习的乐趣，他们的英语交际能力并没有在大学阶段有更进一步的提升。笔者在四川大学 2011 级的学生中展开教学效果比较，在开展系统语音教学的两个班上，学生普遍反映对英语有了新的感觉和领悟，他们能从对"失去爆破、连读、同化、单词重音，句子重音，节奏和停顿"等英语语音知识的学习和实践中体会英语的魅力，充分领会这门节奏语言的特征，进而在自己的英语话语交流中从"有意识地"到"不自觉地"成为这门语言更为流畅的运用者。可见，教师在大学英语教学中辅助学生学习语音知识，加强对他们的语音训练是突破大学英语学习瓶颈的一个重要手段。任重而道远，如何利用有限的课堂，在正常的授课中穿插适当的课时进行系统的语音教学，如何有的放矢地对学生进行语音训练，如何在大学英语教学中还语音教学一方寸土，是每个大学英语教师的职责，其最终目标是帮助学生在了解和掌握语音发音要领并纠正发音痼疾的前提下，能在大学期间获得并积蓄后续学习力量，使英语学习和运用真正成为有效的、持续的、快乐的过程。

3. 抓住小班教学契机，在听说课上有效融入语音教学和训练

3.1 开展大学新生语音水平入学调查与测试

由于我国的区域性差异，来自不同地区的学生语音能力参差不齐。此外，老师接手的学生因不同系别、不同专业，也可能在语音水平上有差异。有测试结果和分析做依据，教师才能真正做到有的放矢，因材施教。

3.2 注意母语迁移对发音的影响

发音自然会受母语迁移的影响。中国学生的英语发音首先口型很难到位，张合度往往不够。例如在发双元音时张合度不够导致发音不够饱满，不能像英语本族人那样收放自如，听起来不顺畅自然，没有那种"夸张"的原汁原味。模仿美式发音时更是往往"发音放不开"。

3.3 注意方言对发音的影响

同样由于我国地大物博的特征，学生的英语发音受地方方言的影响也是比较明显的。教师要在教学中留意观察，总结来自不同地区的学生（如两广、西南诸省及少数民族地区）受方言影响的特征，提示学生规避这些影响。

3.4 注意引导学生观察总结英式英语和美式英语的特点

多年来在我国英语教学中占主导地位的是英式英语。但曾有相当长一段时间我国英语教学中使用的教材、素材存在这样的问题：音标标注显示的是英式英语发音，即通常所说的 RP（Received Pronunciation），但素材的朗读者却用的是美式发音，及通常所说的"美国普通话"（General American Pronunciation）。这就造成了中国英语学习者在进行英语语音模仿时的混乱：照着音标读出的音和听到的发音可能是不一样的。近几十年来，随着中美各个方面交流力度的进一步加大，美式英语大有取代英式英语的趋势，出现了大量美式英语的书籍、视听材料，美剧、好莱坞大片更是无处不在。但问题是一些出版商家仍然没有注意到 D. J. 音标与 K. K. 音标的不同，很多出版物，包括书籍、字典、杂志等仍然是文字素材与语音素材混淆不清。所以，作为指导学生语音学习的大学教师要引导学生关注英式英语和美式英语发音的不同特点，推荐自学书籍，课堂上要善于总结，最后要鼓励学生采取适合自己、自己又喜欢的一种口音。

3.5 专时专用，手段丰富

非英语专业的学生由于缺乏足够的语音理论学习和系统的语音训练等，在话语交际中往往出现发音不准确，语音不纯正，单词无重音，句子无节奏等问题。要解决这些问题不是一朝一夕的事。在听说课堂上，语音训练和教学绝不能只是一剂佐料，而应该是听说教学的重要组成部分。教师要明确设定教学目标，规划教学步骤，利用各种丰富的教学资源和手段，做到"专时专用"。

3.6 注意语音因素在大学英语整体教学中的作用

在听说课"专时专用"的板块，教师应向学生系统讲解如"失去爆破、连读、同化、单词重音、句子重音、节奏和停顿"等英语语音知识，并辅以规模训练。而学习语音的终极目的是为了提高英语的综合学习和应用能力，为大学阶段甚至是终生英语学习积蓄力量，使英语学习和运用真正成为有效的、持续的、快乐的过程。所以教师要善于在日常的英语教学中随时穿插语音知识，提示学生语音知识与英语听、说、读、写、译等技能训练的共生关系。要鼓励学生进行语言实践，多开口，说"对"的话，发"好听的"音，扩大词汇量，了解英美文化知识，语音生活化，反复模仿，反复使用，激发学生的积极性和主动性，寓教于乐。

4．结束语

大学英语听说课的教学效果与英语语音教学和训练息息相关。在中国的大学英语教学领域，越来越多的善于总结、有前瞻性的教师们在语音教学和训练领域进行探索并取得了成绩。他们在大学英语教学时，针对学生对英语语音知识的需求，有的放矢进行训练，从提高学生的语音素质入手，提高他们的听说能力，加强学生提高英语成绩的信心，并最终提升他们对英语学习的兴趣。笔者作为他们的一员，也在努力探索英语语音习得模式，为建立一套大学英语语音训练的持续、良性的模式而努力。笔者衷心希望改变语音教学在高校大学英语教学中长期不受重视甚至是缺失的状况，希望通过广大大学英语教师的努力，使语音知识的匮乏和语音训练的缺失不再影响和制约学生英语语言应用能力的持续发展和提高。笔者呼吁大学英语教师充分考虑并满足学生的需求，通过语音教学和训练让英语学习"活"起来，"火"起来，使非英语专业的大学生们充分领会英语这门外语的魅力。

参考文献：

桂灿坤. 汉英两个语音系统的主要特点比较 ［J］. 现代外语，1978（1）：44 - 50.

王艳萍. 语音焦虑与英语学习成绩调查分析 ［J］. 佳木斯大学社会科学学报，2010（3）.

中华人民共和国教育部. 全日制义务教育普通高级中学英语课程标准 ［M］. 北京：北京师范大学出版社，2012：12 - 23.

On Importance of Phonetics in Listening and Speaking Classroom of College English Teaching

Li Ying

Abstract：Languages are made up of sounds, which makes it obviously important to teach English pronunciation. In spite of the great importance attached to phonetic teaching and training in EFL learning at various levels in China and the statement in the New Standard of High School English that the foundation of English phonetic teaching should be accomplished in the elementary phase of English teaching process, the astounding truth is a lack of adequate phonetic knowledge among College students, who exhibit such serious problems as pronunciation anxiety which in turn give rise to low motivation in further English learning and poor performance in English speaking, listening, reading and writing. This paper makes an analysis of the connection between insufficiency in English phonetic teaching and improficiency in English speaking and listening at the college level, and calls for greater recognition of the favorable influence of English phonetic teaching on English learning at an advanced level.

Key words：college English; phonetic teaching; speaking and listening

法语写作中的文化因素浅析

刘瑞云

（四川大学外国语学院法语系，成都 610064）

摘　要：语言是文化的载体，写作作为语言的一种重要表现方式必然包含诸多的文化因素。近年来，一些学者把写作这门学科上升到文化的层面进行讨论，并提出"写作文化"这一概念，认为不同的文化之间不同的人生态度、价值观念、思维模式必然导致不同语言在写作文章时，在谋篇布局、遣词造句等方面的诸多差异。中国老师与学生在进行法语写作这种非母语写作时，如果没有充分意识到法国文化因素对法语写作的重要性，如果不能充分了解法语写作中的法国文化元素，势必不能摆脱中文作文方法的束缚，也写不出优秀的法语作文。法语写作作为一种语言的书面表达方式又分多类型，鉴于中国法语专业设置的特点及"argumentation"在中国大学法语专业写作中的重要性，本论文在简要介绍了语言与文化的关系的基础上，重点分析"argumentation"写作中的文化因素，揭示法语"argumentation"写作中法国文化意识培养的必要性，结合自己的教学心得，为法语写作课程提供一点经验。

关键词：语言；写作；文化；差异

1. 语言与文化

经过近三十年的讨论，我国外语界就外语教学中的文化教学早已达成一个共识：语言是文化的载体之一，语言教学必然包含文化教学。语言是文化的一部分，它从不同层面体现了母语国家的文化，这主要包括语言的口头应用层面文化，即"说"，以及笔头应用层面文化，即"写"与"译"两个方面。写作作为语言的一种重要表现方式，必然包含诸多的文化因素。近年来，一些学者把写作这门学科上升到文化的层面进行讨论，并提出"写作文化"这一概念，认为不同的文化之间不同的人生态度、价值观念、思维模式必然导致不同语言在写作文章时，在谋篇布局、遣词造句等方面的诸多差异。中国老师与学生对法语写作这种非母语写作，必须充分地意识到法国文化因素对法语写作的重要性，充分地了解法语写作中的法国文化元素。

本论文将着重分析法语写作中的文化因素，揭示法语写作中法国文化意识培养的必要性，借助"写作文化"这一概念探讨法语写作中文化教学的内容与方法。

2. 写作文化

语言是文化的一部分，语言是文化的载体，那么，写作作为语言的一种十分重要的表达方式，不可避免地要体现母语国的文化，简而言之：写作也是一种文化现象。我国早已有学者把写作教学与文化教学联系起来，并提出"写作文化"的概念。"写作文化"研究的倡导人马正平曾这样定义"写作文化"：写作文化是通过文章反映出来的，人们在写作行为中透露出来的某一特定时代的心理状态，即人生态度、价值观念、时空情绪、思维方式等写作行为的准则、规范和追求（马正平，《什么是写作文化》，1991：34）。这说明写作文化即为写作主体通过写作文章反映出的人生观、价值观及其思维方式。从语言学的角度看，写作文化主要反映在写作文章的谋篇布局、遣词造句上，研究法语语言的写作文化，就要以本语言文章为对象，在以上两个方面研究并揭示法语写作主体的写作特点，进而指导非法语母语写作。

写作文化研究者陶嘉伟在《写作文化》一书中把写作文化进一步细分为"写作主体文化"与"写作文本文化"两个部分，认为"写作主体文化"指的是活跃在作者心灵层面上的东西，是作者长期受一种语言文化熏陶而形成的、专属于某一种语言文化的潜在思维意识，主要指写作主体的人生态度、价值观念、时空情绪、思维方式等；而"写作文本文化"则是指作者"写作主体文化"——作者心灵层面文化因素积淀的外化、固化，也就是"写作主体文化"在笔者的文章中的凝结与体现。写作文化研究的目的就在于通过对一种语言文化下"写作主体文化"的研究，来认知这种语言的"写作文本文化"，进而用来指导非母语写作教学，使得非母语写作行为更具有目的性、准确性和文化意义。

2.1 法语写作主体文化

法国文化是西方文化的一部分，而西方文化的主要源头为"希腊文化的人文和科学精神、罗马文化的政治和法律传统及希伯来文化的宗教意识"。受这三大文化源头的影响，首先，法国人崇尚"以人为本"，法国人从文化上强调自我，追求个性解放，个性文化是法国文化中十分重要的一部分。在这种强调个性的文化中，很难做到强调一致，统一思想。其次，法国人注重科学和逻辑推理，重视法律，强调"法制"而不是"人制"。再者，基督教文化对法国人影响深远，使得法国人在潜意识里信仰上帝，注重来世。而中国文化的精髓为"儒、释、道"，在漫长的封建社会，上下五千年的中华文明中，孔孟思想既是封建统治者专政的理论基础，也使中国人形成了特定的世界观：求正统、保一致，明礼诚信，中庸平和，集体高于一切。中国文化基本的人性论为"人之初性本善"，这也与西方人的"人之初性本恶"的观点大相径庭。所有这些潜意识里的文化差异都会对写作主体的行文的产生巨大的影响。除这些深层次的意识形态差异之外，法国还有着其独特的物质文化，欧式的建筑、园林、饮食、服饰……所有这些都会折射出不同于我们东方民族的文化心理状态、审美情趣，反映在文章当中将表现为中法两种不同语言文本写作的差异。

2.2　法语写作文本文化

"写作文本文化"是指作者的"写作主体文化"，即作者心灵层面文化因素积淀的外化、固化在笔者的文章中的凝结。写作文本文化主要反映在写作文章的谋篇布局、遣词造句两个方面。

2.2.1　谋篇布局

文章的谋篇布局指的是如何组织文章的篇章结构，论证如何展开与语段如何衔接是其主要内容。西方人的思维模式受"亚里士多德的线条式"（Aristotelian-liner）影响，其思维方式是直线型的，行文喜欢开门见山、直截了当地表明自己的观点，揭示主题，而不是围绕主题兜圈子。以《走遍法国》法语原版教材«écrit»几篇"argumentation"开篇为例：«une cible privilégiée: les plus de 50 ans»的开篇句子为：Après le «june» et la «ménagère de moins de cinquante ans», le marketing a trouvé sa nouvelle cible: le «vieux» de plus de cinquante ans. （《走遍法国》一册、上，p. 138）；«la voiture change de sexe» ——L'influence des femmes dans la conception des nouvelles voitures explique la tendance aux formes douces. （《走遍法国》一册、下，p. 50）；«Un musée sur les champs - élysées» ——Si le public semble ne pas aller autant dans les musées de nos jours, il faut que les oeuvres d'art aillent à la rencontre du public. （《走遍法国》一册、下，p. 112）以上列举的三篇文章都在开篇时就点明了整个文章的主旨，让读文章的人一下子就明了文章的主题。它们也代表了大多数法语文章的开篇方式，是法国人行文的一种习惯。而我们中国学生由于受汉语主体写作文化及传统的"迂回式"（circular）思

维方式的影响，写作文时，追求一种表达上的含蓄。作文开篇不亮明观点，一般要用一定的篇幅描述一下其他的东西，诸如社会大背景、生活小环境等："当今，随着社会的发展……""改革开放三十年以来……"等。这不得不让人联想到中国传统文化中以"含蓄"为美的美学观点。在法国人看来，按照此种"顾左右而言他"的方式开篇一篇"argumentation"，主题不明确，难免让人疑惑。如果我们用法语行文，写法语"argumentation"，就应当了解法语文本写作文化，学会开篇用简洁凝练的句子直接揭示主题，直截了当地亮明观点。

另外，中国学生在亮明自己的观点时还有一个致命的误区：习惯用"je"的身份来抛出观点，这也是法语作文所忌讳的。法国人认为，个人的观点是最不具有说服力的，"je"这个字眼代表了极端的主观性。因此在亮明一个观点时，要避免使用"je"这一词语。以 «Les campagnes, par rapport aux villes, n'ont aucun poids dans L'économie d'un pays» 题目为例：要避免"je ne pense pas que/je pense que les campagnes n'ont aucun poids dans L'économie d'un pays" 这样的句子，而是用诸如 "Certes, les villes sont importantes pour L'économie d'un pays, mais les campagnes le sont également ; même qu'elles sont plus importantes que les villes" 的句子。这一开篇句子里并没有出现"je"，却同样有力地表达了观点。尤其值得肯定的是，后者避免了"je"的出现，在字面上避免让读者理解为这是一个纯粹主观个人的观点，而是让他们理解这是一个代表了一部分人的客观的观点。这一点也值得我们中国学生仔细体会并效仿。

西方人注重逻辑思维，在写文章时强调文章的连贯性和较强的逻辑性，注重文章内容的一致性。在法语"argumentation"作文中非常注重"la phrase-clef"的使用，几乎每段的开头都要有一个这段的"la phrase-clef"，旨在开门见山地亮明这段的主旨。法语原版教材《走遍法国》一册就有两篇"argumentation"讲到了"la phrase-clef"的使用：«Une cible privilégiée : les plus de 50 ans» （《走遍法国》一册、上，p. 138）；«les Français au travail»，（《走遍法国》一册、下 p. 30）；《走遍法国》二册中又专门用一篇 «écrit» 来讲"la phrase-clef"的使用：«Douce France, cher pays de nos vacances» （《走遍法国》二册，p. 14）。"la phrase-clef"的使用对于一篇成功的法语作文来说是非常重要的，它可以帮助我们中国学生克服写法语作文时意义不连贯、文章结构松散、重点不突出、逻辑性差的弱点，优化文章结构，弥补由于词汇不太丰富给文章带来的负面影响。中国学生应该认识到"la phrase-clef"使用的重要性，学会在写法语文章时使用"la phrase-clef"。

另外，中国人历来有求正统、保一致、讲中庸平和的传统，认为论述一个观点，应该既认识到这一观点正确的一面，又要指出它的不足。但法国人的人生价值观强调个性，推崇个人观点，在法语"argumentation"作文论述中，要么支持一种观点，要么反对一种观点，绝对不允许"先说说东家长，再说说李家短"这种论证方式。而这正是与中国人信奉的"中庸之道"是相反的。经常有学生认为，任何一种观点都有它的正确之处和偏颇之处，为什么不能对它既肯定又否定？这是我们中国人的思维模式，写中文作文时可以采取"既肯定又否定"的方式，但写法语"argumentation"作文时必须遵循法语写作文化的规则，"既肯定又否定"的论述方式只能让法国人一头雾水，不知所云，这样的法语"argumentation"作文也是不成功的。

2.2.2　遣词造句

语言是文化的载体之一，不同的文化决定了不同语言遣词造句各自的特点。同样一个意思，可能中、法文的表达方式、句子结构会有很大差异，甚至会完全不同。例如：

> Elles se déclarent heureuses d'être nées dans la seconde moitié de ce siècle, plus libres de choisir leur destin, mieux armées pour affronter les difficultés, plus reconnue par les hommes et la société.

这种把大量的信息以短语的形式放在被修饰的名词之后的句子，在汉语文章中是不多见的，它不符合汉语语言的书面表达习惯，而在法语文章中，这种句式比比皆是。再比如下面这两个句子中也都采用了后置修饰的句式：

> Ce n'est qu'après la Libération que le vacancier est entré dans la peau du personnage, rougi par ses premiers coups de soleil, une glacière dans une main, un parasol dans L'autre, photographié avec femme et enfants devant sa caravane.
>
> Aujourd'hui, le vacancier est devenu un professionnel, un consommateur qui s'évade souvent, quelle que soit la période de L'année, même si les mois de juillet et août restent les périodes les plus fréquentées.

再比如说在法语句式中普遍存在的非疑问式倒装：

La part des quinquagénaire dans L'automobile est de 40%, commele prouvent les
ventes de la Twingo........

Elle a publié également une vaste automobile en plusieurs volums, dans laquelleest
retracée toute la vie intellectuellle de son temps.

这些独特的法语句式与表达方式都是值得我们去研究并效仿的，应用在法语写作的教与学当中。

由于法语语言词汇本身的特点，法语文章常使用重复主题词（同义词复指、代词复指等）这种手段来实现文章的内部呼应。以《走遍法国》二册中第二单元 «Un véritable fait de société: la passion du patin à roulettes»（《走遍法国》二册，p. 30）为例，文章当中共用了以下 8 种词语来复制轮滑这项运动："patin à roulettes, paires de patins, ce sport, sport mixte, sport urbain, moyen de déplacement, moyen de circulation, sport de glisse"。这种使用主题词重复来实现文章的内部呼应的写作手法在法语文章中非常普遍。同义词、代词复指使得文章前后呼应，避免了语言写作所忌讳的同一词语的简单重复，使文章的语言表达更加丰富流畅，值得法语教师与学生研究效仿。

3. 结 论

笔 者 认 为，写 好 法 语 " argumentation " 作 文，必 须 在 法 语 "argumentation" 写作教学中导入法语语言文化教学，通过阅读的手段大量输入法语，养成摘录和积累法语优美词汇和独特书面句式及表达方式的良好学习习惯，在阅读过程中，充分了解和体会法语写作主体文化和法语写作文本文化，用于指导我们的法语 "argumentation" 写作实践，帮助我们写出优美、地道的法语 "argumentation" 作文。

参考文献:

邓炎昌，刘润清. 语言与文化 [M]. 北京：外语教学与研究出版社，1989.

卡佩勒，吉东. 走遍法国：二册 [M]. 祁一舟，周志成，编译. 北京：外语教学与研究出版社，2007.

卡佩勒，吉东. 走遍法国：一册上、下 [M]. 胡瑜，吴云凤，编译. 北京：外语教学与研究出版社，2005.

马正平. 什么是写作文化 [J]. 中文自学指导，1991.

彭园珍. 中西方文化差异对外语写作教学的启示［J］. 中国电力教育，2008.

陶嘉伟. 写作与文化［M］. 上海：上海外语教育出版社，1998.

王琼. 对法语教学中文化问题的研究［J］. 理工高教研究，2005.

习青侠. 外语教学中文化教学的层面分析［J］. 国外外语教学，1999.

赵爱萍. 第二语言习得与阅读输入强化［J］. 教学研究，2002.

Cultural Factors in French Writing

Liu Ruiyun

Abstract：As a written way of expression, French Writing can be divided into several categories. From the perspective of French majors in China, and the significance of argumentation in French Writing for Chinese students, this paper tries to analyze the cultural elements in argumentation writing, as well as the relationship between language and culture. It also tries to stress the importance of cultivation of cultural sense in argumentation writing in French.

Key words：language；writing；culture；difference

试析英语单词学习策略对英语语言能力的影响

刘婷兰

（四川大学外国语学院，成都 610064）

摘　要：英语单词的学习是重要的。这种重要性不仅体现在单词量的大小对使用英语表情达意的影响上，还体现在其对英语的听、说、读、写、译各项语言能力起着重要的制约作用。本文就英语单词学习策略对英语语言能力的影响展开分析，并对英语单词学习策略给出了建议。

关键词：英语单词学习策略；英语语言能力；影响

1. 引言

英语学习是一项长期的任务。常常见到很多学生总是十分感慨地抱怨自己学英语若干年，可英语能力弱，学习效果差，尤其是单词量小，听、说、读、写、译处处都会遇到拦路虎。时间花了不少，可回报却很小。造成这种现象，当然原因有很多。可能是学习方法不对，可能是学习兴趣不大，也可能是学习状态不好。但有一点，那就是英语单词的学习策略高下和学习效果优劣，其实对英语语言能力的培养和发展有着十分重要的影响。

2. 英语单词学习现状

据笔者观察，许多学生在学习英语单词时使用的策略都异常简单。有相当一部分学生仅仅停留在认识单词的拼写和知晓单词的意义层面上，甚至连单词的读音都不太理会，更谈不上词性、用法这些高级层面的学习了。

3. 学生的英语语言能力现状

为了更清楚地说明问题，笔者分别从听、说、读、写、译这五种英语语言技能进行阐述。

听说能力一直都是中国学生的软肋。受长期重读写、轻听说的策略影响，中国学生很多都是学的哑巴英语。纵使能写出像样的英语作文，能达到阅读的基本要求，但一谈到听、说，那简直是谈虎色变，坐立不安。若是让他们和英美人士面对面交流，有些学生费尽九牛二虎之力却最终面红耳赤地败下阵来。

相比较而言，中国学生的英语读写能力要稍好一些。至少表面看来，阅读理解的得分率要高一些。但就笔者观察，仍有不少学生在英语读写方面存在很多问题。例如，在阅读中只要一遇到不认识的生词，学生们普遍显得束手无策。有些学生甚至不加思考就轻率地一举跳过，不求甚解。又如，对于阅读中的一词多义现象，有些学生断章取义，完全不联系上下文，孤立地去理解含义，结果导致理解偏差。再如，一些学生在写作任务面前无计可施，甚至连提纲都无法完成，更别说遣词造句、语法修辞了。

说到翻译，那更是雪上加霜。不少学生在翻译时大多采用字对字翻译（word for word）的方法，完全不顾英、汉语之间的语法和文化差异，结果可想而知：要么翻出"洋泾浜"，令人哭笑不得；要么译文缺胳膊少腿惨不忍睹。著名的"Good good study, day day up"（好好学习，天天向上），"I'll give you some color to see"（我会给你点颜色看看）就是这类问题中的典型例子。

4. 英语单词学习策略对英语语言能力的影响

很多学生英语年年学、反复学，可应用能力却令人不敢恭维。之所以他们抱怨学英语这么多年却是事倍功半，花了时间收不到效果，和他们所采用的英语单词学习策略是有着密切的关系的。下面我们就来分析一下单词学习策略对英语各项语言能力的影响。

据笔者观察，学生记单词时，大多一如既往地沿用了"哑巴英语"策略，就是只记单词的写法和意义，不管单词的读音。这样一来，眼睛与单词间的联系倒是建立起来了，却无法建立起耳朵和声音之间的联系，最终导致听不懂该单词（但能够看得懂）。长此以往，对培养听力技能自然是有弊无利。很多学生都有这样的体会：一篇听力文章任凭怎么听也听不懂，可是一看听力原文立马拍起了大腿："嗨，就这意思啊，怎么就没听懂呢？"遗憾之情溢于言表。殊不知，这就是因为平时不爱读单词、读课文的缘故。不少学生总把听力能力差归结为平时练得少，殊不知，平时记单词的方法片面也是罪魁祸首之一。而且，记单词不注意读音，学生就会随意地按照自己的发音习惯去读，忽略了真正正确的读法，这样还会导致听不懂正确发音的奇怪现象。

再者，学生记单词时很少顾及其词性，这其实是一个很大的误区。英语单词的词性决定着该词的语法功能，也就是该词能在句子中充当什么成分。我们都知道，通常而言，名词做主语，动词做谓语，形容词做定语，副词做状语。如果连某个词的词性都不清楚，你怎么知道它应该做什么成分呢？这个道理是不言而喻的。所以，我们常发现学生会写出带有这样那样结构和词性错误的句子，很大程度上就是单词词性没有掌握好的缘故。以"present"为例。作为名词，它表示"礼物"，例如："I bought a birthday present for my mother."（我给母亲买了一份生日礼物。）作为形容词，意思是"出席的；现在的"，例如："A number of local people were present at the meeting."（一些当地人出席了会议。）而作为动词，则常指"赠送"，例如："They presented a sum of money to the college in memory of their son."（他们向学院赠送了一笔款项以纪念其儿子。）可见，单词词性不同，可能导致意思不同，语法功能就更是大相径庭了。

写作如此，口语自然也好不到哪儿去。很多学生开不了口，一是词汇量小，很难连贯地表达意思；二是一开口就会犯错误，其中不乏语法和单词使用上的错误。而在单词的使用过程中，除了词性的问题外，还有一个不容忽视的重大问题，那就是单词的用法。

单词用法是一个颇让学生感到头疼而"敬而远之"的问题。一个单词是可数还是不可数？一个名词是单数还是复数概念？一个动词是及物还是不及物？能和什么词搭配，不能和什么词搭配？有没有被动语态？应不应该用虚拟语气？这些都是真正关乎单词用法的问题，却因为比较细致又略显繁琐而受到学生的"怠慢"。结果就自不待言了，学生无论写作还是说话，各种各样的问题都冒了出来：主谓不一致、搭配不当、语态错误、误用虚拟等。例如："His family was glad to hear that he had won the first prize."在这个句子中，作者显然没有意识到，"family"在表示家庭成员时应该是复数概念，其后的谓语动词应该用"were"而不是"was"。这就是对"family"这个词的用法不甚了解而导致的错误。又如：很多学生在表达"提高英语水平"的时候喜欢说"raise my English level"。事实上，这是因为搭配错误而导致的"洋泾浜"现象。正确说法应该是"improve my English"或"promote my English level"。"happen"这个词对学生来说也是个模糊的概念。经常听到有学生说"What was happened?"不知道学生的这种语感从何而来，但显而易见的是，他们不知道"happen"一词没有被动语态。还有学生经常会说"He suggested me to read English every day"，这又是没有弄清"suggest"的用法。"suggest"不能与"to do"连用，其后只能跟"doing"。如果要跟"to do"，则应该用"advise"，即"He advised me to read English every day"。诸如此类的问题在学生的作文和口语中屡见不鲜。究其原因，不能不说和单词的用法密切相关。

第四，学生记单词时大多死记硬背，很少会去主动思考用什么方法记某个单词更快更合理。比如，"president"一词完全可以用词根词缀法来记。"pre"是前缀，意思是"在前面"；"sid"是词根，意思是"坐"；"ent"是名词后缀，表"人"。这样一来，该词的意思就很清楚了——"坐在前面（主持工作）的人"，也就是"总统、主席、总裁、校长"一类的"一把手"的意思。这种记单词的方法简洁有效，逻辑性强，有助于提高记单词的效率，比死记硬背强多了。遗憾的是，如此理性地记单词的学生并不多，更多的学生是不加思考囫囵吞枣照单全收，结果呢？让我们来看看阅读理解中的窘境。在词义辨析题面前，不少学生抓耳挠腮不知所措，不能冷静地想办法从各种角度去分析单词，比如通过词根词缀法分析，或是根据上下文去分析，而是一味地苦苦猜想，实在不济则随意选一个答案，成败由天定。于是他们因为记单词的策略单一而自食苦果。

至于翻译这样的体现综合能力的任务，学生的完成情况就更是可想而知了。尤其是英译汉，有学生常常连句子框架都架不起来，时态语态一塌糊涂，单词使用不堪一击，语法错误比比皆是，"信"和"达"都难以达到，更谈不上体现翻译美学特征的"雅"了。细细想来，其实这些问题都与单词的学习息息相关。

5. 英语单词学习策略建议

综上所述，要想真正学好英语单词，要想真正践行"单词是英语学习的基石"，要想真正让单词学习给英语语言能力带来实质性的帮助，单一的单词学习策略是不够的，仅满足于掌握单词的拼写和意义也是不够的。笔者结合多年教学经验，给出以下英语单词的学习策略建议，希望对学生有所帮助。

学习英语单词，笔者建议分六步走：（1）单词的读音。（2）单词的拼写。（3）单词的词性。（4）单词的词义。（5）单词的用法。（6）其他（包括构词法、近义词、反义词、派生词、谚语习语等）。

以"spot"一词为例：

（1）读音（略）

（2）拼写（略）

（3）词性：*n. & v.*

（4）词义：

n. 地点；斑点

v. 发现；玷污

（5）用法：

n. "on the spot" 当场，现场

The thief was caught on the spot. 小偷被当场抓住。

All apples with spots were rejected. 所有带斑点的苹果都被剔除。

v.

She spotted her friend in the crowd. 她在人群中认出了她的朋友。

The scandal spotted his character. 那件丑闻玷污了他的人格。

（6）其他：

"spot" 的近义词："place, site, area; find, discover, see, recognize"。

派生词："spotty, spotless"。

谚语：The leopard cannot change its spots. 江山易改，本性难移。

相信通过以上学习，学生对"spot"一词的理解会更深入透彻，这对他们今后正确地使用该词无疑会打下扎实的基础。

英语学习是一项需要持之以恒的长期而艰苦的任务。只有坚持不懈、不怕辛苦地努力学好每一个重点单词和词组，全面掌握它们的用法，日积月累，才能实现从量变到质变的飞跃，才能为英语的各项语言能力添砖加瓦，真正缔造出准确而地道的英语，从而在追求炉火纯青的英语之路上迈出坚实的一步。

参考文献：

程晓堂，等. 英语学习策略：从理论到实践［M］. 北京：外语教学与研究出版社，2002.

蒋争. 英语词汇的奥秘［M］. 北京：中国国际广播出版社，2007.

漏屋. 找对英语学习方法的第一本书［M］. 天津：光明日报出版社，2012.

马永红. 课堂英语［M］. 北京：中国科学技术大学出版社，2006.

舒白梅，陈佑林. 外语教学法 ［M］. 北京：高等教育出版社，1999.

王乐平. 英语思维是这样炼成的 ［M］. 广州：华南理工大学出版社，2010.

王蔷. 英语教学法教程：第二版 ［M］. 北京：高等教育出版社，2006.

G., Widdowson. *Aspects of Language Teaching* ［M］. Oxford：Oxford University Press，1999.

On the Influence of the English Word Study Strategy on English Language Skills

Liu Tinglan

Abstract：English vocabulary study is very important. The importance is not only shown in the effect of vocabulary on the English expression but also in the influence on English language skills including listening, speaking, reading, writing and translating. This paper aims at analyzing the influence of the English word study strategy on English language skills development, and providing suggestions of English word study strategies.

Key words：English word study strategy；English language skill；influence

网络环境下对大学英语预习的初步探讨

尹 莉

（四川大学外国语学院，成都 610064）

摘 要：在大学英语教学中，预习是培养学生自主学习能力的重要途径。在网络环境下，由教师在网络学习社区张贴预习的目标、提纲和任务，学生建立自己的学习园地，通过网络学习社区中的英语聊天室、英语学习资料库、个人预习评价表来进行高效的大学英语预习。

关键词：网络；网络学习社区；预习；大学英语教学

众所周知，学习语言的最终目的是应用而不是单纯的知识积累。因此，英语学习的重要任务是"学"，而不是"教"。在大学英语学习的整个过程中最能体现学生自主学习的阶段就是预习阶段。预习是完整的教学过程中必不可少的重要组成部分，也是教学过程中的第一个环节。俗话说，"良好的开端是成功的一半"。预习的作用对学习效果至关重要。所以，预习学习不能够随意处理，更不是可有可无的。预习搞好了，学生可以学得主动，会产生事半功倍的效果；预习不认真，课堂教学就会气氛沉闷，效率极低，陷入非常被动的局面。不能将预习片面理解为只是自学新课，预习还应包括重温与新课相关的前期知识，并且应以后者为主。换句话说，要区分开新课里的已知和未知，发现问题，做好课前准备。新课里面有哪些单词、短语、词组、语法点、语言点、文化知识；哪些已经掌握，哪些还需巩固，哪些是完全陌生的；新课的结构是什么，重点和难点在哪里，这些都是预习的时候应该注意和思考的地方。做到这些才能够有针对性地听课，提高课堂教学效率。

当今时代是互联网信息科技的时代，把互联网和现代信息技术广泛应用到英语语言教学中，不仅使传统的预习学习增添了时代的色彩，而且为预习学习提供了更高效的平台和测评工具。利用网络进行高效的预习学习，有助于培养大学生的自学能力和良好的学习习惯，有助于培养大学生的合作精神和竞争意识，有助于实现师生之间、学生之间多项互动的、多元的信息交流，有助于培养大学生实际应用英语的能力，从而实现大学英语教学的初衷和最终目的。

在传统的教学模式下，教师布置预习的任务，学生在课前独立完成。而教师对学生预习的要求也只限于熟悉教学内容。由于课堂时间有限，大部分教师对学生课前预习的要求往往太过笼统，最多在临下课时说一句"请同学们下课后把第三单元预习一下"，没有时间指导学生进行预习，也没有设计具体的预习任务。因此教师对于学生是否完成预习任务以及完成预习的效率和质量都无法把控。这导致很大部分学生因偷懒而没有预习；小部分学生就算预习了，也最多是浏览一遍课文，背背单词而已，预习效果较差。由于教师在大多数情况下受到时间、地点的限制，不能给学生预习提供必要的材料、指导和检查，而学生的英语基础、自学能力、理解能力有限，再加上无监管的惰性，所完成的预习也有应付现象，因此，学生课前预习新课困难多、效率低、费时间，这种预习反而会降低学生接受新课的兴趣，致使教学效果不佳。

现今发达的计算机网络在时间和地点上的无限延伸正好给学生的课前预习提供了一个高效的平台。教师和学生可以在网络的帮助下，突破时间和地点的限制，利用网络的及时性、交流性、监督性、互动性来进行课前预习，并培养学生的自学能力，帮助他们养成课前预习的好习惯。

教师可以利用互联网上的聊天室、BBS、QQ 群或讨论组等应用，建立自己班级的网络学习社区。在这样的网络学习社区中，教师以书面的形式提出明确的预习目标，即通过预习要达到什么样的学习效果；出示预习提纲，并明确指出预习时应做哪些知识和技能准备，以及预习时应注意的问题；对预习内容提出具体要求：听录音或朗读课文，了解课文内容；查找课文中的生词、词语的固定搭配、重点句型；阅读全文，查找相关文化信息；根据课文的话题查阅有关资料，熟悉背景知识；提出自己的困惑或不理解的问题等。同时，教师也要对预习量进行有效的把握。非英语专业的学生由于有自己的专业课程，不可能像英语专业的学生那样把全部精力都投入到英语学习中，他们学习英语的时间相对较少。因此，教师对学生提出的预习要求一定要切实可行。如果预习量过小，则不能达成课堂教学的目的；如果预习量过大，会使学生感到心有余而力不足，从而产生消极情绪，挫伤他们英语学习的积极性，不但起不到应有的效果，甚至会适得其反。

网络给了教师充分的时间和空间发挥想象力和创造力来制定具体确切的预习目标和预习内容，同时，也让学生的自主学习有了依据。学生通过这些网络学习社区，建立自己的学习园地，分析自己现有的英语水平，设立自己的短期、中期、长期的学习目标和学习计划以及学习任务，并公布在网上。这样，不仅学生自己有了书面的、确切的学习目标和依据，也让教师能够充分了解学生个体的具体情况，以此来进行自我督促和教师督促。这在一周只有2至3个课时的传统大学英语教学中几乎是不可能做到的。

正是互联网现代信息技术使个性化的大学英语学习成为可能。基于对学生的具体学习情况的了解，教师通过这些网络学习社区，不仅可以对全班的学生布置相同的预习目标、提纲和任务，甚至可以针对每个学生布置贴合学生个体英语水平、个性特征与学习偏好的预习目标、提纲和任务。例如，让英语水平稍差、不善于表达、缺乏自信心的学生朗读生词、针对课文回答问题等，他们感觉容易完成，从而增强了他们的成就感；让英语水平较高、敢于表达的学生承担较有挑战性和较难的预习任务，如分析课文难句、归纳大意、对课文中的某些内容表达自己的观点等；让英语优秀的学生去查阅更多的全英文的背景知识，扩大阅读量，提高英语应用能力。

在预习过程中，当学生遇到自己无法独立解决的问题时，可以通过网络学习社区的聊天工具，例如聊天室、QQ群等对问题进行讨论。这样有利于增进学生跟学生之间、学生跟教师之间的交流，增加对问题的了解，集思广益，并且提出问题，带着问题去预习。这样学习会有针对性，有利于提高预习的效率，也有利于发展学生独立思考的能力。而且聊天室也可以成为课堂延伸的一个有效的空间。可以规定一定的时间用英语聊天，还可以开通语音聊天。这样可弥补大学生缺少英语语言环境、学了英语却没地方用的遗憾，能有效提高学生应用英语的水平。

在预习过程中，要充分利用无限的网络资源，在网络学习社区中设立英语学习资料库，积累大量有用的英语学习材料。学生和教师在网络上收集的各种跟课文有关的背景知识，各种跟学习内容有关的文字、音频、视频资料，以及各种英文歌曲和英文电影都可加入英语学习资料库。这样不仅提高了学生对语言的感受能力，也让他们更深刻地了解了西方文化，培养了国际化的视野，也极大地增强了学生对英语学习的兴趣，更有利于培养良好的预习习惯。

在预习过程中，网络也起到了监督和评价的作用。学生把自己每天的、短期、中期、长期的学习目标和学习计划以及学习任务公布在网络上，并详细记录下自己每次完成预习任务的情况：是否完成预习任务，完成了多少，哪些任务非常容易，又遇到了哪些困难，怎么解决困难的等。有了这个个人预习评价表，学生对自己每周，甚至于每天的预习完成情况都可以进行监督和评价，使得整个预习过程有据可查。教师也可根据这个个人预习评价表跟踪和监督学生的英语预习，对学生的学习进行有效的评价，而且这种利用网络对预习效果进行的检测具有即时性、连续性、持久性。网络上高度严密的监督和评价系统会激发学生个体和集体的荣誉感，极大地敦促每个学生完成自己的预习任务。这样一来，在班内就形成了良性的激励机制，大家互相督促，互相交流，共同收集资料，一起探讨问题。学生收集和处理信息的能力、获取知识的能力、提出问题和解决问题的能力、交流与合作的能力都会在预习中得到很大提高。笔者建议将学生的预习情况纳入学生的平时成绩，这样能够引起学生对预习的重视。由于在网上有个人预习评价表，所以对于计入平时成绩的量化也有据可依。

当然，要利用网络来预习还需以下几个条件：首先，对教师的要求很高。不仅是教师本人首先要认识到预习的重要性，在预习的指导和监控上要花费比传统教学更多的时间和精力，还要求教师掌握过硬的计算机和网络技术。这就要求广大教师不断提高自我修养和素质。其次，对提供适合大学英语教学的网络软件的需求很急迫。市面上有很多英语学习软件，大多是语言技能的练习和培养，并没有自我和他人的反馈和监控，无法形成长期有效的英语学习，不利于英语学习习惯的培养。最后，对提供网络的硬件设备的需求很大。并不是每个学生都买得起电脑，这就要求学校提供大量可供上网的电脑。

以上是笔者对在网络环境下的大学英语课前预习的一些初步探讨。利用网络来进行大学英语教学，尤其是大学英语预习学习还是一个很新的领域。笔者真切希望现代信息技术的利用能更好地培养学生自主学习英语的能力，养成良好的英语学习习惯，以实现大学英语教学的初衷和最终目的。

参考文献：

费兹科，托马斯，麦克卢尔，约翰. 教育心理学——课堂决策的整合之路 [M]. 吴庆麟，等，译. 上海：上海人民出版社，2008.

莱弗朗索瓦兹，盖伊. 教学的艺术 [M]. 佐斌，等，译. 北京：华夏出版社，2004.

刘延秀，孔宪辉. 计算机辅助自主学习＋课堂的模式探索与学习者研究 [J]. 外语界，2008.

桑切克，约翰. W. 教育心理学 [M]. 周冠英，王学成，译. 北京：世界图书出版公司北京公司，2009.

石萌萌. 基于网络的大学英语多媒体技术教学模式对培养大学生自主学习英语能力有效性的研究 [J]. 疯狂英语：教师版，2010.

束定芳. 外语教学改革：问题与对策 [M]. 上海：上海外语教育出版社，2004.

Nunan, D. *Designing Task for Communicative Classroom* [M]. Cambridge：Cambridge University Press，1989：10 - 11.

On College English Preview in the Context of Internet

Yin Li

Abstract：In college English teaching, preview is an important way to develop students' autonomous learning ability. In the network environment, the efficient college English preview learning can be achieved through the preview goals, outlines and tasks in the online English learning community assigned and posted by teachers, and the chat rooms, English learning databases, personal preview evaluation tables in the online English learning community built by students.

Key words：network；online English learning community；preview；college English teaching

英语学习者在线阅读中
电子词典使用行为的研究

左红珊

（四川大学外国语学院，成都 610064）

摘　要： 为考察英语学习者在线阅读中使用电子词典查阅文本中所包含的陌生单词和陌生短语的情况，本研究以两组不同英语水平的大学英语学习者为研究对象，通过一项计算机阅读任务，实时追踪受试在阅读中查阅陌生单词和短语的情况。实验结果表明：（1）整体而言，受试使用电子词典查阅陌生短语的数量显著少于查阅生词的数量；（2）英语水平高的学习者查阅陌生短语的数量显著多于英语水平较低的学习者查阅陌生短语的数量。文章最后就英语教师如何运用电子词典帮助学习者更有效地学习英语短语提出了建议。

关键词： 电子词典；查阅行为；陌生单词；短语

随着计算机技术的普及和远程教育的兴起，在线阅读（online reading）在大学英语教学中的重要性日益凸现，而电子词典（"electronic dictionaries"，这里指光盘词典，参见章宜华，2007）也逐渐取代传统的纸质词典，成为学习者在线阅读的常用工具。相比纸质词典，电子词典具有很多优点，如检索功能强大，携带方便，查阅快捷，能够采用超文本的多媒体方式等（李宇明，2006）。

近年来，国外研究者对外语学习者查阅电子词典的行为做了一系列研究，取得了不少成果（如 Al-Seghayer，2001；Laufer & Hill，2000；Lomicka，1998；Peters，2007 等），但是仍然有很多有待发掘的空白领域。相比之下，国内有关电子词典的研究大多尚处于理论探讨和现象描述阶段，实证研究还比较匮乏。本研究将探讨中国英语学习者在线阅读中使用电子词典查阅文本中所包含的陌生单词和短语（formulaic sequences）的情况，以及学习者英语水平对其查阅行为的影响。

1. 电子词典与二语在线阅读：研究综述

自 20 世纪 90 年代以来，由于计算机辅助外语教学（Computer-Assisted Language Learning，简称 CALL）的发展和普及，国外的学者对二语学习者在线阅读中电子词典的使用进行了大量的研究（如 Hulstijn，1993；Hulstijn，Hollander & Greidanus，1996；Knight，1994；Laufer & Hill，2000；Peters，2007；Prichard，2008）。总体而言，现有的电子词典在外语教学中的应用的研究主要围绕以下议题展开。

1.1　电子词典的有效性研究

早期有关电子词典的研究，着重比较电子词典和纸质词典在阅读理解和附带词汇习得中对学习者的帮助孰多孰少（Knight，1994；Laufer & Hill，2000；Leffa，1992；Lomicka，1998；Roby，1991）。大部分研究都显示，相比纸质词典，电子词典能更有效地促进二语学习者的阅读理解和词汇习得。例如，勒法（Leffa，1992）考察了电子词典和纸质词典在学习者完成一项阅读和翻译任务中的作用，结果发现使用电子词典的受试对文章的理解明显优于使用纸质词典的受试，而且阅读文本的速度也快了一倍。奈特（Knight，1994）的研究结果进一步证实了 Leffa（1992）的结论。她发现，相比不使用词典的受试，使用电子词典的受试学会的生词更多，对文章的理解更好；此外，电子词典对二语水平较低的受试帮助尤为显著。

虽然电子词典有很多优势，但是有的研究者认为，电子词典虽然能方便快捷地提供生词释义，但是却夺去了学习者推测生词意义的机会，降低了大脑对生词的加工深度（depth of processing），从而不利于词汇的学习和记忆（Knight，1994；Laufer & Hill，2000；Stirling，2003）。针对浅加工（shallow processing）的问题，研究者们试图通过操控阅读任务进行解决，并取得了一定成效。我们将在后文对此做进一步的阐述。

1.2　电子词典中的多媒体信息对阅读理解和词汇学习的作用

相比纸质词典，电子词典的一大优势是能采取超文本的多媒体方式，通过声音、图像等与文字的配合，使内容更加充实，生动形象，表现出单纯用文字无法表现的内容。于是，研究者们开始探讨电子词典中提供的多媒体信息对阅读和词汇学习是否有帮助，以及在多大程度上有帮助（Al-Seghayer，2001；Chun & Plass，1996；Lomicka，1998）。

淳与普拉斯（Chun & Plass，1996）的研究考察了电子词典提供"文本"、"文本＋图像"和"文本＋视频"三类不同信息对词汇学习的作用。结果显示，使用提供"文本＋图像"的电子词典的那组受试在词汇测试中获得的分数最高。洛米卡（Lomicka，1998）采取有声思维的研究方法，深入探讨了二语学习者阅读过程中电子词典所提供的不同信息对阅读理解的帮助。Lomicka 把受试分为三组：不使用电子词典，电子词典仅提供传统信息（即母语翻译和二语释义），电子词典提供全方位信息（包括传统信息、读音、图片、补充材料等）。结果显示，由于受试把理解文本作为首要目标，而生词又是他们理解文本的最大障碍，因此他们在查阅词典时，即使电子词典提供了多媒体信息，他们还是优先查看母语翻译和二语释义。有声思维材料的分析表明，尽管受试认为多媒体信息能帮助他们建立情景模式从而有助于理解文本，但是，由于其二语水平的限制，受试借助多媒体信息的目的主要还是理解文本，因此未能充分利用多媒体信息促进词汇学习以及其他语言技能的提高。

阿尔－塞噶耶（Al-Seghayer，2001）比较了动态的视频和静止的图片对二语词汇学习的促进作用。根据电子词典所提供的信息，Al-Seghayer 的受试被分为三组："文字解释"组，"文字解释＋图片"组，"文字解释＋视频"组。实验数据显示，"文字解释＋视频"更利于受试学习生词。Al-Seghayer 认为，这主要是因为视频能在受试头脑中建立生动的形象，并能激发高度的注意力，从而促进生词的学习。

1.3　二语学习者使用电子词典时的查阅偏好

随着电子词典在二语教学中的广泛应用，研究者对学习者查阅电子词典的行为进行了深入的观察和研究。这些研究大多采用实时追踪（online tracking）的方式，准确细致地记录学习者查阅电子词典时关注的信息内容、所花费的时间，进而分析学习者的查阅偏好（如 Al-Jabri，2009；Laufer & Hill，2000）。

劳费尔与希尔（Laufer & Hill，2000）探讨了二语学习者在线阅读中对电子词典所提供的各种信息（如二语释义、母语翻译、读音、词根及其他信息）的查阅偏好（lookup preferences）及其对词汇学习的作用。她们发现，不同学习者对词典信息有不同偏好。例如，香港学生更喜欢查阅单词的二语释义，并且很注意单词的读音，而以色列学生则偏好母语翻译，也很少查阅单词的读音。但是，总体看来，尽管电子词典给每个生词提供了丰富的信息，但大部分受试关注的焦点还是二语释义和母语翻译。另外，有数据显示，尽管学习者对词典信息有不同偏好，但多元化的信息更有助于词汇记忆。她们指出，计算机辅助外语教学中，电子词典应该向学习者提供丰富的信息，以满足个体的查阅偏好，从而最大限度促进阅读理解和词汇学习。

阿尔－贾布利（Al-Jabri，2009）以学习英语的阿拉伯学生为受试，比较了母语翻译和二语释义对受试阅读理解和文本要点记忆（ideas recall）的作用。阅读测试的结果表明，查阅母语解释的受试分数显著高于查阅二语释义的受试，而且能记住更多的文章要点。此外，访谈结果显示，一半以上的受试更偏好于二语释义。

1.4　用任务操控学习者查阅电子词典的行为从而促进词汇习得

在外语学习中，一个常见的现象是：尽管学习者在阅读过程中用词典查阅了生词，但能记住的生词依然非常有限（Hulstijn et al.，1996）。有的学者指出，这对于电子词典尤为明显，因为电子词典能方便快捷地提供生词释义，让学习者失去了推测生词意义的机会，降低了加工深度，从而不利于词汇的学习和记忆（Laufer & Hill，2000）。针对电子词典往往诱发学习者对生词的浅加工这一缺点，有些学者尝试用不同的阅读任务来操控学习者查词典的行为，从而促进词汇学习和记忆（De Ridder，2002；Hulstijn，1993；Laufer & Levitzky-Aviad，2003；Peters，2007）。

例如，哈斯涕金（Hulstijn，1993）、劳费尔与勒维茨基－阿维亚德（Laufer & Levitzky-Aviad，2003）研究了在二语阅读中生词的相关性（word relevance）与受试查阅行为（lookup behavior）的关系。生词的相关性，即了解某个生词的意义对完成某一阅读理解任务是否不可或缺。如果只有正确了解了生词的意义才能答对阅读理解题，该生词就是相关词汇（relevant word）；如果是否理解生词的意义对完成阅读理解题无关紧要，该生词即为非相关词汇（irrelevant word）。结果表明，生词对完成阅读理解任务很重要时，学习者查阅该生词的频率非常高；反之，则查阅频率显著下降。

彼德斯（Peters，2007）深入探讨了二语学习者进行在线阅读时是否告知阅读后有词汇测试（a vocabulary test announcement）及生词的相关性（word relevance）对查阅电子词典的行为及生词学习的作用。实验数据显示，是否告知阅读后有词汇测试及生词的重要性对受试是否查阅生词有显著影响；同时，生词的重要性也影响着受试查阅某一生词的频率。在是否告知阅读后有词汇测试及生词的重要性两个因素中，只有后者对生词学习有影响，而且这种影响是持久的。

国外有关电子词典与外语词汇得的研究虽然已经取得了不少成果，但仍然存在诸多不足。首先，学习者因素对电子词典使用的影响有待深入研究。目前，大部分研究只是粗略地探讨学习者的外语水平对查阅电子词典的频率的影响（如 Hulstijin, 1993），并没有对不同学习者使用电子词典的具体偏好进行深入分析。此外，在目标结构的选择上，尽管语块（"formulaic sequences"，如短语动词、习语等）在语言中广泛存在（Wray, 2002），但是现有的电子词典研究基本上都是以单个生词为目标结构（如 Hill & Laufer, 2003），对语块还鲜有涉猎。正是基于以上原因，本研究以陌生单词和语块为目标结构，考察学习者在线阅读中使用电子词典查阅这两种目标结构的行为有何异同，以及学习者二语水平对其查阅行为的影响。

2. 研究方法

2.1 研究问题

如前所述，本研究将探讨中国英语学习者进行在线阅读时，使用电子词典查阅文本中所包含的陌生短语的情况以及影响学习者外语水平对其查阅行为的影响。具体而言，本研究要回答的研究问题如下：

（1）英语学习者进行在线阅读时，查阅文本中所包含的陌生短语的频率是否和生词的频率一样高？

（2）学习者的英语水平是否对其查阅陌生单词和短语的频率有影响？

2.2 受试

本研究有两组受试，一组为中级英语学习者，是电子科技大学自动控制专业大一的学生，共21人；另一组为中高级英语学习者，是英语专业大三的学生，共20人。

除了受试的英语学习经历外，我们还用海韦尔（Hever, 2001）的词汇测试来区分这两组受试的英语水平。表1显示了两组受试的基本情况以及他们在词汇测试中的成绩。独立样本 T 检验的结果表明，两组受试的词汇测试成绩有显著差异（$t = -9.066$; $p = .000$）。

表 1　受试的英语学习经历及词汇测试成绩

	受试基本情况		词汇量测试结果①		
	专业	英语学习年限	全距	均值	标准差
中级学生（21 人）	自动控制	7	32－60	43.86	6.81
中高级学生（20 人）	英语	9	52－96	70.95	11.79

2.3　目标结构的选择

陌生单词的选择：参照《大学英语教学大纲（1999）》，本研究选择了 28 个生词（详见附录）。

陌生短语的选择：短语（也称语块，formulaic sequences）是语言使用者在语言使用或学习过程中单词化（lexicalize）了的若干单词的组合。它们不经由语法分析，在记忆中是作为一个整体来储存和提取的（Wray，2002）。语块的类别纷繁，不同类别的语块差别很大②，难以归类，不便比较。我们查阅了大量语块研究文献（如 Abel，2003；Bishop，2004；Schmitt，2004；Wray，2002），决定选择语块中的动词性习语作为目标结构（即符合"动词 + 名词"结构的习语，如"chew the fat，draw a blank，take the biscuit"，本研究所选的 28 个目标语块见附录）。

2.4　研究工具

为了了解受试在在线阅读中用电子词典查阅目标生词和短语的情况，本研究采用计算机阅读任务对受试使用电子词典的行为进行实时追踪（online tracking）。受试进行计算机阅读的时候，如果用鼠标选中他们不认识的单词或短语，该单词或短语的意义就会出现在屏幕上。计算机自动记录受试查阅单词或短语的情况供我们分析。

2.4.1　编写阅读短文

我们编写了 28 篇含有目标习语的英语短文，每篇短文包含一个目标习语。这些短文的原文来自英美主流媒体（如 ABC，CNN，Times Online 等），我们通过删节编写，将其改写为大约 80 至 120 词长的短文。为保证短文内容清楚，语言流畅，符合英文文法和表达习惯，我们邀请了两位美国外教审

---

①　词汇测试中，受试答对一题即得 1 分，满分为 120 分。
②　比如，有的语块是动词性的（如 put on），有的是名词性的（如 apple of one's eye），有的是短语（如 kick the bucket），有的是句子（如 It takes one to know one）。

阅了所有短文。

在阅读过程中，若只是单纯地让受试阅读文章，受试可能会因为没有任务压力而不认真进行阅读。为了给受试一些压力，我们为每篇文章编写了两个正误判断题，让受试在阅读结束后完成。在进行数据分析时，受试的答题情况不纳入分析。

2.4.2　计算机阅读任务

本研究采用计算机阅读任务在线追踪学习者在阅读中用电子词典查阅陌生语块的情况。受试在进行计算机阅读的时候，如果用鼠标选中自己不认识的短语或单词，该短语或单词的意义就会呈现在屏幕上。

a. 编写目标语块的意义。

如前文所述，计算机阅读软件中要包含目标语块和一些单词的意义（即 glossary），以备受试查询之用。在编制 glossary 时，我们使用了目标结构的词典意义[1]。比如：

Glossary	
take the biscuit:	to be the best; to rank first
rookie:	someone who is new to and has no experience of an activity

平均而言，除了目标生词和语块外，每篇短文还有一到两个生僻词配有释义。

b. 计算机软件。

受试在进行计算机阅读任务时，计算机会自动记录受试查阅目标语块的情况。计算机阅读页面的正中是一篇短文，短文上方有一栏空白，标有"词语解释"的字样。受试在阅读过程中，若用鼠标选中不认识的词或短语，该词或短语的英文意义就会出现在"词语解释"栏里。短文下方标有"第＊篇，共40篇"的字样，让受试知道自己做题的进度。受试阅读完一篇文章后，点击"Click here for the comprehension questions"，即可进入阅读理解题页面。做完题目后，点击"Next passage"，即可进入下一篇阅读文章。整个过程中，受试进入下一个页面后，即不能再返回上一个页面。

下面是计算机阅读测试的一个页面。

---

[1]　目标语块的意义来自 *Collins COBUILD Dictionary of Idioms*（2001），单词的意义来自 *Longman Dictionary of Contemporary English*（*English-Chinese*）（1998）。

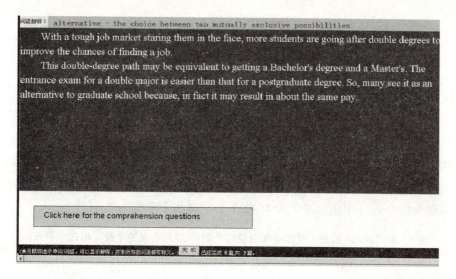

c. 实验过程。

实验开始前，我们发给每个受试一份"计算机阅读任务指南"，详细阐述阅读任务的过程和要求，以及软件的特性。为了让受试熟悉计算机阅读任务，我们编制了三篇练习文章放在正式的阅读文章前面，让受试熟悉操作过程。碰到不清楚的地方，我们当即进行解释和示范。待所有的受试对实验程序都很清楚后，才进入正式实验。

3. 数据分析及讨论

3.1 受试查阅生词和陌生语块的频率之比较

如前所述，语块的形式不规则，没有明显的起止标志，在视觉上不凸显。因此我们有理由假设，在二语阅读中，学习者不容易识别出自己不认识的语块。也就是说，学习者不是将陌生语块作为一个整体看待，而是将其看作是由语法规则黏合在一起的若干单个的词；相应地，在计算机阅读任务中，学习者选中目标语块、用电子词典查询的频率就会很低。

表 2 中的数据证实了我们的假设，即受试用电子词典查询生词的频率高于查询陌生语块的频率，分别为 8.70 个和 5.71 个；也就是说，在 28 个生词中，每个受试平均查询了 8.70 个生词，而在 28 个陌生短语中，每个受试平均只查询了 5.71 个。配对样本 t 检验结果显示，两者之间的差别是显著的。

表2　配对样本 t 检验：受试查阅语块的个数 vs 查阅生词的个数（所有受试）

	总数	平均查阅个数①	SD.	t	Sig.
陌生语块	28	5.71	2.33	−4.13	.000
生词	28	8.70	2.67		

为了进一步考察受试的查阅行为，我们对两个水平组受试的查阅个数分别进行了考察，结果见表3和表4。不难看出，对两组受试来说，查阅生词的个数（中级水平组为8.21个，中高级水平组为9.18个）明显高于查阅陌生语块的个数（中级水平组为4.40个，中高级水平组为7.04个）。

表3　配对样本 t 检验：受试查阅语块的个数 vs 查阅生词的个数（中级水平组）

	总数	平均查阅个数	SD.	t	Sig.
陌生语块	28	4.40	2.15	−4.41	.000
生词	28	8.21	3.40		

表4　配对样本 t 检验：受试查阅语块的个数 vs 查阅生词的个数（中高级水平组）

	总数	平均查阅个数	SD.	t	Sig.
陌生语块	28	7.04	3.62	−2.32	.028
生词	28	9.18	2.97		

上面的结果说明，受试在阅读中碰到陌生语块时，并不倾向于将其作为一个整体来推测其意义；相反，当他们看到句子中每个单词都很熟悉时，就会想当然地认为自己已经明白了句子的意义，不再进一步思量某些单词的组合是否有特别的意义。正如一位受试在完成计算机阅读任务后的访谈中所说：

> 我现在觉得也不可能在比赛中吃饼干……但阅读的时候，我想反正"biscuit"这个词我认识，就没有管它了……（文章中的目标语块为"take the biscuit"）

受试在阅读中忽视那些由熟悉的单词构成的陌生语块，这说明他们对语

---

① 平均查阅个数 = 本组受试查阅生词或短语的总次数 ÷ 本组受试人数。

块的整体性本质的认识较为薄弱，习惯通过语法分析处理语言信息。这种习惯的形成与受试的英语学习经历是不无关系的：学习者在课堂环境中学习二语时，一般都是从记诵单词入手，然后学习如何使用语法规则把单词串起来组成句子。久而久之，"单词＋语法"的模式在学习者头脑中根深蒂固，即使是碰到不可切分的语块，学习者仍然会依赖语法规则分析、推导其意义。

为了进一步考察学习者查阅陌生短语和生词的情况，我们用 Wilcoxon Tests 对受试的查阅个数进行了分析，结果见表5和表6。

表5　Wilcoxon Test 结果（中级水平组）

	N	Mean Rank	Sum of Ranks	Asymp. Sig.（2-tailed）
Words-Negative Ranks	5 [a]	7.20	36	.006
Idioms-Positive Ranks	16 [b]	12.19	195	
Ties	0 [c]			
Total	21			

注：a. Words ＜ Idioms；b. Words ＞ Idioms；c. Words ＝ Idioms.

表6　Wilcoxon Test 结果（中高级水平组）

	N	Mean Rank	Sum of Ranks	Asymp. Sig.（2-tailed）
Words-Negative Ranks	8 [a]	6.63	53	.090
Idioms-Positive Ranks	11 [b]	12.45	137	
Ties	1 [c]			
Total	20			

注：a. Words ＜ Idioms；b. Words ＞ Idioms；c. Words ＝ Idioms.

从表5和表6可以看出，尽管大部分受试查阅生词的个数多于查阅语块的个数，但无论是中级水平组还是中高级水平组，都有几个受试查阅语块的个数多于查阅生词的个数。表5显示，中级组的21个受试中，有5个受试查阅语块的个数多于查阅生词的个数，占该组总人数的23.81%。在中高级组受试中，这一比例则高达40%。这说明，随着学习者二语水平的提高，他们对文本中包含的陌生语块更为敏感，能有效地将其辨识出来并用词典查询其意义。同时，这也在一定程度上反映了学习者在语块识别和词典使用上的个体差异。

3.2　二语学习者的语言水平对单词和语块查阅频率的影响

为了直观地反映受试的二语水平对其查阅目标生词和语块的频率是否有影响，我们将中级组和中高级组受试查阅目标生词和语块的频率画成了曲线图（图1）。图1清楚地显示，中高级组受试查阅目标生词和语块的频率均高于中级组受试。

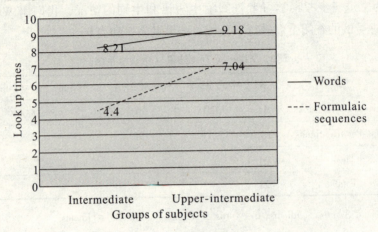

图1　中级组和中高级组受试查阅目标生词和语块的频率

为了进一步研究两组受试查阅目标生词和语块的频率是否有显著差异，我们用独立样本 T 检验把两组受试查阅生词和语块的频率进行了比较，结果见表7。可以看出，虽然总体而言中高级组查阅目标生词和目标语块的频率均高于中级组受试，但是两组受试在生词查阅频率上的差异并不显著，而在语块查阅频率上的差异是显著的。因为本研究所选择的目标生词和语块对两组受试都是陌生的，我们从表7可以得出结论：两组不同水平的受试对陌生单词的关注程度相似，但是对陌生语块的关注程度则有较大差别。具体而言，英语水平较高的中高级组受试对陌生短语的关注程度显著高于中级组受试，因此查阅陌生语块的频率显著高于中级组受试。

表7　中级组和中高级组受试查阅目标生词和语块之比较（独立样本 T 检验结果）

	生词	语块
t	−1.13	−3.33
Sig.（2-tailed）	.264	.002

这一结果符合一些研究者对二语学习者语块处理过程的理论探讨（Abel，2003；Schmitt，2004；Wray，2002）。比如，雷伊（Wray，2002）指出，二语学习者刚开始学习外语的时候，把主要精力放在单词和语法规则的学习上，因此习惯使用语法分析的方式来分解语言输入材料。随着学习者语言水平的不断提高，他们对语块的掌握有了进步，知道了套语体系的重要性，因此对语篇中的语块更加敏感，更加善于识别。埃布尔（Abel，2003）在一项研究中，让二语学习者对习语的可分解性（idiom decomposability）进行判断，结果显示，随着学习者二语水平的提高，他们对习语的整体性本质有了更深入的体会，因而更加倾向于把习语看作是不可分割的一个整体。

4. 结论

二语学习者在阅读中碰到陌生单词和语块时，是否会用电子词典查询其意义？本研究通过计算机阅读任务发现，学习者在在线阅读中查阅陌生语块的频率远远低于查阅生词的频率，这表明学习者在阅读中不善于识别出文本中所包含的陌生语块。也就是说，学习者碰到语块这种不可切分的语言结构时，仍然习惯于用语法规则来解构分析它们。正如雷伊（Wray，1992）所言，母语者善于使用长串的、复杂的语块，通常不用语法分解它们，而二语学习者却习惯用语法分析的方式来处理语言信息，他们"碰到的是短语和句子，然而他们所注意到的却是单个的词，以及语法规则如何把这些词黏着在一起"（Wray，2002：206）。

本研究的实验结果还表明，二语学习者的英语水平对语块查阅有显著影响。数据显示，尽管不同英语水平的受试在生词查阅上没有显著差异，英语水平较高的受试查阅目标语块的频率显著高于英语水平较低的受试。这说明，尽管课堂环境下外语学习者倾向于用语法规则来分解语块，但是随着语言水平的增长，学习者对语言信息进行整体处理（holistic processing）的能力不断加强，对语块进行分析处理的倾向会逐渐降低。

以上研究结果启示我们，在外语教学中，教师在教授语法和词汇知识的同时，应该想办法提升学习者对语块的整体性的意识，培养学习者对语块的整体处理能力。针对不同二语水平的学习者，语块教学应该进行相应的调整。对于水平较低的学习者，由于他们对语言进行整体处理的能力比较欠缺，重点应该放在提升他们对语块整体性的认识上；而对于那些水平较高的学习者，教学时可以强调语块的理解和灵活使用。

　　二语学习者如何处理语言输入中的语块，是目前二语习得研究领域的一个重要课题。本研究通过计算机阅读任务，对学习者在阅读中的语块识别进行追踪，并得到了一些发现。在这方面，还有很多未知的问题有待探讨，例如，本研究所选的目标语块均为动词性习语，学习者对其他类型语块的识别尚待挖掘。此外，不同的语境条件对语块识别的作用也有待进一步研究。

参考文献：

《大学英语教学大纲》修订工作组. 大学英语教学大纲：修订本［M］. 上海：上海外语教育出版社，高等教育出版社，1999.

李宇明. 关于辞书现代化的思考［J］. 语文研究，2006（3）.

章宜华. 对我国电子词典发展策略的几点思考［J］. 辞书研究，2007（2）.

Abel, B. English Idioms in the First and Second Language Lexicon：A Dual Representation Approach［J］. *Second Language Research*，2003，19（4）：329－358.

Al-Jabri, S. S. The Effects of L1 and L2 Glosses on Reading Comprehension and Recalling Ideas by Saudi Students［J］. *Umm Al-Qura University Journal of Social Sciences*，2009，1（1）：11－27.

Al-Seghayer, K. The Effect of Multimedia Annotation Modes on L2 Vocabulary Acquisition：A Comparative Study［J］. *Language Learning & Technology*，2009，5（1）：202－232.

Bishop, H. The Effect of Typological Salience on the Look up and Comprehension of Unknown Formulaic Sequences［M］//N. Schmitt. *Formulaic Sequences：Acquisition，Processing and Use*. Amsterdam：John Benjamins Publishing Company，2004：227－248.

Chun, D., Plass, J. L. Effects of Multimedia Annotations on Vocabulary Acquisition［J］. *The Modern Language Journal*，1996（80）：183－198.

Cooper, A. Processing of Idioms by L2 Learners of English［J］. *TESOL Quarterly*，1999，33（2）：233－262.

DeRidder, I. Visible or Invisible Links：Does the Highlighting of Hyperlinks Affect Incidental Vocabulary Learning, Text Comprehension, and the Reading Process? ［J］. *Language Learning & Technology*，2002（6）：123－146.

Hever, B. *The Vocabulary Size Test*. Retrieved July 15, 2005 from www. educ. goteborg. se/usam/pforum/elpa/ar00. 1html.

Hulstijin, J. H. When Do Foreign-language Readers Look up the Meaning of Unfamiliar Words? The Influence of Task and Learner Variables［J］. *The Modern Language Journal*，1993（77）：139－147.

Hulstijn, J. H., Hollander, M. & Greidanus, T. Incidental Vocabulary Learning by Advanced

Foreign Language Students: The Influence of Marginal Glosses, Dictionary Use, and Reoccurrence of Unknown Words [J]. *The Modern Language Journal*, 1996 (80): 327 – 339.

Irujo, S. Don't Put Your Leg in Your Mouth: Transfer in the Acquisition of Idioms in a Second Language [J]. *TESOL Quarterly*, 1986, 20 (2): 287 – 304.

Knight, S. Dictionary Use While Reading: The Effects on Comprehension and Vocabulary Acquisition for Students of Different Verbal Abilities [J]. *The Modern Language Journal*, 1994 (78): 285 – 299.

Laufer, B. & Hill, M. What Lexical Information Do L2 Learners' Select in a CALL Dictionary and How Does It Affect Word Retention? [J]. *Language Learning & Technology*, 2000, 3 (2): 58 – 76.

Laufer, B. & Levitzky-Aviad, T. Look up Behaviour and Word Retention as a Function of Task Type and Word Relevance [R]. *AsiaLEX Proceedings*, Tokyo, Japan, 2003.

Leffa, V. Making Foreign Language Texts Comprehensible for Beginners: An Experiment with an Electronic Glossary [J]. *System*, 1992 (21): 63 – 73.

Lomicka, L. To Gloss or Not to Gloss: An Investigation of Reading Comprehension Online [J]. *Language Learning and Technology*, 1998, 1 (2): 41 – 50.

Peters, E. Manipulating L2 Learners' Online Dictionary Use and Its Effect on L2 Word Learning [J]. *Language Learning & Technology*, 2007, 11 (2): 36 – 58.

Prichard, C. Evaluating L2 Readers' Vocabulary Strategies and Dictionary Use [J]. *Reading in a Foreign Language*, 2008, 20 (2): 216 – 231.

Roby, W. B. Glosses and Dictionaries in Paper and Computer Formats as Adjunct Aids to the Reading of Spanish Texts by University Students [D]. Unpublished doctoral dissertation, University of Kansas, 1991.

Schmitt, N. *Formulaic Sequences: Acquisition, Processing and Use* [M]. Amsterdam: John Benjamins Publishing Company, 2004.

Stirling, J. The Portable Dictionary: Faithful Friend or Faceless Foe? [M]. *The English Language Garden*. Retrieved Sept. 16, 2012 from http://www.bellstudents.com/norwich/project10/portable_ electronic_ dictionaries. html.

Wray, A. *Formulaic Language and the Lexicon* [M]. Cambridge: CUP, 2002.

附录:

目标生词: revel; annex; debut; disseminate; loot; proliferation; haven; intuit; precarious; pandemic; obstruct; affront; complacent; machismo; retool; cáp; trophy;

innocuous；prodigy；renovate；layoff；obesity；rookie；unprecedentedly；assuage；revitalize；bloat；subjugation.

目标短语：tighten one's belt；leave one's mark；lick one's lips；muddy the water；swallow the bait；scratch the surface；lift a finger；hit the mark；find one's feet；ruffle one's feathers；drag one's feet；draw a blank；tip the balance；know the score；turn the tables；tie the knot；pull one's weight；cool one's heels；get one's goat；get the boot；bite the bullet；chew the fat；take the biscuit；split hairs；pull one's leg；eat one's words；make one's bed；move heaven and earth.

An Investigation into the Use of Electronic Dictionaries by Chinese EFL Learners in Online Reading

Zuo Hongshan

Abstract：With the wide application of computer technology in foreign language teaching and learning, electronic dictionaries are achieving increasing popularity in online English reading. While studies abound with regard to EFL learners' use of electronic dictionaries when they encounter unknown words in online reading, not much is known concerning EFL learners' processing of unfamiliar formulaic sequences during online reading. The current study, aiming at exploring Chinese EFL use of electronic dictionaries when faced with unfamiliar words and formulaic sequences in online reading, sets out to answer the following research questions：(1) Do the learners consult unknown formulaic sequences as frequently as unknown words？(2) Does the learners' proficiency level have a role to play in their lookup behavior of unknown formulaic sequences？To answer the above research questions, a computerized reading task was carried out, involving 21 intermediate EFL learners and 20 Upper-intermediate learners. Results showed that (1) the subjects looked up significantly more unknown words than unknown formulaic sequences, and (2) the Upper-intermediate learners consulted more unknown formulaic sequences than the Intermediate learners. In CALL (Computer-Assisted Language Learning) condition, it is suggested that teachers may intentionally draw learners' attention to formulaic sequences by making them perceptually salient in the reading materials (e. g. by using input enhancement techniques), whereby inducing learners' deeper processing of the sequences and eventually facilitate their mastery of these sequences.

Key words：electronic dictionary；lookup behavior；unfamiliar words；formulaic sequences

文　学
LITERATURE

析舒克申作品中叙事言语的人称
——以《两封信》为例

王 燕 戴 姗

（四川大学出国人员培训部；四川大学外国语学院，成都 610064）

摘 要： 瓦西里·舒克申是苏联20世纪著名作家和电影艺术家，短篇小说尤其受到读者喜爱。其作品的叙事言语看似平凡，实则颇具匠心，体现了独特的"作者形象"。本文拟从人称的运用出发，以短篇小说《两封信》为例，对舒克申作品的叙事言语进行探究，以期有助于读者更加深刻地理解他的作品。

关键词： 舒克申；《两封信》；叙事言语；人称

瓦西里·舒克申是苏联20世纪著名作家和电影艺术家，擅长短篇小说创作。他的作品语言生动活泼，别具一格，对景色的描写朴实简略，人物塑造真实丰满，因而深得读者喜爱，也引起了俄语学界的广泛注意。学者们从不同的角度对他的作品进行了研究，热度至今不减。本文拟从人称的运用出发，对舒克申作品的叙事言语进行探究，以期有助于读者更加深刻地理解这位天才作家的作品。

文学作品中的叙事人称是从语言或言语的角度讲的，放在文学里，有时便成了某部作品的视觉。

秉承俄罗斯文学的传统风格，舒克申的作品大都不以情节取胜，以至于转述性不强。吸引读者的，主要是其中的语言运用、场景描写、性格塑造、心理刻画、带哲学理性的诗情等。其中尤为值得关注的，是作品中的叙事言语。在他的小说中，叙事言语一般给人以理性客观的印象，作家似乎总是远远地站在一旁，不动声色、不露情感地审视人生的喜怒哀乐或悲欢离合。不过，也如同对于其他俄国古典作家一样，人们总能透过他那表面的平静，窥探出他心底的波澜。这一点，从他选取的视角和他的叙事言语中对人称的运用便可看出。

西方一些现代派作家竭力反对作家用一种"全知全能"的态度去进行叙述，主张作家"退出作品"，让角色自己去行动，去表现，为此常常变换人称进行叙事，舒克申在一定意义上也是如此。他退出作品，绝少直接站出来下判断，表态度，抒情感，甚至极少使用"作者引介语"。他的叙事言语往往以客观的第三人称为主，却又常常能将各种人称的因素、多种不同的视角糅合于其中，形成一种大容量、多视角的弹性人称，以便于从不同侧面去刻画人物，观察社会。在这种弹性人称的背后，读者亦不难发现作家本人的身影。可以说，作者成功地游刃于作品内外，巧妙地穿梭于其间，委婉含蓄地表达着自己对人性的感悟和生活态度。

词汇在语义上有不确定性，人称的角度同样也是极不确定且极具伸缩性的。除了可以把它设想为某一个确定的人，读者还能把它想象成作者借"某人"来讲述自己的经历；设想成作者在与他人谈心。"某人"指"我们"，而这"我们"自然就包含了作者寻求的知音"你"或"你们"。短篇小说《两封信》开篇的第一句话就是："Человеку приснилась родная деревня."作者一开始就选择了一个弹性人称——"человеку"，其词义已虚缺到几乎模糊的程度，引发的心理设问极多，潜在的内容也颇为丰富，暗示作者要讲的人与事具有相当的社会性，而并不局限于狭窄确定的"一个人"。如果作家开门见山，一来就把主要人物的名字点出，即把第一句话改为"Николаю приснилась родная деревня"，看来是会失去若干信息的。因为照作家现在的写法继续读下去，这"人"的内涵会经历如下演变：不确定的"一个人"——同样不确定的"他"——具有某种气质与情感的性格"类型"（而这类型中就可能包含读者的"我"和"我们"或作者的"我"和"我们"）——尼古拉·伊万内奇——尼古拉、读者、作者。随着阅读过程的继续和深入，我们再来一次次回味这"一个人"，上述不同的人称因素便会作为或隐或显的语义因素逐步添加进"一个人"之中，从而产生一种语义共鸣，最后还会引起读者的某种感慨，比如"人的生活就是如此啊"。这里的"一个人"显然已不单单是尼古拉这"一个人"了。读者的想象力有多丰富，它就能具备多少可能的语义。尤其是与"приснилась родная деревня"之较为实在而确定的信息相比，该词的语义虚缺便显得尤为突出，由此引出的读者心理设问必定是与"一个人"紧密相关的问题，诸如"Кто этот человек?""Каков он?"之类。别开生面的开端，一开始就给读者留下如此众多的心理设问和一连串可能的设想，有待下文回答和确认，自然会使普通的描述变得充满动作和张力，能引发读者急于往下阅读的冲动。

梦境与遐想的叙述中，"человек"与"он"不断交替使用。"он"之引入自然有行文简洁的考虑，"человек"的间插重复使用也有避免行文单调的作用。但为什么舒克申在这几段叙事里一直迟迟不点明尼古拉的姓名呢？显然，作者是有意通过不断重复"человек"一词来加强"弹性人称"的联想功能，而使用"он"的作用则在于不时拉开"человек"与作者的"я"之间在人称上的距离，营造一种似我非我、若即若离的艺术境界，从而保持讲述尼古拉的故事时应有的真切感——作者毕竟讲的是尼古拉的故事。梦境与遐想写完后，作者终于点明"человек"是尼古拉，从而转入一般小说习用的单义第三人称，把书中人物与作者、读者的距离完全拉开，把事件作为纯客观的非你非我的事实加以叙述。但是一句话之后，小说刚一转入这种单义第三人称，接下去便开始了第一人称的长篇书信，作者把人物推出场，让他自己去表演了。

书信的第一人称独白极其有利于人物尽情展示自己的精神世界。这世界甚至对他妻子来说也是隐秘的。尼古拉已不是"он"，而是"я"，他独立地、赤裸裸地站在了读者面前，似乎完全脱离了作家的摆弄，不需要作者来介绍，他要自己展示自己。不过，细读此信，我们不难看出尼古拉身上隐约显现的作家的，甚至读者的影子，他具有相当的社会性和普遍性。虽然他是以第一人称的形式出现，但实际上远远超出了该人称的内涵，其指向除了"他""尼古拉"之外，还有作者与读者的"我"或"我们"等因素。其实，这类因素在任何一个具有典型性的人物形象身上本来也都是具备的。作家往往通过"他"来概括"他们"乃至"我、你、我们、你们"。不过在叙事言语上，此类概括有的明显，有的隐含。这封信的特点则是第一人称的叙事言语带有若干公众性，带有若干作者与读者直接谈心的性质，亦即带有显而易见的其他人称因素。比如："И давай хвастаться—какие мы умные: институты кончили, людьми стали！" "А жизни как-то не успел порадоваться。" "Ну главный инженер, ну черт с вами, а что дальше？" "Всю жизнь работаем, а оглянуться не на что。" "А то так вот хватит инфаркт, и все。"这类话明显让人感觉像是作者在直接同自己谈心，感到话中有我、我心中亦有此话。也就是说，作者在写这些话时，虽然用的是主人公尼古拉的第一人称，但心目中实际上是有其他人称意识的，即存在"潜人称意识"，而句中的人称，我们不妨称之为"潜人称功能"。这种人称自然主要基于话语的内容，但语句形式上人称的含混或多义也起到了相当重要的作用。如果我们根据上下文将上述第三句话改为"Ваня，ты главным инженером стал，а что дальше？Просто черт с рогами！"，那么语句的潜人称功能便会明显减弱，文章的公众性也会随之消失，因为获得了语句形式表现的"潜人称功能"往往是公众性得以实现的重要条件。再如，"Но попробуй заикнись, что хочу, мол, в деревню к себе поехать"一句中的第二人称命令式形式上指的虽然是讲话人本人（表假定），但同时又具有泛指的性质——"不信你万尼亚试试（诸位也回家试试），有你好戏看的"。这种语气对那些与妻子话不投机的读者来说，自然易于引起共鸣，从而本身也获得了公众性质。若改为单义的第一人称用法"Если бы я заикнулся, что хочу в деревню к себе поехать, жена бы бунт подняла"，公众性则会消失殆尽。

本来，一般人在写信时心目中都会有"收信人"意识，因此但凡书信都有一定的对话性。在《两封信》一文中，书信的对话性特点则在于它不仅是人物借以表白个人内心感受的方式，也是作者抓住某些社会性的情绪借以与读者交流的契机。作者言语的内容和句式都使得书信的第一人称范畴获得了超越该人称一般意义上的功能，使其变得富有弹性，巧妙地穿插了作者的"收信人意识"和"读者意识"，反映出作者既退出作品又贯穿全文，既进入角色又跳出人物的双重态度。这是一种针对性不限于收信人的广泛的对话性，一方面它是写信人心绪流动起伏的反映，一方面又是作者社会性沉思流动起伏的反映，人物言语中带有若干作者言语的因素。在讲到尼古拉一天的事务时，叙事言语仍然转到了一般小说习用的第三人称。舒克申笔下第三人称叙事的特点往往是以对话为主，尽量让人物自己去表演，很少使用"作者引介语"和其他评价性词语或语句。《两封信》的叙事言语也不例外，整个叙述内容主要是尼古拉与别人的电话通话、谈话及对话，作者的直接叙述很少。对话前后的作者注解更少。不过，这仍然不是作者完全退出作品的叙事言语，我们仍然容易看出作家介入的影子，这点可以从以下几个方面得到证实：第一，从细节的选择与归类上可以感觉到作家的评价。在这段话里作者几乎都在介绍尼古拉第二天如何去上班的具体情况，把习以为常、天天如此的东西当成写信第二天具体发生的个别事实来加以叙述，使典型、丰富、带有若干抽象特色的常情获得了具体性和个别性，给读者造成一种印象：工作很紧张，主人公很干练，日子却似乎是老一套；第二，对话前后那些尽管字数很少的作者引介语（如"то… то…"等）也暗示出"紧张""老一套"；第三，作者对人物行为的直接叙述中尽管很少使用带评价性的词语，但在关键地方出现了几个画龙点睛的词："Деловой вихрь закрутил Николая…""Перый поток посетителей и звонков схлынул""И опять пошло:…" 舒克申一般很少使用修辞格，通过前面两个难得使用的隐喻（деловой вихрь，поток），作者不甚引人注目地表明了自己的同情、赞扬与感慨，同时也暗示了人物对自己生活的感受。而用"пошло"来代替"И опять звонили"，既表明了作者的同情，又暗示了人物兼有"战斗精神"与"烦恼"的复杂心理。

第二封信的第一人称叙事言语，因其缺乏畅吐心曲的真诚而失去了"潜人称功能"。内容的贫乏使第一人称的功能也极为单调，仅仅局限在语法的范畴意义上。人们感到这个"我"就是尼古拉，是那个把自己内心的激情深埋起来、对现实矛盾闭上眼睛不敢正视的可悲的尼古拉。"我们是否也如此可悲呢?"——这只能是读者掩卷后回味全文，将读者的"我"重新放进"人"之中所做的思索了。

名家作品总能将叙事言语的功能扩大，将人物、作者、读者融为一体，引导读者参与其中、如临其境。舒克申以"纯客观"的形式做到了这一点。这其中，人称的妙用不能不说是他超群写作功力的一种体现。通过对其叙事言语中人称运用的分析，我们更能品味出他作品中的言外意、画外音，发现作品更多言外层次的艺术构思。

参考文献：

Барлас Л. Г., «Русский язык Стилистика», М. 1987.

Васильева А. Н., «Художественная речь », М. 1983.

Гореликова М. И., «Интерпретация художественного текста Рассказы А. Чехова 80 - х годов», М. 1997.

Шукшин В. М., «Рассказы», Л. 1983.

Person of Narrative Speech in Shukshen's Works
—A Case Study of "Two Letters"

Wang Yan   Dai Shan

Abstract: Vasili Shukshen was a celebrated contemporary writer and film artist in the former Soviet Union. His short novels are particularly popular among the readers. The narrative speech of Shukshen's works seems ordinary, nevertheless, ingenious and original, embodying the unique "author image". Taking the short story named "Two Letters" as an example, this paper, from the perspective of the usage of person, examines the narrative speech of Shukshen's works, so as to help readers to make a profound understanding of his works.

Keywords: Shukshen; "Two Letters"; narrative speech; person

集体记忆与个体体验

——《了不起的盖茨比》情感结构探析

黄邦福

（四川大学外国语学院，成都 610064）

摘 要：《了不起的盖茨比》是美国著名"迷惘一代"作家菲茨杰拉德的扛鼎之作。小说营造了一个充满阶级及价值观冲突的"纽约社会"，叙述者尼克·卡罗威在此遭遇了理想与现实之间的矛盾，这正是作为集体记忆的"美国梦"与现实生活个体体验之间的矛盾的缩影。本文借用威廉斯的"情感结构"术语，分析小说主要人物所代表的各社会阶级的真实感受和体验，以探究小说所反映的 20 世纪 20 年代美国社会的情感结构，揭示美国中产阶级上升时期"纽约社会"的时代特征和社会心理。

关键词：情感结构；阶级；价值观；美国梦

《了不起的盖茨比》（*The Great Gatsby*, 1925）是美国著名"迷惘一代"作家菲茨杰拉德的扛鼎之作，受到 T. S. 艾略特、格特鲁德·斯坦因等现代主义文学大师的高度赞扬，被认为是"美国小说自亨利·詹姆斯以来所迈出的第一步"（转引自 Fitzgerald, 1993：310）。这一高度评价源于小说所体现的某些现代主义特征，同时也源于作者对深处冲突与变革之中的"纽约社会"所进行的"编年史诗"式的记述。如作者所言，这部小说"表现了一切理想的幻灭，再现了真实世界的原本色彩……真实反映了那个时代的诸多特征"（Fitzgerald, 1994：78）。美国著名的菲茨杰拉德学者罗纳德·伯曼也评论道：《了不起的盖茨比》中的人物蕴涵了时代的思想和情绪，记载了20 世纪 20 年代美国社会的思想和价值观（Berman, 1994：11）。20 世纪 20 年代美国社会的主导思想和价值观无疑是"美国梦"这种官方意识形态，而小说人物所蕴含的思想和情绪就是他们对所生活时代和社会的真实感受和体验：迷茫、失落，"美国梦"幻灭，"一切神明统统死光，所有战争都已打完，对人的一切信念完全动摇"（Fitzgerald, 1920：253）。

在对该小说所进行的多角度、多层面的批评阐释中，"美国梦"及其幻灭是评论家集中关注的一大主题，但是，"美国梦"这种官方意识形态与人们实际生活体验之间的矛盾与冲突，则少有评论加以触及。此外，现有评论关注的焦点是盖茨比的"美国梦"的幻灭，对其他社会阶层人物则少有分析，因而未能全面揭示"纽约社会"的时代特征和社会心理。这正是本文写作的出发点。笔者认为，只有厘清小说人物真实感受到的价值观，才能挖掘出深层的时代特征。本文将借用"情感结构"（Structure of feeling）这一术语，从分析小说主要人物所代表的社会阶级及其价值观入手，探究小说所反映的 20 世纪 20 年代美国社会的情感结构。

一

　　特定历史时期的社会特征，经过加工、提炼，往往最终表现为经济、政治、阶级等高度抽象化、系统化的意识形态，成为某种现成的、官方的、权威性的解释，并被全体社会成员当作合理的现实和共识加以广泛接受，变成刚性史料或集体记忆。但是，该时代的人们在实际生活中的真实体验和感受，往往与官方意识形态存在着某些差异和冲突。这些非官方意识形态性的个体感受和经验，也是特定历史时期文化的重要组成部分，是文化建构的重要因素，却往往被研究者所忽略，没有或无法得到清晰的、系统化的、理性化的表述。鉴于此，英国马克思主义文化理论家与批评家雷蒙德·威廉斯（Raymond Williams）提出了"情感结构"这一批评术语，以区别于官方的意识形态，引起批评家对个体感受和经验的关注。

　　威廉斯认为，从某种意义上讲，情感结构就是一个时期的文化，是"人们在实际生活中所感受到的意义和价值观"，"流动中的社会体验"（Williams，1977：132 - 133）。在此概念中，"情感"是人们真实的感受和体验，是官方意识形态下的个体体验；"结构"含有"稳定的、明确的"之意，表明威廉斯希望借此挖掘出特定时期人们所共同拥有的感受和社会体验，这种感受和体验包含着时人共有的价值观和社会心理。威廉斯认为，文艺作品是特定时期社会情感结构的主要载体，"情感结构的影响，正是在文艺作品之中才得以表达和呈现"（转引自 Higgins，2001：33）。在文艺作品中，一个时期的情感结构往往体现在官方意识形态与人们实际体验发生冲突的领域。例如，他在研究 19 世纪英国工业小说时发现，这些小说中的中产阶级价值观与其现实经验和感受产生了矛盾与冲突：根据中产阶级的价值观，努力就能成功、财富受人尊敬，而这些理想价值观却与现实世界毫不相容。

　　威廉斯情感结构的内涵随着其理论和批评实践的发展不断得以丰富。他的早期理论和批评实践着眼于对特定时期文化进行整体性的研究，强调人们所共有的社会心理和价值观。在其后的理论发展中，他为这一概念注入了阶级内涵，指出情感结构具有阶级性，"不同阶级具有不同的情感结构，但在任何历史时期，统治阶级的情感结构，往往占据支配地位"（赵国新，2006：436）。后期，他受到葛兰西霸权观的影响，将社会文化因素区分为主导因素、新兴因素和残余因素，转而将情感结构用于揭露和批判资本主义文化霸权。

情感结构有助于挖掘出与官方意识形态发生冲突的或潜藏于官方意识形态之下的社会思想和价值观，是一种把握特定时代社会特征的有力理论工具。因此，分析菲茨杰拉德笔下"纽约社会"的各个社会阶级及其感受到的意义和价值观，无疑有助于全面理解 20 世纪 20 年代美国社会的特征。

二

20 世纪 20 年代是菲茨杰拉德创作的成长期和活跃期，也是一个充满社会变革与思想动荡的时代，其中社会主义思想成为当时一股重要的社会思潮和政治力量。在此背景下，菲茨杰拉德的思想和创作无疑也会受到马克思文艺思潮和左翼作家观点的影响。虽然他不是真正的马克思主义者，其小说"没有真正意义上的资产阶级和无产阶级之间的斗争"（Cowley，1985：49），但毋庸置疑，他将马克思主义当作其表达理想和困扰的渠道，因而其作品留下了或明或暗的马克思主义思想的印迹（参见 Gervais，1985：167 - 179）。菲茨杰拉德在《了不起的盖茨比》中精心营造的"纽约社会"被明显的地理界线划分为了三个社会阶级：上层阶级、中产阶级和下层阶级。

上层阶级由纽约长岛东卵镇上的居民组成，其代表人物是汤姆·布坎农夫妇。他们是"上流社会的秘密团体的一分子"（Fitzgerald，1925：18）①，是"纽约社会""旧富贵族"或贵族意识的代表。从欧洲意义上说，美国社会固然从未有过贵族阶级，但在 19 世纪末，美国富人已然成为一个独特的社会阶级，他们"在美国土壤上生发出一种贵族的生活方式……一套贵族准则"（Way，1980：35）。在菲茨杰拉德的笔下，布坎农夫妇的住所散发着浓郁的欧洲贵族庄园气息：法国式的落地长窗、意大利式的凹型花园、英国

---

① 以下凡引自该书的引文，只随文标注页码，不再另行加注。中译文选自：菲茨杰拉德，《了不起的盖茨比：夜色温柔》，巫宁坤、唐建清译，译林出版社，1998。

乔治王时代庄园式的豪华住所。在他们看来，其住所也同欧洲贵族的庄园一样，是"身份的标志、地位的象征、家庭实力的展示"（阎照祥，2000：274）。他还以白种人文明的拯救者自居，表现出贵族式的高傲，"傲慢的眼睛已经在他的脸上占了支配地位，给人一种永远盛气凌人的印象"（7）。长岛西卵镇则是中产阶级圈子的象征，盖茨比和尼克是这一阶级的代表人物。盖茨比出生于碌碌无为的庄稼人家庭，是一个来自美国中西部的穷小子，但他通过自我奋斗，成了财富"新贵"，跻身上层中产阶级。尼克出生于中产阶级家庭，也是来自美国中西部的寻梦者，他怀着发财的梦想到东部纽约学习证券生意。位于东卵镇与西卵镇之间仅有一条公路相连的农场"灰谷"则是下层社会的一个缩影。菲茨杰拉德对这个地方的描述与东卵和西卵形成了强烈的反差："这是一个灰烬的山谷——一个离奇古怪的农场，在这里，灰烬……堆成房屋、烟囱和炊烟的形式。"住在这里的威尔逊夫妇虽然经营着一家车行，但生意清淡，车行有名无实，空空如也，只有一辆布满灰尘、破旧不堪的福特车。在这个"灰谷"里，还有那些"隐隐约约地在走动，而且在尘土飞扬的空气中化为灰烬"的"灰蒙蒙"的无产阶级（23）。

　　"纽约社会"里的这三个社会阶级被明显的地理界线分隔开来：除外形一模一样之外，每一个地方都截然不同的长岛东卵镇与西卵镇之间隔着"一条小湾"，西卵镇与农场"灰谷"之间只有一条公路连接。其地理分隔虽然只是一条小湾或公路，却象征着社会各阶级之间存在着的巨大鸿沟，同时也表明了作者在这部小说的创作中融入了阶级意识，为我们分析纽约社会各阶级所感知到的意义和价值观提供了可能的阐释文本。

三

　　在美国历史上，美国梦逐渐演变为美国社会的主导意识形态，成为美国的集体记忆。早期清教移民怀着对自由信仰的渴望，梦想在新大陆创造"伊甸园"；18 世纪以富兰克林为代表的追梦者追求自我实现与个人成功，并恪守诚实正直、节俭勤奋等自我完善的行为准则；随后美国梦逐步演变为对幸福的追求，包括对事业、爱情、财富的追求；尤其是在第一次世界大战到大萧条爆发这个美国历史上最会纵乐、最讲炫耀的"爵士时代"，美国梦更为流行，它使一代美国人为之神魂颠倒，并具化为对金钱和财富的渴望和追求。美国作家、历史学家詹姆斯·亚当斯（James T. Adams）在其《美国史诗》（*The Epic of America*）中第一次提出了"美国梦"一词并总结了该词的含义：

> 在这片土地上，人人享有适合其能力和成就的机会，人人都可以生活得更幸福、更富有、更成功……它不仅仅是有关汽车和金钱的梦想，它还是一个有关社会秩序的梦想：在此社会中，不管出身或地位等偶然条件，人人都能充分地实现其内在潜能，获得他人的认可和尊重。
>
> （Adams，1931：214－215）

由此可知，美国梦所反映的正是中产阶级的价值观：人的社会地位由财富而非出身决定，财富应受人尊敬；获得成功的途径是勤奋自助①；诚实正直是完善自我的美德。

盖茨比所追求的正是"美国梦"的化身和中产阶级价值观的体现。出身卑微的他从小信奉富兰克林式的自我奋斗，他早年制定的"时间表"可以充分地说明这一点。借用他父亲的话说，"杰米是注定要出人头地的。他总是订出一些诸如此类的决心"（175）。他抓住一切机会，通过各种手段拼命地积累财富。获得了财富与成功后，他每个周末都要举行盛大的晚会，希望借此出人头地、提高自己的社会地位，获得他人的认可和尊重。即使是成为财富新贵后，盖茨比仍在努力奋斗，甚至在客人们纵乐酗酒的晚会上，他还不断地接听生意上的电话。可以说，除了尼克，盖茨比是小说中为数不多的勤奋工作的人。此外，盖茨比还具有诚实正直的品格，这一点主要是基于尼克对上层阶级所进行的强烈的道德批判而得以彰显的。对于盖茨比，尼克给予了强大的道义支持，"他们是一帮混蛋，他们那一大帮子都放在一堆还比不上你"（154）。

然而，这种官方意识形态却与人们的现实体验和价值观产生了直接冲突。在以汤姆·布坎农为代表的上层阶级的眼中，出身才是决定社会地位的标准。汤姆的"成功"并不是靠自己的奋斗，而是因为他家里非常有钱并肆意炫耀。经过奋斗而成为财富新贵的盖茨比，汤姆根本瞧不起，认为他不过是一个靠非法经营私酒起家的"暴发户"，千方百计地将盖茨比"模糊的背景"一步步地加以清晰化。汤姆也从未表现出提升道德水准的尝试，因为他认为这毫无必要。例如，他和黛西合谋让威尔逊杀掉了盖茨比，然后若

---

① 斯迈尔斯（Samuel Smiles）在 *Self-Help* 一书中提出了"自助者，天助也"的口号，全面阐述了中产阶级的自助意识和人生观；自此，勤奋自助逐步发展成为中产阶级的核心价值观。

无其事地外出旅游了。对此，尼克表达了强烈的道德谴责："他们是粗心大意的人——他们砸碎了东西，毁灭了人，然后就退缩到自己的金钱或麻木不仁或者不管什么使他们留在一切的东西中，让别人去收拾他们的烂摊子。"（180－181）而东卵镇上其他上层阶级对盖茨比表现出矛盾的心态：既经受不住其财富的诱惑，又瞧不起他。因此，他们对盖茨比家的晚会趋之若鹜，却又在晚会上"正襟危坐，自成一体，并且俨然自封为庄重的农村贵族的代表——东卵屈尊光临西卵，而且小心翼翼提防它那灯红酒绿的欢乐"（45）。他们喝足了盖茨比的酒，然后又大骂盖茨比。

尼克是菲茨杰拉德精心设计的"既身在其内，又身在其外"的叙事者。如果说盖茨比是作者"美国梦"理想的化身，那么作为作者代言人的尼克就代表着其对这一意识形态的体验和感受：努力不一定能成功，财富并没有赢得人们的尊重。盖茨比一生坚定地追逐着以黛西为象征的"美国梦"，他通过自我奋斗，获得了财富，但是他的美国梦并没有完全实现，爱情和幸福离他而去。他梦想通过财富提升自己的社会地位，赢得他人的尊重，却事与愿违。他生前被人诟病，谣言缠身，死后也被人抛弃。尼克发现只有他一个人站在他这一边，他为盖茨比感到悲哀。小说结尾处，尼克为盖茨比的美国梦唱响了一曲挽歌：

> 当我坐在那里缅怀那个古老的、未知的世界时，我也想到了盖茨比第一次认出了黛西的码头的那盏绿灯时所感到的惊奇。他经历了漫长的道路才来到这片蓝色的草坪上，他的梦一定就像是近在眼前，他几乎不可能抓不住的。他不知道那个梦已经丢在他背后了，丢在这个城市那边那一片无垠的混沌之中不知什么地方了，那里合众国的黑黝黝的田野在夜色中向前伸展。
>
> （182）

这曲挽歌也是唱给所有美国梦的追逐者的，包括他自己。他在"纽约社会"所见证的一切，让他对美国梦产生了幻灭感，他所珍视的中产阶级价值观也受到玷污。

菲茨杰拉德对"灰谷"中下层阶级的描述体现了他对美国社会下层阶级的关注，但由于其出生于中产阶级家庭，因而他对下层阶级的刻画不可避免地带有阶级偏见。他笔下的下层阶级更多地表现出对上层阶级生活方式和价值观的认同和崇尚。威尔逊夫妇一心想过上等人的生活，茉特尔对自己嫁给了威尔逊这个下等人感到失望和愤怒，做了汤姆的情妇后，以为自己的梦想实现了，走进幽会的公寓时"向四周扫视一番，俨然一副皇后回宫的神气……趾高气扬地走了进去"（28）。但是，美国梦对他们来说是遥不可及的，他们只能处于被利用、被支配的地位，而"灰谷"中"隐隐约约"的无产阶级更是沉默失语的群体。

四

虽然不同的阶级拥有不同的情感结构，但威廉斯认为，特定时代的情感结构只能是占据支配地位的社会阶级的情感结构。20 世纪 20 年代的美国，中产阶级队伍迅速扩大，逐渐占据了统治地位。因此，这一时期的情感结构只能是中产阶级的情感结构。《了不起的盖茨比》揭示了美国中产阶级对"美国梦"这一主导意识形态的真实感受，以及中产阶级在上层阶级强力压制下所面临的生存困境。

中产阶级虽然获得了财富的成功，但在社会地位上仍然面临着上层阶级的压制，因而表现出对上层阶级价值观被迫的认同。中产阶级价值观强调社会地位是由财富而不是由出身背景决定的，但是，小说所展现的"纽约社会"弥漫着对贵族出身背景的崇尚和认同。例如，关于财富新贵盖茨比的身世之谜，人们理所当然地认为他是德国威廉皇帝的侄儿或别的亲戚；汤姆击垮盖茨比的武器也是挖掘其"模糊的背景"。在这样的社会文化氛围中，我们不难理解为何尼克开篇就强调"姓卡罗威的也可算是个世家，据家里传说我们是布克娄奇公爵的后裔"（2）；也不难理解盖茨比为何要竭力隐瞒自己的真实背景，为自己罩上高贵身份的光环："我是中西部一个有钱人家的儿子……是在牛津受的教育，因为我祖祖辈辈都是在牛津受教育的。这是个家庭传统……我继承了很多钱……后来我就像一个年轻的东方王公那样到欧洲各国首都去当寓公。"（65－66）他还向尼克展示门的内哥国王给他颁发的一枚勋章，在牛津校园里与唐卡斯特伯爵的合照。盖茨比这样做，固然出于其掩盖财富来源非法性的意图，但也是他对上层阶级价值观的屈从，他被迫扮演着一个"假贵族"的社会角色。也正是在这样的社会文化中，盖茨比被上层阶级毁灭。如布莱恩·韦所言，盖茨比的悲剧是由上层社会所造成的，汤姆·布坎农表现的不仅是个人力量，更是美国上层阶级力量的体现（Way, 1980：109）。

中产阶级对"美国梦"怀着矛盾的心理，既迷醉于其绚丽的光环，又对现实困境感到无奈，就如黛西之处的码头上的那盏绿灯，可望而不可即；既感到绝望，又怀着新的希望。作为作者代言人的尼克既不赞成盖茨比对戴西近乎宗教狂热般的追求，又帮助他追求戴西。出生于中产阶级家庭的菲茨杰拉德，把许多个人经历融入了这部小说，因此他的创作思想也蕴含着这种矛盾心理。他让盖茨比被上层阶级毁灭，表现出他对美国梦感到幻灭和绝望，但似乎又怀着新的希望，努力地寻找着新的方向。

在这种矛盾心理的驱使下，菲茨杰拉德的创作思想也就表现出对官方意识形态的维护。小说结尾处，尼克被作者逐出了"纽约社会"，送回了中西部，这一安排正是作者对中产阶级价值观这种官方意识形态的维护。如果让尼克继续留在"纽约社会"，那他就会感到难堪，其价值观就会被上层阶级的价值观击得粉碎，就会和盖茨比一样被上层社会所腐蚀和毁灭，因此，最好的安排就是让尼克出局走人。尼克的"出走"其实也是当时包括菲茨杰拉德在内的许多美国中产阶级知识分子面临现实困境时所采取的策略。他们"发现自己处在社会的边缘上，社会制度没有为其才能和抱负提供适当的出路"而移居国外，成为流浪的知识分子，意图"创建一种不受资产阶级美国控制的另一种生活作风和文化"（佩尔斯，1992：43）。

在"纽约社会"中，"美国梦"所宣扬的中产阶级理想价值观遭遇了现实的困境，占主导地位的中产阶级价值观受到了强烈的质疑。菲茨杰拉德以其敏锐而深邃的洞察力解构了当时作为官方意识形态的"美国梦"，从而揭示了20世纪20年代美国社会的情感结构。透过它，我们可以更加深入地接近小说所再现的真实世界的原本色彩及其时代特征，理解在主流意识形态所宣扬的共享价值观之下中产阶级真正的社会心理及其价值取向。对于同样处于新旧价值观相互冲突的变革中的当下中国，这无疑也具有一定的现实意义。

参考文献：

菲茨杰拉德，F. S. 了不起的盖茨比：夜色温柔 ［M］. 巫宁坤，唐建清，译. 南京：译林出版社，1998.

佩尔斯，R. 激进的理想与美国之梦 ［M］. 卢允中，等，译. 上海：上海外语教育出版社，1992.

阎照祥. 英国贵族史 ［M］. 北京：人民出版社，2000.

赵国新. 情感结构 ［M］// 赵一凡，等. 西方文论关键词. 北京：外语教学与研究出版社，2006.

Adams, James T. *The Epic of America* [M]. Boston: Little Brown & Co., 1931.

Berman, Ronald. *The Great Gatsby and Modern Times* [M]. Urbana: University of Illinois Press, 1994.

Cowley, Malcolm. *Fitzgerald: The Romance of Money* [M] // Bloom, Harold. *F. Scott Fitzgerald*. NY: Chelsea House, 1985.

Fitzgerald, F. Scott. *F. Scott Fitzgerald: A Life in Letters* [M]. ed., Matthew J. Bruccoli. NY: Scribner's, 1994.

____. *The Crack Up* [M]. ed., Edmund Wilson. NY: New Directions, 1993.

____. *The Great Gatsby* [M]. NY: Charles Scribner's Sons, 1925.

____. *This Side of Paradise* [M]. NY: Penguin, 1920.

Gervais, Ronald J. *The Socialist and the Silk Stockings: Fitzgerald's Double Allegiance* [M] // Bloom, Harold. *F. Scott Fitzgerald*. NY: Chelsea House, 1985.

Higgins, John. *The Raymond Williams Reader* [M]. Blackwell, 2001.

Way, Brian. *F. S. Fitzgerald and the Art of Social Fiction* [M]. London: Edward Arnold Ltd., 1980.

Williams, Raymond. *Marxism and Literature* [M]. Oxford: Oxford University Press, 1977.

Collective Memory and Individual Experience
—Analysis of Structure of Feeling of *The Great Gatsby*
Huang Bangfu

Abstract: *The Great Gatsby*, a masterpiece by F. Scott Fitzgerald as one of the American "Lost Generation" writers, portrays a New York community that is imbued with class and value conflicts. What the narrator, Nick Caraway, encounters between his ideal and the reality miniaturizes the conflict between American Dream as the collective memory and real life as the individual experience of American people. This paper, by using Raymond Williams' "Structure of Feeling", attempts to analyze the experiences and feelings of each class in the community, explore the structure of feeling that the 1920s America witnessed, and thus unveil the features and the social mentality of the rising American middle class.

Key words: structure of feeling; class; value; American Dream

理性下疯狂的米洛

——析《第二十二条军规》米洛形象的现实意义

吕 琪

（四川大学外国语学院，成都 610064）

摘 要：本文通过分析约瑟夫·海勒《第二十二条军规》中米洛这一混合了理性与疯狂的典型人物形象，结合哈贝马斯的生活世界殖民化理论，从文化分析的角度揭示小说表现的美国实用主义传统在工具理性统治的时代下的变形，并试图将这一形象置于全球化语境中加以反思。

关键词：实用主义；工具理性；异化；全球化

美国后现代派作家约瑟夫·海勒的代表作《第二十二条军规》（以下称《军规》）作为二战小说中的一朵奇葩，自 1961 年出版以来不仅在欧美国家，同时在全世界都具有广泛的影响力。虽然小说呈现的是一幕幕发生在第二次世界大战时期驻扎在意大利一个小岛上的美国飞行大队中的一系列荒诞恐怖到几乎不可思议的人间讽刺剧，但折射的却是战后进入冷战时期的美国社会的种种历史现实。小说的"黑色幽默"风格和主题使其脱离了二战小说的现实主义路线，却又更鲜明地反映了现实。而其题目"第二十二条军规"已被收录到各大权威辞典，成为"两难选择""进退维谷"的代名词，被读者引用扩展到指涉现代生活的方方面面的困境。可见海勒所虚构的"第二十二条军规"早已经越过了小说虚构事件的范畴，成为具有普遍现实意义的文学名词。

在小说第 39 章"不朽之城"中约塞连对"第二十二军规"进行了这样的反思："第二十二条军规不存在，对此他确信无疑，可这也没什么区别。问题在于每个人都相信它存在，更糟糕的是，人们没有什么实在的对象或文本可以去嘲笑、驳斥、指责、批评、攻击、修正、憎恨、谩骂、唾弃、撕成碎片、践踏上去或是焚烧成灰。"① 而有趣的是，海勒以"第二十二条军规"为题用整整 42 章为我们呈现的子虚乌有却又根深蒂固的军规，从文学意义

---

① Heller, Joseph. *Catch*-22. New York：Dell Publishing Co., 1961：400. 以下凡引自本书内容均为笔者译，不再一一作注。

上，又恰恰已经将其现形、成文，从而提供了实在的对象和文本供人们反思。在这部洋洋洒洒40万言、塑造了40多个鲜明人物形象的小说中，除去贯穿小说的主角约塞连，最引人注意的人物形象无疑是与约塞连年纪相仿的司务长米洛。

对于米洛在全书中的分量，海勒在一次访谈中坦诚是意料之外："我原本以为随军牧师是全书另外一个最鲜活的人物（仅次于尤索林［即约塞连，笔者按］）。但最后却发现二号人物是米洛。"（杨向荣，2007：126）然而，从米洛在海勒笔墨中所分得的比重来看，这似乎又应该是意料之中的。自第二章出场以来，米洛几乎与约塞连一样贯穿全书，而更有多达三个篇章直接以米洛为题，分别是第22章"米洛市长"、第24章"米洛"和第35章"斗士米洛"，而约塞连却仅在全书压轴章节中得以冠名。目前国内评论界在小说的"黑色幽默"、叙事艺术以及人物分析方面著述颇丰，也有相当多的论述中涉及对米洛的形象分析。一般认为米洛的形象代表了金钱和利益对现代社会的统治，这是非常恰当的。但是，笔者认为这一形象的鲜活更在于他身上糅合了理性与疯狂，反映了极其典型的美国实用主义的传统，又体现了现代社会中工具理性对人性的异化。而更为独特的是，如果将海勒所塑造的这一形象置于当今全球化语境中来看，它又体现了全球化所隐含的帝国主义殖民化危机。

本文将从文化的角度分析米洛这一人物的理性与疯狂糅合的矛盾形象，显示其与美国传统的实用主义的密切关系，进而结合哈贝马斯"生活世界的殖民化"理论分析米洛形象所体现的现代社会中工具理性对人性的异化，并试图将这一形象置于全球化语境中加以反思。

1. 米洛的理性：美国实用主义传统

美国实用主义传统是清教徒精神与功利主义原则的混合体，是美国哲学思想的重要一脉。其根本纲领是：将确定信念作为出发点，把采取行动当作主要手段，把获得实际效果当作最高目的。实用主义者的英文是"pragmatism"，源自于希腊文，意思为"行为、行动"。实用主义者对行为、行动的解释，完全贯彻了资产阶级利己主义世界观的精神，即只管行动是否能给个人或集团带来某种实际的利益和报酬，而不问这种行动是否合乎客观实际，是否合乎原则。有用即是真理，无用即为谬误。虽然19世纪哈佛"形而上学俱乐部"被视为第一个实用主义组织，其成员如皮尔斯、历史学家费斯克（J. Fisk）以及詹姆士（William James）都对这一哲学概念进行了解释，但早自殖民地时期起，美国民族性格的形成就已得益于这样的哲学传统，使其可以大胆抛开任何有碍目标达成的陈规陋习。在米洛的身上，我们可以清晰地看到传统实用主义者的影子：信念坚定，行动果断，勤奋而不计代价地达成目的。

首先，海勒在描述包括约塞连在内的其他普通士兵要么通过纵情声色要么通过与世隔绝来对抗绝望无助时，却始终让米洛处于一种清醒的行动的状态中。米洛的生活有明确的信念：做生意赚钱。他对商机异常敏感，一旦确定目标便付诸行动不计后果。海勒在小说中数次描写了米洛在听到一个可能有利可图的商机时的敏捷表现。例如，在"米洛市长"一章中，米洛以采购食品为名驱使约塞连以及奥尔陪着他四处飞行做投机买卖，一天在理发店他与理发店老板闲谈时听说了一种新鲜蔬菜，便发生了这样的一幕：

> 米洛的一只手像老鹰一样笔直腾空而起，一把抓住了维托里奥的修面刷。"什么是朝鲜蓟？"他问道。
>
> "朝鲜蓟，米洛先生？朝鲜蓟是一种非常美味的蔬菜，到哪里都受欢迎。您在这里一定要尝尝朝鲜蓟，米洛先生。我们这里种的是全世界最好的。"
>
> "真的？"米洛说，"今年朝鲜蓟价钱如何？"
>
> "看上去今年价格很好。庄稼收成不好。"
>
> "真的？"米洛若有所思地问，突然就不见踪影了，他从椅子上溜走得如此快以致使于刚才围在他身上的条纹围布在他离开了一两秒后才落地。
>
> （Heller, 1961: 231）

这样的描写固然带有海勒夸张幽默的成分，但是却恰如其分地体现了米洛的行动力。同样的情形也发生在他购买埃及全国的棉花时的不假思索，虽然这在后来被证明是极其错误的决定。

其次，面对别人对其信念的质疑，米洛表现了强烈的维护自身信念的反应。比如他抬高食堂伙食价格，当遭到反对时运用供求法则为自己辩护，而有时这种反应是如此的果断和坚决，甚至达到了可以公然不服从政府意志的程度。米洛实现信念的手段是压倒一切不利的因素，利用一切可以利用的条件，以这些手段是否有效作为评判是否使用这些手段的唯一标准。米洛在维护自身信念时对政府功能的言论，从侧面反映了美国民族性格中实用主义哲学的特征。例如，当他帮助德军轰炸美军基地，受到了来自各方面的愤怒指责时，他摊开账簿显示了在这次交易中的高额回报，说道："在一个民主政体中，政府就是人民。我们就是人民，不是吗？所以我们完全可以留下这些钱，剔除中间商。老实说，我倒希望看到政府从这场战争中彻底撒手，把整个战场留给私人企业去经营。"（Heller，1961：254）

这种貌似不可思议的言论其实触及了美国社会关于政府的权限问题的一贯争论。自美国殖民地时期起，对于政府的功能民众就有迥然不同的质疑，而美国的《独立宣言》便已经明确地提出民众有权改变或废除政府，只要任何形式的政府破坏了它应该保障的人们的权利（参见《美国历史文献选集》，1985：13）。而以米洛为代表的这类实用主义者把自我的利益等同于人民的利益，从而判断只要是维护了自我的利益，便等同于维护了人民的利益，而政府的利益是无须考虑的。米洛的这种公然挑战政府意志的形象在《第二十二条军规》中应该说是独特的，但放置于历史现实中却又具有代表性。

但是，值得注意的是，海勒对米洛实用主义者形象的勾画是漫画型的、变形的。如果说米洛的实用主义哲学是他行为的理性准则，但在海勒笔下他的种种行为又的的确确在疯狂地违反理性，正是在这种矛盾中我们能清晰地看到在现代社会过度强调工具理性的条件下人性受到异化所造成的疯狂后果。

2. 米洛的疯狂：工具理性下的异化

德国哲学社会学家哈贝马斯（Jürgen Habermas）将现代社会明确划分为"生活世界"（Lebenswelt）和"制度"两大部分：前者，根据哈贝马斯的解释，是以语言为内在核心，构成一张包容人际交往与行为规范的动态网络，代表了一个社会共同性的集体行为期待，以及民众公认的道德常识；后者是指经济体制、政治体制、行政管理体制、法律体制等，是一批从生活世界结构中产生、分化出来的行为子系统（赵一凡，2006：239－241）。而制度的基本功能是"调节人与人之间的交往关系，规范人的行为，调节集体行动，消除生活世界中产生的矛盾危机，维护并完善生活世界的理性内涵与合理结构"（赵一凡，2006：241）。而在后工业社会，制度的这一功能极大膨胀，其核心就在于由于技术发展导致人们对工具理性原则过分推崇，只要服从这一原则的便是合理，而理性又等同于效益、盈利、控制、榨取利润等，于是制度从调节人际交往的手段转化为控制人际交往的手段。而工具理性的真正害处在于将世上复杂多变的现象简化为可以用工具理性进行科学效益化管理的案例，而这种异化的理性"加速了人在新历史条件下的物化趋势"（赵一凡，2006：242）。

在米洛的身上我们可以看到工具理性对人性的异化达到了极致，而这种异化与实用主义哲学相结合的疯狂，主要体现在米洛在金钱利益驱使下仅仅遵从商业原则，而对其他道德原则乃至他人生命极度漠视。小说中，具有代表性的事件有三个：偷换急救包，意欲强卖巧克力棉花球，以及协助德军轰炸美军基地。

利欲熏心的米洛将战斗机上急救包中的吗啡针偷去，并堂而皇之地留下了"有益于 M &M 辛迪加联合体就是有益于国家"的纸条（Heller，1961：426）。也许独立看这个事件并不格外恐怖，但海勒在小说中将这一事件反复强调，直到在 41 章"斯罗登"中将这一事件与斯罗登遭遇的临死前的非人的极度痛苦并置时，我们才清楚地看到海勒想要强调的米洛人性的扭曲：为追求利益，他已经丧失了人性中对同类苦难的怜悯这一基本品质。如果说对斯罗登遭遇的痛苦米洛要负间接责任的话，那么强卖棉花巧克力和协助德军轰炸美军基地事件，则是在其完全清楚这将带给同类痛苦的前提下的有意识的行为，这就尤其显现了米洛人性的彻底异化。

米洛打算强卖巧克力棉花球是因为他在囤积埃及棉花的买卖中吃了亏，为了降低商业失败的损失，他企图将棉花球外包上巧克力卖给美军士兵作为甜点。他劝诱约塞连试吃，被约塞连反诘道："你会让大伙生病的，你不明白吗？要是你不信我的，你为什么不自己试试靠吃棉花过活呢？"米洛答道："我的确试了，它让我恶心。"（Heller，1961：259）这种为了减轻商业损失，不惜将痛苦转嫁到他人的身体，甚至是自己的身体上的做法，看似荒唐疯狂，却又反映了工具理性下实用主义者利益至上原则对人性的深刻侵蚀这一主题。在这一事件中，海勒将斯罗登的葬礼穿插在了米洛与约塞连的对话中，并由此进一步暗示约塞连帐篷里未及报到就战死的马德与米洛出卖美军情报相关，使得这一主题更加突出。米洛对斯罗登葬礼表现出的虚情假意，和对马德之死责任的漠然推卸，与其真正意图形成了鲜明的对比。

而最能体现米洛人性异化、彻底沦为商业利益的奴隶这一主题的，是其协助德军轰炸美军事件。因为"合同就是合同，而且必须被兑现"（Heller，1961：252），除此之外，一切都可以依此原则进行妥协，包括出卖美军情报，甚至亲自指挥战斗机轰炸基地、扫射战友。海勒在小说中对轰炸的情节进行了详细描写，而更加值得注意的，是海勒在处理这一情节时对米洛的反应进行的冷静克制的描绘，米洛在空中指挥的镇定有序与地面美军慌乱痛苦的惨象构成了一幅奇特的战斗画面，生动反映了人性异化到肆无忌惮的地步的疯狂。

然而，如果米洛行为的疯狂都还不足以体现人性在工具理性下的异化的话，那么社会对于米洛行为的容忍则是确凿的旁证。海勒笔下的米洛在种种疯狂行为之后，非但没有受到任何的惩罚，反而平步青云，成为军中最有权势的人物。因为米洛的行为遵守了工具理性的原则，在这样的原则下他的行为是"合理的"，因而被这一制度所容忍吸纳，他甚至在这样的制度下如鱼得水。这真正体现了超越个人的制度化的疯狂。除去小说所表现的米洛的实用主义者的理性与工具理性下的疯狂，米洛的形象还具有另一个被评论家忽略的，可以说超越了海勒所处时代的历史现实的隐喻——经济全球化的力量。

3. 米洛的力量：经济全球化的不平等预言

米洛身上不仅体现了对美国传统实用主义哲学的继承，表现了现代社会工具理性下的人性异化，还极其形象地预言了经济全球化的力量。米洛的成功不仅在于他服从了工具理性的原则，还在于他掌握了全球化经济的控制力量。这不能不让处于21世纪全球化席卷世界这一接受语境下的读者对海勒的预见性感到惊讶。进入21世纪以来，全球化作为一种时代潮流，既受到各个国家政府与跨国企业的重视，也受到了诸多学者与民间组织的反思与抵制。全球化究竟是满足了掌握着技术与资本优势的跨国企业的扩张需求，还是让处于其中的各国人民能切实享受到其带来的公平机会和资源？全球化究竟是让发达富国受益，还是惠及发展中国家？全球化究竟是削弱了国家民族的联系还是将其更突显出来？这些都成为争议的主题。

在小说中，米洛通过全球化经济网络取得的成功不仅仅体现在对物质财富的掌握上，更重要的是他通过这种经济的掌控取得了对内和对外政治的双重成功。

在经济上，米洛利用飞机这种先进的运输方式所带来的时间上的优势取得了商业信息的不对等，从中渔利。海勒不厌其烦地在第24章和第35章详细描写了米洛的这种经济方式的绝妙。比如悄悄从西西里买的1分钱的鸡蛋，转到马耳他以低于市价5分钱的4分半钱卖掉，从而吸引大量人来马耳他买鸡蛋，使鸡蛋价格上扬到 7 分，而自己以食堂的名义买回时又虚报为 5 分钱，从而让自己既赚得了差价，又博得了上司的欢心。

海勒所描写的这种经济方式的关键在于：米洛拥有信息上的控制权，而这种信息权是依靠先进的交通与通讯媒介所获得的。他的成功源于别人由于通讯或交流媒介的落后，不可能知道或在短时间内无法积累足够的信息量，信息量的不平等成为关键。其次，这一经济模式还基于不同资源在不同地域间由于供需等原因所导致的价格上的差异。

海勒对米洛的这种经济上的成功的描述进行了更深刻的揭露，那就是其最终带来的是政治上的成功。对内，米洛成为军队的不可缺少的人物，甚至在他犯下了轰炸基地这样严重的罪行时也可以逍遥法外；而当他不满足自己没有勋章时，他威胁不再做司务长，上司听到了如此复杂的全球交换经济方式时，也只能用卑鄙地让他人为他执行飞行任务的方式对他加以挽留（Heller, 1961：336）。对外，米洛的全球化买卖由于带动了当地经济，虽然他是最大的受益人，却被当地人民视为神明，成为代理市长、酋长等。

这种貌似荒诞的图景背后却惊人地预言了当下经济全球化中掌握了这样的经济能力的个体或集团对一个国家的政治生活的掌控，也暗示了以美国为首的发达国家在不平衡的信息以及技术交换中的渔利和与之相伴的政治实力的更为急剧的扩张。毫无疑问，海勒带有讽刺的笔调中含着对这一国家和世界前景的深深的忧虑。

虽然米洛作为小说中的重要人物，荒诞疯狂，然而透过这一形象我们却能看到其中显现的美国社会历史的痕迹——从传统的实用主义者，到工具理性下异化的现代人，再到经济全球化的预言者。无论有意还是无意，海勒的这种尝试无疑具有革命性，值得我们更多关注，而小说所提出人性的问题即使在今天的语境下亦值得我们反思。

参考文献：

程锡麟. 零散、荒诞、幽默——《第 22 条军规》的叙事艺术 [J]. 外国文学，2006（4）.

高瑜.《第二十二条军规》中人物的象征意义 [J]. 广西社会科学，2006（4）.

美国驻华大使馆新闻处编译. 美国历史文献选集 (*Living Documents of American History*) [M]. 1985.

帕灵顿，沃浓·路易. 美国思想史：1620-1920［M］. 长春：吉林人民出版社，2002.

童明. 美国文学史［M］. 南京：译林出版社，2002.

汪民安. 文化研究关键词［M］. 南京：江苏人民出版社，2007.

杨向荣. 约瑟夫·海勒访谈录［J］. 青年文学，2007（7）.

张涓.《第二十二条军规》的荒诞艺术［J］. 外国文学，2003（2）.

赵一凡. 西方文论关键词［M］. 北京：外语教学与研究出版社，2006.

Heller, Joseph. *Catch-22*［M］. New York：Dell Publishing Co., 1961.

Ruderman, Judith. *Joseph Heller*［M］. New York：The Continuum Publishing Company, 1991.

Woodson, Jon. *A Study of Joseph Heller's Catch-22*［M］. New York：Peter Lang, 2001.

Milo's Rationality and Craze
—The Realistic Significance of the Image of Milo in *Catch-22*

Lü Qi

Abstract：This essay has analyzed the rationale and craze demonstrated by the image of Milo Minderbinder, a character modeled in Josephn Heller's *Catch-22*. Combining the theories of Jürgen Habermas on the colonization of the Life-world（Lebenswelt）, from the angel of Cultural Studies, this essay shows the alienation and transformation of the traditional American Pragmatism in the age of instrumental rationality exposed deeply by this novel. Finally, this essay reflects upon the significance of this image in the context of today's globalization.

Key words：pragmatism；instrumental rationality；alienation；globalization

一诗窥尽美国印第安人刻板印象
——评谢尔曼·亚历克斯的诗
《如何写就伟大的美国印第安小说》

邱惠林

（四川大学外国语学院，成都 610064）

摘 要：谢尔曼·亚历克斯（Sherman Alexie）是当代美国印第安文学的杰出代表人物。他多才多艺，著作颇丰，作品涵盖小说、诗歌、电影剧本等各个方面，并多次获得文学大奖。在《如何写就伟大的美国印第安小说》（"How to Write the Great American Indian Novel"）一诗中，亚历克斯以讽刺的笔调总结了美国社会和大众文化对美国印第安人的刻板印象和文化误读，并对由此导致的严重后果十分关切。

关键词：谢尔曼·亚历克斯；印第安人；刻板印象

谢尔曼·亚历克斯是当代美国印第安文坛的杰出代表。1966 年 10 月 7 日，出生于华盛顿州威尔皮尼（Wellpinit, Washington）的斯堡肯印第安保留地（Spokane Indian Reservation），具有"Spokane"和"Coeur d'Alene"印第安血统。1985 年，亚历克斯进入华盛顿州斯堡肯的冈扎加大学（Gonzaga University），两年后转学到位于普尔曼（Pullman）的华盛顿州立大学（Washington State University, WSU）。他一度学习医学预科，后来参加了华盛顿州立大学的一个诗歌创作室，转投文学。亚历克斯在华裔美籍诗歌教师郭克力（Alex Kuo）的鼓励和指导下，学习诗文创作和小说写作，开始在写作上崭露头角并决心弃医从文。他于 1991 年获得华盛顿州艺术委员会诗歌奖学金（The Washington State Arts Commission Poetry Fellowship），1992 年获得全国艺术基金委诗歌奖学金（The National Endowment for the Arts Poetry Fellowship），并于 1992 年出版了两本诗集《华服舞蹈》（*The Business of Fancy Dancing*）和《我要偷马》（*I Would Steal Horses*），从此稳步踏上文坛。他出版的诗集还包括《月球上的第一个印第安人》（*First Indian on the Moon*, 1993）、《旧衬衫和新皮肤》（*Old Shirts and New Skins*, 1993）、《流水望乡》（*Water Flowing Home*, 1995）、《黑寡妇蜘蛛之夏》（*The Summer of Black Widows*, 1996）、《爱鲑鱼的男人》（*The Man Who Loves Salmon*,

1998）、《一首棒歌》（*One Stick Song*，2000）和《脸》（*Face*，2009）。除了诗歌创作外，亚历克斯还出版了一系列短篇小说集和长篇小说，包括：《游骑兵与印第安人东托在天堂打架》（*The Lone Ranger and Tonto Fistfight in Heaven*，1993），该书获得海明威文学奖（Hemingway Foundation/PEN Award）；《保留地布鲁斯》（*Reservation Blues*，1994），该书获得前哥伦布基金会美国图书奖（Before Columbus Foundation's American Book Award）；《印第安杀手》（*Indian Killer*，1996）；《世界上最强悍的印第安人》（*The Toughest Indian in the World*，2000）；《十个小印第安人》（*Ten Little Indians*，2003）；《一个印第安插班生的绝对真实日记》（*The Absolutely True Diary of a Part-Time Indian*，2007），该书获得青年文学全国图书奖（The National Book Award for Young People's Literature）；《逃离》（*Flight*，2007）和《战争舞》（*War Dances*，2009）等。亚历克斯还和克里斯·艾尔（Chris Eyre）合作，把自己的短篇小说《这就是说亚利桑那州凤凰城的含义》（*This is What It Means to Say Phoenix, Arizona*）改编成电影剧本，拍摄了《烟信》（*Smoke Signals*）一片，该片在1998年的太阳舞电影节（The Sundance Film Festival）上获得了"最佳观众票选"和"最佳制片"两项大奖。

在所有亚历克斯的诗歌作品中，《如何写就伟大的美国印第安小说》一诗极具代表性。该诗也曾在根据亚历克斯的小说《华服舞蹈》改编拍摄而成的同名电影中被吟诵，从而流传甚广。全诗如下：

1. All of the Indians must have tragic features: tragic noses, eyes, and arms.
Their hands and fingers must be tragic when they reach for tragic food.
所有的印第安人必须具有悲剧的特点：悲剧的鼻子、眼睛和手臂，
当伸手拿取悲剧的食物时，他们的手和手指也必须是悲剧的。

2. The hero must be a half-breed, half white and half Indian, preferably
from a horse culture. He should often weep alone. That is mandatory.
男主人公必须是混血儿，白人和印第安血统各占一半，最好
来自一个拥有马文化的部族。他应经常独自哭泣。那是必须的。

3. If the hero is an Indian woman, she is beautiful. She must be slender
and in love with a white man. But if she loves an Indian man
如果主人公是个印第安女人，她是美丽的。她必须是苗条的
并且与一个白人男人相爱。但是如果她爱上一个印第安男人

4. then he must be a half-breed, preferably from a horse culture.

If the Indian woman loves a white man, then he has to be so white

那么他必须是个混血儿，最好来自一个拥有马文化的部族

如果印第安女人爱上一个白人男人，那么他必须如此白

5. that we can see the blue veins running through his skin like rivers.

When the Indian woman steps out of her dress, the white man gasps

白得我们可以看到他蓝色的血管，在皮肤下如小河潺潺流动

当印第安女人脱掉衣裙，白人男人顿时喘息

6. at the endless beauty of her brown skin. She should be compared to nature:

brown hills, mountains, fertile valleys, dewy grass, wind, and clear water.

惊异于她棕色皮肤无尽的美丽。她会被比作自然：

棕色的山丘、大山、富饶的山谷、带露的草、风和清澈的泉水。

7. If she is compared to murky water, however, then she must have a secret.

Indians always have secrets, which are carefully and slowly revealed.

但是，如果她被比作黑暗中的水流，那么她必须有一个秘密。

印第安人总是有秘密的，这些秘密被小心地慢慢地披露出来。

8. Yet Indian secrets can be disclosed suddenly, like a storm.

Indian men, of course, are storms. They should destroy the lives

然而印第安人的秘密也会突然被透露，如风暴般迅疾

印第安男人当然是风暴般的。他们会破坏生活

9. of any white women who choose to love them. All white women love

Indian men. That is always the case. White women feign disgust

破坏任何选择爱上他们的白人女人们的生活。所有白人女人都爱

印第安男人。那总是事实。白人女人总是假装厌恶

10. at the savage in blue jeans and T-shirt, but secretly lust after him.

White women dream about half-breed Indian men from horse cultures.

厌恶那身穿蓝色牛仔裤和 T 恤的野蛮人，却又偷偷渴求着他。

白人女人梦想着有马文化背景的混血的印第安男人。

11. Indian men are horses, smelling wild and gamey. When the Indian men

unbuttons his pants, the white woman should think of topsoil.

印第安男人就是骏马，带着狂野和野兽的气息。当印第安男人们

解开裤扣，白人女人就会想到表层的土壤。

12. There must be one murder, one suicide, one attempted rape.

Alcohol should be consumed. Cars must be driven at high speeds.

必须有一次谋杀，一次自杀，一次未遂的强奸。

酗酒是必须的。汽车必须是高速驾驶的。

13. Indians must see visions. White people can have the same visions

if they are in love with Indians. If a white person loves an Indian

印第安人必须看见幻象。白人也能有同样的幻象

如果他们与印第安人相爱的话。如果一个白人爱上了一个印第安人

14. then the white person is Indian by proximity. White people must carry

an Indian deep inside themselves. Those interior Indians are half-breed

那么这个白人就根据接近原因成为印第安人。白人必须

把一个印第安人带入他们的内心世界。这些打入白人内心世界的印第安人是混

血儿

15. and obviously from horse cultures. If the interior Indian is male

then he must be a warrior, especially if he is inside a white man.

而且明显来自拥有马文化的部族。如果打入白人内心世界的印第安人是男性

那他必须是一名勇士，尤其是当他深入一个白人男人的内心

16. If the interior Indian is female, then she must be a healer, especially if she

is inside

a white woman. Sometimes there are complications.

如果打入白人内心世界的印第安人是女性，那她必须是一名医治者，尤其是当

她是

深入一个白人女人的内心。有时会有复杂的情形出现。

17. An Indian man can be hidden inside a white woman. An Indian woman

can be hidden inside a white man. In these rare instances,

一个印第安男人能藏在一个白人女人里面。一个印第安女人

可以藏在一个白人男人里面。在这些稀罕的情形下

18. everybody is a half-breed struggling to learn more about his or her horse culture.

There must be redemption, of course, and sins must be forgiven.

每个人都是混血儿，努力学习更多他的或她的马文化。

必须有救赎，当然，所有罪过都会得到宽恕。

19. For this, we need children. A white child and an Indian child, gender

not important, should express deep affection in a childlike way.

为了这个，我们需要孩子。一个白人小孩和一个印第安小孩，性别

并不重要，性别应该用来以孩子气的方式表达深深的爱。

20. In the Great American Indian novel, when it is finally written,

all of the white people will be Indians and all of the Indians will be ghosts.

在伟大的美国印第安小说中，当它被最终写成，

所有的白人将会成为印第安人而所有的印第安人将会成为鬼魂。

　　《如何写就伟大的美国印第安小说》一诗共有 20 节，每两句组成一节。全诗围绕美国主流社会对印第安人的文化假设和刻板印象，列举出一系列文化假设的具体表现，从而得出结论：在所谓伟大的美国印第安小说中，根本找不到真实的印第安人的形象，仿佛他们都已经死去；而想象中的印第安人形象已被浪漫化，成为白人想象中猎奇追逐的目标，好莱坞电影中不可或缺的一个主题；有的白人甚至臆造出自己的所谓印第安身份，成为模仿偶像者（wannabee）。

　　纵观全诗可以看出，亚历克斯一共刻画了四种印第安人的刻板印象。第一种：悲剧的印第安人。在第一节中，悲剧一词被重复使用了四次。第一次使用悲剧一词，是用来概括印第安人的容貌特征具有悲剧的特点；第二次使用悲剧一词，是形容印第安人的鼻子、眼睛和手臂；第三次使用悲剧一词，是形容印第安人的手和手指；而最后一次的使用则与印第安人的体貌无关，悲剧的特点得到渲染，连印第安人染指的食物也带上了悲剧的色彩。这样，印第安人整体印象的悲情基调得以确立。第二种：作为男性性对象的印第安女人。这些印第安女人具有如下特征：“她是美丽的。她必须是苗条的”（第 3 句），当她爱上一个白人男性时，“那么他必须如此白”“白得我们可以看到他蓝色的血管，在皮肤下如小河潺潺流动”（第 4、5 句），而白人男性对印第安女人的迷恋表现在程式化的“白人男人顿时喘息惊异于她棕色皮肤无尽的美丽。她会被比作自然：棕色的山丘、大山、富饶的山谷、带露的草、风和清澈的泉水。但是，如果她被比作黑暗中的水流，那么她必须有一个秘密。印第安人总是有秘密的，这些秘密被小心地慢慢地披露出来”（第 5-7 句）。当她爱上一个印第安男人时，“那么他必须是个混血儿，最好来自一个拥有马文化的部族”（第 4 句），印第安男性的血统和部落背景都有严格的界定。第三种：作为白人女性秘密神往的性对象的印第安男性。这些印第安男性，“必须是混血儿，白人和印第安血统各占一半，最好来自一个拥有马文化的部族。他应经常独自哭泣。那是必须的”（第 2 句）。除了这些血统和部落背景限制外，印第安男性还具有多愁善感的特点。与此同时，“印第安男人当然是风暴般的。他们会破坏生活，破坏任何选择爱上他们的白人女人们的生活。所有白人女人都爱印第安男人。那总是事实。白人女人总是假装厌恶那身穿蓝色牛仔裤和 T 恤的野蛮人，却又偷偷渴求着他。白人女人梦想着有马文化背景的混血的印第安男人。印第安男人就是骏马，带着狂野和野兽的气息。当印第安男人们解开裤扣，白人女人就会想到表层的土壤"（第 8 - 11 句）。这些印第安男性具有破坏性及狂野和野兽的气息，令来自异文化的白人女性着迷。第四种：作为整体，印第安人普遍暴力、酗酒、充满神秘感，来自有马文化背景的部落。在全诗中，"马文化"一词分别在第 2、4、10、15 句中被重复了 4 次，而第 11 句中还出现了"骏马"一词。他们的暴力和酗酒行为表现在"必须有一次谋杀，一次自杀，一次未遂的强奸。酗酒是必须的。汽车必须是高速驾驶的"（第 12 句）。他们的神秘感表现在："印第安人总是有秘密的，这些秘密被小心地慢慢地披露出来。然而印第安人的秘密也会突然被透露，如风暴般迅疾"（第 7 - 8 句）；"印第安人必须看见幻象"（第 13 句）。因此，在全诗的前半部，从第 1 句到第 11 句，亚历克斯把以上四种印第安人刻板印象海量堆砌在一起，令读者无力也无暇顾及其他话题，脑海中被这些刻板印象所充斥。

在诗的后半部，从第 11 到 19 句，亚历克斯笔锋一转，述及这些刻板印象对印第安群体造成的伤害和整个民族身份的毁灭。这些刻板印象把印第安人塑造成远离美国殖民历史的古器物，没有生命，也没有未来。它让一些欧裔美国人在完全不理解印第安文化的情况下，带着猎奇的目光，把自己打造成印第安模仿偶像者，或者自诩印第安人。在这种氛围下，亚历克斯在诗的最后一句即第 20 句中点出了印第安民族必然的悲剧命运："在伟大的美国印第安小说中，当它被最终写成，所有的白人将会成为印第安人而所有的印第安人将会成为鬼魂。"当美国印第安小说都以程式化、刻板化的方式来写成，当印第安文化只是大众文化中的一个噱头，当猎奇的欧裔美国人把自己标榜成印第安人时，印第安民族已经消亡，而赝品印第安文化却在好莱坞电影、电视片和旅游推广等领域大行其道，获得可观的经济利益。

全诗以讽刺的笔触来处理一个关于民族身份的沉重话题。亚历克斯通过使用一些含绝对肯定或较大概率的词汇，来阐明印第安人刻板印象的荒谬性和大众文化对印第安文化消费的不合理性。纵观全诗，表示绝对肯定的"必须"（must）一词出现频率最高，达 14 次之多：第 1 句、第 12 句和第 18 句为 2 次，第 2 句、第 3 句、第 4 句、第 7 句、第 13 句、第 14 句、第 15 句，第 16 句则为 1 次；"应该，会"（should）一词出现了 6 次，分别在第 2 句、第 6 句、第 8 句、第 11 句、第 12 句和第 19 句中；"必须"（mandatory）一词在第 2 句中出现 1 次；"不得不"（has to be）一词在第 4 句中出现 1 次；"当然"（of course）一词在第 8 句中出现 1 次；"一直、一向"（always）一词则出现 2 次，分别在第 7 句和第 9 句中。这些词的多次反复使用，在增强讽刺效果的同时，也令读者对这些印第安刻板印象的真实性感到怀疑。在有限的篇幅，短短 20 句诗里，亚历克斯熟练运用白描的手法，以辛辣的讽刺，探讨印第安人身份和文化的悲剧命运，以及二者在白人主流文化中受到的不公正待遇。

参考文献：

Alexie, Sherman. *The Summer of Black Widows* ［M］. New York：Hanging Loose Press，1996.

Http：//en. wikipedia. org/wiki/Sherman_ Alexie.

American Indian Stereotypes as Reflected in One Single Poem
—On Sherman Alexie's Poem "How to Write the Great American Indian Novel"

Qiu Huilin

Abstract：Sherman Alexie is a great representative of contemporary American Indian literature. He is versatile and productive in novels，poetry，screenplays，etc.，and has won numerous literary awards. In his poem "How to Write the Great American Indian Novel"，Alexie summarizes ironically the stereotypes of and cultural misunderstandings about American Indians in American society and popular culture，and shows his great concern for the serious consequences henceforth.

Key words：Sherman Alexie；Indian；stereotype

浅议托多洛夫的建构性阅读理论

汤 平

（四川大学外国语学院，成都 610064）

摘　要：茨维坦·托多洛夫是法国当代著名文艺理论家和批评家。他在结构主义诗学、叙事学、象征理论、体裁理论以及对话理论等方面取得了显著成就。他的著作与理论见解对结构主义和符号学的流行起了重要的推动作用。目前，国内学者对他所提出的建构阅读理论关注较少。本文旨在剖析收录在《话语的体裁》一书中的论文《建构性阅读》来探究托多洛夫的阅读理念。以语言学和结构主义为角度，他从"指称话语"、"叙事过滤"、"意义与象征"、"作为主题的建构"和"其他阅读"五个方面论证了建构性阅读理论及其意义。

关键词：托多洛夫；叙事；话语；阅读；建构

茨维坦·托多洛夫（Tzvetan Todorov，1939 - ）是法国当代著名文艺理论家和批评家。他生于保加利亚的索菲亚，1963 年移居法国，师从罗兰·巴尔特学习文学理论。他在巴黎大学获得博士学位，1968 年起进入法国国家科学研究中心，后任研究员。托多洛夫的学术生涯经历了从形式主义批评到结构主义诗学、叙事学理论建构和批评再到提出对话批评主张的转变。近年来，他的研究突破了文学范畴，扩展到文化人类学领域（参见段映红，1997：5 - 16）。众所周知，他在结构主义诗学、叙事学、象征理论、体裁理论以及对话理论等方面取得了显著成就。他的主要作品有：《符号学研究》（1966）、《什么是结构主义》（1968 年）、《〈十日谈〉语法》（1969）、《幻想作品导论》（1970）、《散文的诗学》（1971）、《象征理论》（1977）、《象征与阐释》（1978）、《话语的体裁》（1978）、《米哈依尔·巴赫金——对话原则》（1981）、《征服美洲》（1982）、《批评之批评》（1984）、《我们与他人》（1989）、《希望与回忆》（2003）等。毋庸置疑，托多洛夫的著作和理论见解对结构主义和符号学的流行起了重要的推动作用。目前，国内学者对托多洛夫提出的建构性阅读理论关注甚少。本文旨在通过剖析收录在《话语的体裁》一书中的论文《建构性阅读》来探究托多洛夫的阅读理念。

乍一看，阅读似乎普通寻常，不足为道。在文学研究中，学者从两种相反的角度对阅读问题进行了思考。一种关心读者及其社会、历史、集体或个人的多变性；一种涉及某些文本体现的读者形象，即读者是文中的人物还是受述者。这两者之间存在着未被探索的阅读逻辑领域。尽管阅读类型种种，托多洛夫提议采用建构性阅读去解读经典小说或代表性文本，因为理解文本自身至关重要。文本只有通过特殊类型的阅读才能使读者在阅读过程中建构想象的世界。小说创造现实，只有建构性阅读才能帮助读者全面理解代表性文本的功能。文本如何使读者建构想象的世界？文本哪些方面决定读者在阅读时的建构？托多洛夫从语言学和结构主义的角度出发，从"指称话语"、"叙事过滤"、"意义与象征"、"作为主题的建构"和"其他阅读"五个方面对上述问题给予了明确的解答。

从语言学角度讲，"话语"（discourse）原指"比句子大的语言单位"，通常限于指单个说话者传递信息的连续话语，"话语分析"就是"在写与说的话语中，研究句子之间的结合及其他联系"（Chris Baldic，2000：59）。托多洛夫指出"指称话语"（referential discourse）是建构性阅读的前提条件。文本中不是所有的句子都具有指称功能。他援引法国文学家本杰明·贡斯当（Benjamin Constant）的代表作《阿道尔夫》（*Adolphe*，1816）的片段帮助读者区别指称句与非指称句。例如，"我觉得她比我好，我鄙视自己配不上她"具有指称功能，它引出了阿道尔夫的感受；"当一个人爱上别人时他/她却得不到爱，这极其不幸；但更不幸的是，当他/她不再爱别人，却被人疯狂地爱上"是格言（Cheng Xilin，2007：354）。语法标志可以区分这两者。格言需要第三人称现在时态的动词，没有首语重复的词语。一个句子要么具有指称性，要么不具有，没有中间状态。词汇的选择将决定句子的功用。当阿道尔夫感叹道："我发现我父亲不是检查员，而是冷漠刻薄的观察者，起初他会怜悯一笑，接着毫无耐心地匆匆结束谈话。"（Cheng Xilin，2007：354）托多洛夫进一步分析这种情感与非情感事件的并置：微笑和沉默时刻是看得见的事实，怜悯与无耐心是读者不能直接了解的推测。在建构性阅读中，读者需要阅读指称句，而非指称句需要采用其他类型的阅读方法。指称句的普遍性程度和它们所引发事件的情感作用产生建构性阅读的不同类型。

句子自身具有话语特征。读者阅读的不仅仅是句子，还有整个文本。托多洛夫指出，叙事过滤的参数"模式"、"时间"和"视角"起着不同的建构作用。重复不但能够加强它们的作用，还能帮助读者从诸多描述中构建事件。在叙事模式中，直接话语是消除叙事话语与它所唤起的世界之间差异的唯一方法。这样的建构是直接的。小说叙述者的话语可以看作是直接话语。例如，已提及的《阿道尔夫》的箴言虽不适合建构性阅读，但它却暗示了说话者及其处境。出身高贵的大学毕业生阿道尔夫，爱上了一位比自己大十多岁的有夫之妇爱蕾诺尔。她毅然抛下自己的家庭和孩子，投入阿道尔夫的怀抱，报之以更热烈的爱情。但不久后，阿道尔夫厌倦了她的爱情。他既不能专情于爱蕾诺尔，又不能斩断情缘。他为此饱受困扰。当阿道尔夫作为叙述者说出爱情的箴言时，这明显反映了他的性格和他所属的幻想世界。

在叙述时间方面，托多洛夫注意到写作时间和阅读时间的关系。文本里的句子并不完全遵循时间先后顺序。读者往往容易将时间顺序和逻辑顺序混淆。读者在阅读过程中应该肩负重新排序的任务。在这种情况下，读者建构文本的同时也在重新建立事件的多重性。例如，美国作家福克纳在其代表作《喧哗与骚动》中采用了 C、A、B、D 的时序颠倒的手法，时间成为小说的中心，人物成为时间的体验者，编织了南方没落地主康普生一家的家庭悲剧。读者在阅读意识流小说时，建构文本颇具挑战性。

叙述视角是读者观察文本引发的事件的角度。托多洛夫在《散文诗学》中把视角分为三类：（1）叙述者大于人物（"从后面"观察）；（2）叙述者等于人物（"同时"观察）；（3）叙述者小于人物（"从外部"观察）（参见朱立元，1997：245）。叙述视角决定了读者的建构性阅读。读者应该考虑被叙述的事件和"看"事件的人的态度。读者应该区别句子呈现的关于主体和客体的信息。当《阿道尔夫》的"编者"评价故事时，"我憎恨虚荣……它在废墟上空丝毫不损地盘旋，不作悔改而是分析自己"（Cheng Xilin，2007：354）。编者建构了叙事的主体（阿道尔夫作为叙述者），而不是客体（阿道尔夫和爱蕾诺尔作为人物）。

读者阅读通常意识不到小说具有重复甚至累赘的特点。托多洛夫指出文本中几乎每件事情至少都要重复两遍。这些重复主要通过模式、时间和视角来调节。在建构阅读过程中，重复发挥着重要作用。米勒在《小说与重复》（*Fiction and Repetition*，1982）一书中指出："一部像小说那样的长篇作品，不管它的读者属于哪一种类型，它的解读多半要通过对重复以及由重复产生的意义的鉴定来完成。"（转引自殷企平，2006：14）读者必须在事件的众多描述中构建一种看法。这些描述也许完全一致，也许大相径庭，即使相同的描述也不一定产生相同的意思。但是，这些重复可以帮助读者像警方调查案件一样建立事实，帮助读者驳斥事实。例如，《阿道尔夫》里的同一人物对同一物体表达了两次自相矛盾的观点。这将帮助读者理解存在于对话者和伙伴的关系中的心境。如果读者通过阅读文本来建构想象的世界，文本必须具有指称功能。因为在阅读过程中，读者必须让自己的想象力驰骋纵横。正如 18 世纪英国小说家劳伦斯·斯特恩在其代表作《项狄传》中所说："要真正尊重读者对作品的理解，最好是友好地把理解对半分给作者和读者，给双方留下供想象驰骋的天地。就我来说，我总是赞扬这样的读者，尽我最大的努力让读者像我一样尽情地施展其想象力。"（转引自张中载，2006：626）弗吉尼亚·伍尔夫在《普通读者》一书中高度评价简·奥斯丁："她促使读者提供文本中没有的东西。她在著作中所提供的东西是微不足道的，但是它却蕴含着一些在读者脑海中能扩展的东西，一些看起来无关紧要却能成为经久不衰的生活场景……"（转引自张中载，2006：626）读者可以通过以下问题过滤已获得的信息：这个事件描述的准确程度如何？事件什么时候发生？通过不同的"意识中心"故事被曲解的程度如何？

托多洛夫将读者对文本的转换分为四阶段：作者的叙述——作者引发的想象世界——读者建构的想象世界——读者的叙述。这与艾布拉姆斯在《镜与灯》中提出的著名文学四要素理论，即"作品、世界、作家、读者"有相似之处。托多洛夫认为读者阅读的差异部分取决于意义（signification）和象征（symbolization）。前者告诉读者事件，后者给读者提供线索、象征和暗示。例如，小说《阿道尔夫》中爱蕾诺尔的巴黎之行在文本中通过词语表现出来；阿道尔夫的弱点则是通过想象世界里的其他因素的象征体现出来。读者依靠文本的语言知识来理解表意的事实，而那些象征性的事实只有靠读者去阐释，这些阐释仁者见仁，智者见智。文学作品的阅读向来不是"一锤定音"，正如一千个读者就能读出一千个哈姆雷特。又如深爱哈姆雷特的奥菲利娅。从 17 世纪以来，不同时期的读者、导演、演员、画家、批评家不断地演绎奥菲利娅——17 世纪纯真的少女、18 世纪奥古斯都时期端庄稳重的淑女、19 世纪浪漫主义时期的疯女人、20 世纪放荡的性欲狂以及为女权奋斗的英雄人物（参见张中载，2006：628）。读者结合自己的文化环境来诠释文本。乔治·桑塔雅评价 19 世纪英国诗人罗伯特·布朗宁的短诗"不完整、不透明，就像是残缺的躯干，为的是激发读者去寻找失去的四肢"（参见张中载，2006：627）。这说明尽管布朗宁诗歌的篇幅是有限的，但其阐释却是无限的。托多洛夫指出读者对文本转换的第 2、3 阶段之间的关系是象征。因为它需要读者自己的阐释，这将决定阅读行为。而第

1、2 阶段之间和第 3、4 阶段之间的关系是意义。例如，当读者看到英国文论家福斯特在《小说面面观》中提出的例子"国王死了，不久王后也死了"时会认为这是事件，但读者会浮想联翩，这两者之间是否存在着因果关系？当福斯特补充"国王死了，不久王后因悲伤而死"时，读者就不难发现故事中事件和事件之间所建立的联系。托多洛夫在 1966 年就率先提出"故事"（所述内容）与"话语"（表达方式）的区分。

　　乔纳森·卡勒在《结构主义诗学》中指出，阅读行为是通过思维活动对文本进行理解和阐释以形成意义的过程。他认为文学作品之所以有了结构和意义，是因为读者以一定的方式阅读它（参见张中载，2006：624）。每个读者的心智将影响自己对文本的理解。一切优秀的艺术品都是置无限于有限。达·芬奇的名画《蒙娜丽莎》是卢浮宫最负盛名的艺术品。一直以来，观赏者对其神秘的微笑莫衷一是。他们用自己的想象和知识去阐释这扑朔迷离的微笑，有时觉得蒙娜丽莎笑得温柔，有时又显得严肃，有时笑中略含哀伤，有时甚至显出讥讽。读者往往在因果逻辑基础上建构阅读。建构事件之后，读者需要开始重新解释文本。托多洛夫强调："审美价值在于作品的内部，但只有当读者阅读时，作品的审美价值才能体现出来。阅读不仅是作品的一种表现行为，还是作品的一个增殖过程。"（茨维坦·托多洛夫，2004：222－223）这不仅帮助读者建构人物的性格，而且建构小说潜在的价值、意识体系。托多洛夫指出这种重新解释不是任意的，而是受文本自身和文化语境的约束。读者能够直接或间接地理解人物的性格和观念。小说人物是文本所呈现的时空世界的片段。当指称语言形式（专名、人称代词）出现在文本中时，人物才存在。建构人物是在区别和重复中做妥协。同一人物的行为也许自相矛盾，也许会经历复杂的性格转变。这就要求读者在建构人物时保持连贯性。

　　托多洛夫提出，正如读者建构不同的阅读一样，文本通过人物或叙述者给读者提供阅读。他把这称作是"作为主题的建构"。小说中的每个人物在所接收信息的基础上必须建构他周围的事实和人物。他和读者相似，因为读者通过他自己的信息（文本和他对可能发生的事情的感知）来建构想象的世界。为此，阅读成为小说的主题之一。如果读者想选用小说去研究建构，他就必须选择建构是小说重要主题的文本。托多洛夫认为法国现实主义文学家司汤达的《阿尔芒斯》（*Armance*, 1827）乃最佳范例。

　　整个小说情节都围绕着追求知识展开。出身贵族的主人公奥克塔夫体质虚弱，性格阴郁。他与性格坚强、举止优雅的表妹阿尔芒斯人坠入爱河，而财产、地位的悬殊又使他们产生了一些误会。最初，两人都误认为对方过于关心钱财。后来，阿尔芒斯正确建构了她对奥克塔夫的爱。可是奥克塔夫迟迟不能判断自己对表妹的情感究竟是友谊还是爱情，这使表妹误认为奥克塔夫不爱她。两人受尽了互相折磨又度过了自己或者别人制造的重重危机，终于结了婚。婚后不久，奥克塔夫告诉妻子，自己要去希腊为自由而战。由于错误的建构，他认为阿尔芒斯不再爱他。在船上，他服毒自杀。死前他给妻子写了一封信，透露了自己阳痿的秘密。小说中的人物用一生的时间来寻找真理，建构他们身边的事实。托多洛夫指出不是阳痿而是无知导致了这段爱情悲剧。建构过程呈现多样化。有时是施动者，有时是受难者，有时是信息发出者，有时是信息接受者，有时同时进行。《阿尔芒斯》证明了建构也许是正确的，也许是错误的。阿尔芒斯掩饰自己对奥克塔夫的爱，声称自己要嫁给其他人；而奥克塔夫认为表妹对自己只是友谊，他自己既是事实歪曲的施动者又是受害者。直到最后，施动者揭露事实，受难者才得以理解。托多洛夫认为在引导一个人物采用明确建构之前，追求知识会经历无知、想象、幻觉和事实的阶段。

托多洛夫强调文学文本与非文学文本的建构是相似的。非文学文本的人物建构与读者阅读小说的建构相似。以语言信息为基础的建构与以其他感官为基础的建构之间的关系是一个复杂问题。例如，闻到烤羊肉的味道，体验者建构烤肉，其实这是在建构现实。有很多文学文本不需要建构，其中诗歌就是最典型的一类。托多洛夫认为诗学研究的对象并不是文学作品本身，诗学所质疑的是那种特定话语即文学话语的属性，因此，每一部作品都仅仅被视作一个抽象和普遍结构的显示，都不过是这个结构的许多可能性的实现之一（参见陈永国，2006：223）。现代性小说需要不同的阅读。尽管文本可供参考，但建构是不可能的，因为文本具有不确定性。托多洛夫指出现代文学实践是文学以外的副本：精神分裂性的话语，通过一系列不合适的程序来保持表意的目的。最后，托多洛夫强调建构性阅读的意义，认为读者采用不同方法阅读同一文本收获不同。读者学习如何建构阅读，不管它是建构还是解构都大有必要。

众所周知，现代西方文论历经了从"作者中心"、"文本中心"到"读者中心"的嬗变。存在主义大师萨特在《什么是文学》中强调读者是文学的构成要素。一切文学作品都是一种呼吁，写作就是向读者发出呼吁，请求他把作者通过语言方式所做的揭示化作客观存在（参见茨维坦·托多洛夫，2002：48）。巴尔特在《S/Z》中对读者也给予了高度重视，强调文学的目的不是让读者做被动的选择者，而是让读者做积极的生产者。接受美学的代表人物伊瑟尔从读者阅读理解的角度探讨了文学的一系列问题。深受语言学和符号学影响的结构主义者托多洛夫强调读者关注文本的结构、语言、技巧以及符号本身的意义，这体现了法国结构主义的解释观。他充分肯定了读者的阐释与建构行为在文本意义生成过程中的重要作用。这具有积极的意义。笔者认为托多洛夫的个别观点值得商榷。例如，他在文中指出"人物不知道的东西，读者也不知道"（Cheng Xilin，2007：352）。他是否低估了读者的阅历、知识、能力和主观能动性呢？

参考文献：

陈永国. 话语［M］∥赵一凡. 西方文论关键词. 北京：外语教学与研究出版社，2006：222-231.

程锡麟，王晓路. 当代美国小说理论［M］. 北京：外语教学与研究出版社，2001.

段映虹. 作为文学批评家的托多罗夫——从结构主义到对话批评［J］. 外国文学评论，1997，4：5-16.

托多洛夫，茨维坦. 批评的批评——教育小说［M］. 王东亮，等，译. 北京：生活·读书·新知三联书店，2002.

托多洛夫，茨维坦. 诗学［M］∥赵毅衡. 符号学文学论文集. 天津：百花文艺出版社，2004.

托多洛夫，茨维坦. 文学概念［M］∥蒋子华，等，译. 巴赫金、对话理论及其他. 天津：百花文艺出版社，2001.

托多洛夫，茨维坦. 象征理论［M］∥王国卿，译. 北京：商务印书馆，2004.

殷企平. 重复［M］∥赵一凡. 西方文论关键词. 北京：外语教学与研究出版社，2006：13-22.

张中载. 误读［M］∥赵一凡. 西方文论关键词. 北京：外语教学与研究出版社，2006：621-629.

朱立元. 当代西方文艺理论［M］. 上海：华东师范大学出版社，1997.

Baldick，Chris. *Oxford Concise Dictionary of Literary Terms*［M］. Shanghai：Shanghai Foreign Language Education Press，2000.

Cheng Xilin. *Theory of Fiction：A Reader*［M］. Chengdu：Sichuan University Press，2007.

On Todorov's Constructive Reading Theory

Tang Ping

Abstract: Tzvetan Todorov is a famous contemporary French literary and art theorist and critic. He has achieved great success in the fields of structuralist poetics, narratology, symbolic theory, genre theory and dialogic theory. His works and theories have promoted the popularity of structuralism and semiology. At present, the Chinese scholars pay little attention to his constructive reading theory. This paper explores Todorov's important reading concepts on the basis of his essay "Constructive Reading" which expounds the theory and significance of the constructive reading from the aspects of the linguistics and structuralism.

Key words: Todorov; narratology; discourse reading; construction

"转动的万花筒": 斯泰因《艾丽斯自传》的立体主义美学

魏秀蓉

摘 要: 斯泰因是 20 世纪的先锋派作家之一。她与现代立体派画家联系紧密，作品也显示其风格。以往对其作品的研究大多集中于她晦涩的实验体。本文通过对斯泰因相对通俗的作品《艾丽斯自传》叙事手法的研究，说明该传记不失为文学史上的早期立体主义代表作。

关键词: 立体主义；平面化；碎片化

毕加索为格特鲁德·斯泰因（Gertrude Stein，1874 - 1946）画了一幅肖像。在这幅画中，斯泰因坐在一把扶手椅子上，穿着灰棕色天鹅绒外套和裙子。她冷峻的气质和庞大的身体被刻画得如纪念碑一般。在《艾丽斯自传》中，斯泰因描述了毕加索为她创作肖像的过程，她回忆到她先后为这幅画做了八九十次模特。最后一次时，毕加索说，"我不能再看你了"（84）。毕加索离开了几个月，头部部分没有完成。有一天他突然出现，没再见斯泰因的他已画完了头部。虽然创作于毕加索的玫瑰红时期（Harlequin Period）的晚期，这一肖像预示了立体主义风格的到来。毕加索从基于观察基础的对细节逼真的刻画转向抽象风格，人物形体被简化成块状，脸部则如非洲面具一般，双眼与脸的其他部位形成鲜明对比。这一早期的立体主义倾向在 20 世纪最具影响力的画作之一《亚威农的姑娘》中得到进一步升华。立体主义不仅出现在画家的视觉艺术中，它也适用于被画者斯泰因的文学作品。本文着重分析了斯泰因《艾丽斯自传》中的立体主义美学。

格特鲁德·斯泰因是美国作家。她出生于宾夕法尼亚州的一个犹太人家庭。1893 年她跟随哥哥的脚步来到了位于美国剑桥市的拉德克里夫学院（Radcliffe College），在那里跟雨果·孟斯特伯格（Hugo Munsterberg）和威廉·詹姆斯（William James）学习心理学。她于 1903 年来到巴黎，居住在花园街 27 号。19 世纪末 20 世纪初的巴黎是当时的艺术和文学运动中心。斯泰因受到众多艺术家的影响，同时也影响了很多艺术家。斯泰因和她的哥哥是后印象主义、立体主义，以及其他先锋派绘画的早期收藏家。在她的艺术沙龙，她与先锋派画家们，如马蒂斯、毕加索、布拉格，以及移居巴黎的美国作家，如舍伍德·安德森、海明威、菲茨杰拉德等交往频繁。斯泰因是一个多产的作家，创作了大量的小说、戏剧、传记、诗歌和文字肖像等作品。她的作品富于创新，奠定了她在现代主义浪潮中的地位。如果说塞尚是现代主义绘画之父的话，斯泰因则被司汤达（Stendhal）誉为"现代主义之母"（3）。本文对斯泰因文学作品中的立体主义风格的研究也得益于现代主义艺术家们对美学的关注。

19 世纪末现代主义逐渐出现。它是美学以及文化上对以工业化、城市化、日益增长的科技影响力，以及新的哲学观点为代表的现代社会的反应。现实主义（Realism）逐渐被削弱。在美术和文学上对现实的模仿性表现手法（mimetic representation）逐渐为抽象手法所取代。现代主义者试图寻找新的表现手法来呈现现实。他们视艺术本身为最高形式的人类成就。"对现代主义者来说，画的什么或写的什么变得不那么重要，而怎样写或画成了关键所在"（Childs：114）。对形式而不是内容的强调，消除了不同艺术载体间旧有的界限。在现代主义的大框架下，不同的文学艺术运动相互影响，分享共同的美学理念。

在各类现代主义运动中，立体主义可能是最具影响的一个。它始于毕加索的《亚威农的姑娘》（1907）。这一绘画展示了一个妓院里的五个裸体妓女。立体空间被平面化成了像碎玻璃一样的组合图。五个女人的形体由扁平破碎的几何平面构成。最令人印象深刻的是画面右边蹲着的女人。她的脸是从不同角度观察到的，这些从不同角度观察到的侧面被放到一起同时展示出来。《亚威农的姑娘》的风格受塞尚和非洲面具的影响，它标志着与传统透视法的根本决裂。两年后这种风格发展成了立体主义。立体主义的美学——"平面化"（flattening）、"碎片化"（fragmentation）和"多视角"（multiple perspectives）——是现代主义创作的核心手法。它不仅出现在绘画、雕塑等视觉艺术作品中，也出现在音乐与文学领域。在音乐领域，立体主义美学提供给作曲家们新的组织音符和节奏的方式；在文学领域，立体主义美学也启发新作家新的构建人物事件的方法。因而与其说是生硬地把一种媒介的技巧运用于另一媒介，不如说这一跨学科研究关注的是在斯泰因的文学作品中为不同媒介所共享的立体主义美学，尤其是"平面化"和"碎片化"。

如同立体派画家在他们的画作里使透视角度平面化，斯泰因也使她的作品叙事结构平面化。这一平面化技巧在《艾丽斯自传》中显而易见。通读全文，读者找不到传统意义上的故事情节发展。在《艾丽斯自传》中，传统的线形叙事为时间与空间的不断转换所打破，常常在提供了一点关于人物或事件的信息后，叙事者就转向谈论其他人物或事件。《艾丽斯自传》中一长段关于独立画展（Vernissage of Independence）的描述便是很好的证明。这一段落以"在更早的时候，在修拉（Seurat）的年月，独立画展是在一栋漏雨的房子里举办"作为开头（39）。"雨"又让叙事者联想到了由雨而引发的修拉的疾病，并且与当前恶劣天气条件下举行的展览作对比。此后，叙事者又描述了她在独立画展中的经历。展览中的图片给了叙事者介绍周六沙龙聚会以及在法国的艺术家和工人的机会。稍后，除了介绍卢梭的画，叙事者又告知了这幅画的现状以及埃莱娜对该画的评价。不久叙事者继续介绍卢梭的其他画作，其中一幅又引发了一整个关于这幅画的故事。正是以这种方式，一个事件引发了一连串的延伸话题。奇闻逸事与叙事者的观察一个接一个通过自由联想堆积起来。这一段关于独立画展的描述较有代表性地展现了《艾丽斯自传》的叙事风格。叙事者不断偏离话题，时间上空间上纵横交错。伴随着明显的过渡句的使用，人物事件错综复杂的次要细节都被外在化展现出来，清晰且平等地赋予了同样的叙事全知性。

埃里希·奥尔巴赫（Erich Auerbach）在他的文章《奥德修斯的伤疤》中讨论了荷马在《奥德赛》中对现实的表现手法。文章指出，荷马风格的重要特征在于它倾向于"用完全外在化的形式来表现现象，所有组成部分清晰可见明明白白，在空间和时间关系上完全有迹可循"（6）。奥尔巴赫用了《奥德赛》里洗脚的一幕作为例子。在这一场景中，奥德修斯最终结束了长途航行，化装成一个陌生人返家。这个陌生人赢得了珀涅罗珀（Penelope）的好感。在奥德修斯的要求下，珀涅罗珀叫女仆奥律得刻（Euryclea）给奥德修斯洗脚以彰显女主人的热情好客。奥德修斯的大腿上有一道伤疤。奥律得刻曾当过他的奶妈，所以可能因此认出他来。洗脚的过程中发生了很多事情：奥律得刻去打水，她想起了她未归的主人；奥德修斯想起了他的伤疤，他知道奥律得刻会认出他；奥律得刻通过伤疤认出了奥德修斯，她是如此高兴以至于把奥德修斯的脚掉落到了盆里，水溅了出来；奥律得刻高兴得差点叫出来，奥德修斯阻止了她，奥律得刻冷静了下来；珀涅罗珀不知道发生了什么，因为她的注意力被雅典娜转移到了别处。整个洗脚过程描述清晰，每个细节都被娓娓道来。各部分之间句法上的连接清楚明显，无论是外在行为还是内在情感都通过言语同等重要地传达了出来（3）。

把洗脚场景中对奥德修斯伤疤的描述与《艾丽斯自传》中讲独立画展的这一段作对比不难发现，从某种意义上说，斯泰因似乎在写作上采取了跟荷马同样的策略。传统上对时间和空间的聚焦被漫射开来。斯泰因和荷马都给了事件的细节以均匀的描述（uniform illumination），由此弱化了叙事层次的重要性，创造了平面化的效应。那些延伸的枝节并不附属于一个居于主导地位的叙事结构，因为叙事结构根本就不存在。所有的细节都被给予了同样的关注，因而也同等重要。

除了给予细节以均匀的描述以外，《艾丽斯自传》跟荷马风格的另一个特征很像——"持续的现在"（the continuous present）。在《自传》中，过渡短语和句子被广泛使用，句法工具如连词、副词、分词等被用来界定人物事件。对到毕加索画室参观的描写很好地展示了"持续的现在"的特征。

> 我们走完那几级台阶穿过开着的门，一间画室出现在我们左边，后来胡安·格里斯便住在这里直到殉难，但当时住的是某个叫凡朗的不三不四的画家，此人在为卢梭举办著名的宴会时愿将他的画室用作女化妆室出借；然后我们经过一段陡楼梯，走下去便是不久后的马克斯·雅可布的画室；我们经过又一段很窄的楼梯，它通往一间画室，不久前有个年轻人在这间画室里自杀了，毕加索在这里画了他早期最精彩的画——朋友们聚集在棺材周围的画作之一；我们经过这些之后便来到一扇大一些的门前，格特鲁德·斯泰因敲门，毕加索开了门，我们进了屋。
>
> （45）

这一段对斯泰因和艾丽斯到画室访问的描述在原文里仅由一句话构成，但它却包含了许多事件：胡安·格里斯在画室里住到殉难，凡朗稍后在那居住，画室在卢梭的宴会上被用作女化妆室，马克斯·雅可布附近有画室，一个年轻人的自杀，毕加索的早期画作等。然而伴随着复杂的句法结构的使用，这些事件没有统一的视角。对于斯泰因而言，永远只有一个前景（foreground）。人物和事件之间的关系，可以是当地的、临时的、因果的、比较的或是连续的，它们不但把故事串联起来，也使得叙事从一个部分向另一部分推进。没有过去的人物事件作为背景，而只有一个绝对的临时的现在状态。叙事角度以这样的方式被平面化了。

使叙事处于"持续的现在"状态，斯泰因是有她的美学考量的。文艺复兴以来，几乎所有绘画都遵循一点透视法的原则，即随着观众视野的推进，物体由近及远大小逐渐递减。用视线作为测量点，画家构建了一个视野的消散点，所有物体都朝着这个点延伸。视觉因素，如色彩和形状，被统一有序地组织在一起构成的画面给人以逼真感，是一种对现实的模仿性再现。如同毕加索在他的立体主义画作中放弃了幻觉透视法，前置突出二维的平面，斯泰因打破了传统线形叙事，即一个故事必须有情节的完整性，包含开头、发展、高潮和结局，转而突出感知的瞬间。斯泰因在她的自传里解释了她的创作理念：

> 格特鲁德·斯泰因写作，总对描述内部和外部现实的精确性怀有极其强烈的理性爱好。她以这种专注创造了一种单一化，结果破坏了诗与文中的有联想性的感情。她知道美、音乐、装饰等感情的结果绝非起因，甚至事件都不应是诗与文的素材。感情本身也不应该是诗与文的起因。诗与文应当或是外部或是内部现实的准确的再现。

(278)

对"精确性"的爱好似乎成了斯泰因追寻"持续的现在"的原动力。这一美学观点贯穿了她的整个创作生涯。"持续的现在"是一个时间概念。写作，在斯泰因看来，是精力高度集中的产物。在精力高度集中时，意识从外界束缚中解脱出来。"意识的内在时间——持续时间，如伯格生所说，总是现在的时间。"（Stewart，490）写作，如斯泰因所期望的，应该与现在时间，与感知的瞬间保持一致，表达意识的内在运动。这一对"持续的现在"、对内在现实的强调似乎解释了斯泰因为何要拒绝传统的叙事表现手法。在她几乎所有的作品中，线形叙事被摒弃，而意识的呈现显而易见。这也使斯泰因成为现代主义意识流手法的先驱。立体主义画家把他们的绘画平面化到二维的表面，每一表面都同样重要。同样地，在《艾丽斯自传》里，斯泰因对于大小人物事件给予均匀描述，处于持续的现在状态，从而把每个细节前置加以强调。整个传记似乎成了许多感知瞬间的集合体。每一感知瞬间都是不可或缺的，因而同等重要。也因此，叙事结构被平面化了。

除了前置二维平面，立体主义画家也通过摒弃缩短一些线条的长度制造距离感和透视效果的手法（foreshortening）来达到他们平面化画面的效果。画面中物体的大小不再跟他们所处的位置成比例。相应地，在《艾丽斯自传》中，我们可以看到一长串知名人士的名单，如塞尚、马蒂斯、毕加索、乔治·布拉克、舍伍德·安德森、菲茨杰拉德、庞德、艾略特、海明威、罗素、威廉·詹姆士等。然而，他们的知名度、重要性却被弱化了。这一点可以从书中对毕加索的描述看出。毕加索首先以"天才"的身份出现在自传中（24），然而在书中他在绘画上的天赋并未被强调。相反，他被描写成了一个有他自己的缺点和烦恼的普通人。他是那个曾经"跳不太高雅的西班牙南方舞"（137）的人，他曾因为不喜欢让·谷克多（Jean Cocteau）突然叫他做事而寻机报复，他也曾因为恋情关系而陷入麻烦。对这些知名人士作为普通人一面的描写使他们显得不如人们期待的那样耀眼。而与之相辉映的是斯泰因对一些所谓的小人物的描写。她用在小人物身上的笔墨一点也不比这些大画家、作家们逊色。在她的笔下，小人物也形象生动，熠熠生辉。《艾丽斯自传》充满了鲜活生动的大小人物以及各种逸闻趣事。斯泰因赋予这些大小人物事件以同样风趣幽默的笔触。在一定程度上，这些形象生动的人物事件本身的锋芒完全盖过了整体的叙事。《艾丽斯自传》成了这些引人入胜的大小人物故事的拼贴画，一个个小故事主导了整个叙事。这些小故事本身精彩有趣，形成了一个个叙事上的小高潮，而因为有如此多的高潮，全文的叙事反而反高潮（anticlimactic），叙事再次被平面化。

　　碎片化是立体主义的另一个主要特征。随着叙事被平面化，故事也被碎片化了。在《艾丽斯自传》中，对人物和事件的描述零星散落在文中反反复复出现。以周六晚上的聚会为例，斯泰因和她的哥哥周六常邀请一批艺术家到他们的沙龙聚餐。第一个周六聚会出现在《艾丽斯自传》的第二章，讲到了艾丽斯受邀参加。仅仅说到"埃莱娜做的晚饭"（26）之后，叙事者就立即转而介绍埃莱娜。当叙事者再次回到周六聚会的话题后，她仍然不停地离题。从周六晚餐第一次在书中出现到最后一次，中间穿插了无数其他话题。对周六晚餐的描述散布在了很多页，读者需要把这些散布在书中不同部分的零碎细节拼凑起来才能得到整体的概念。自传中对其他人物事件的描述也如周六的晚餐一样被碎片化了。这让人想起分析立体主义时期（Analytic Cubism）的绘画，画面被粉碎成一个个小刻面，如棱镜一般，多个扁平的平面被并置在一起（juxtaposition）。而在《艾丽斯自传》中，对人物事件的描述也散落分布，被并置在一起。这使得《艾丽斯自传》像一个没有故事情节的故事。通读《艾丽斯自传》，人们找不到一个贯穿全篇的故事，而是对位于巴黎花园街 27 号生活的一个百科全书式的概览。

　　放弃现实主义的传统表现方式并不等于放弃对现实的描绘。碎片式的非仿真（non-mimetic）表现手法使得立体主义画作难以辨认，但立体主义从诞生之日起就从来不是不真实的。"立体主义者是现实主义者。"（Britt：173）作为立体派绘画的代表，毕加索也视自己为某种意义上的现实主义者（Harrison：178）。他们只是不采用现实主义手法的现实主义者。读者从《艾丽斯自传》的平面化、碎片化的描述中读到的是葛特鲁德·斯泰因。在《艾丽斯自传》给她带来巨大成功之前，斯泰因正经历着身份危机。当她开始创作这部小说时，她已经五十多岁。这时许多她在巴黎的朋友们早已成为蜚声国际的艺术家、作家，而她却积累了大量未发表的作品。她只有少数的作品得以发表，而且发表的作品也没赢得广泛关注。詹姆斯·梅罗（James Mellow）在《小圈子：斯泰因和同伴》（*Charmed Circle：Gertrude Stein and Company*）一书中归纳了斯泰因创作《艾丽斯自传》的原因：斯泰因此时"进入到日常生活的断层期，她跟围绕在她周围的年轻作家和艺术家断绝了关系，她的旧识逐渐老去，是时候对自己重新审视"。此外，"她多年来的作家身份和美国人国籍的问题也一直困扰着她"（351－352）。在这一背景下，斯泰因创作了她自己的自传，取名《艾丽斯自传》。虽然它是一个没有故事情节的故事，但它的确讲的是斯泰因。

　　碎片化的表达方式或是这一观点本身频繁出现在 20 世纪作家的文学作品中。叶芝观察到，"things fall apart；the centre cannot hold"（事物破碎，中心瓦解）（Yeats：76）；艾略特在《荒原》中悲叹，"These fragments I have shored against my ruins（我用碎片来支持我的毁灭）"（Eliot：67）。在《戴洛维夫人》（*Mrs. Dalloway*）一书中，弗吉尼亚·伍尔芙（Virginia Woolf）展示了克拉丽莎在伦敦一天中的生活，回忆了无数个快速进出她脑海的碎片化的景象，通过钟、飞机和汽车等物体串联起来。现代主义作家放弃了现实主义模仿性表现现实的手法，这使得他们的作品难懂或看似不真实，但或许这种碎片化才是更真切的表达现实的方式。19 世纪末 20 世纪初是人类历史上发展最为迅速的时期之一。"众多美欧作家、艺术家们旅居巴黎，寻找在他们本国不为人理解或鼓励的创作空间。"（Simon：xii）在巴黎街头可以看到大量的作家、音乐家、美术家，如乔伊斯、庞德、马蒂斯、毕加索、史特拉汶斯基（Igor Stravinsky）等。众多创新的文学艺术活动同时迅猛发生。人们可以强烈感受到现代生活的瞬息万变，支离破碎，而这样的生活不是传统的遵循时间顺序的叙事结构所能传达的。《艾丽斯自传》的前五章讲了很多这一时期巴黎所见证的激进的文学艺术运动，如独立沙龙、秋季沙龙、后印象主义画家、野兽派画家、立体主义运动，以及移居巴黎的美国作家等。

在这几章中，话题转换频繁，对很多人物事件的描述被平面化、碎片化并置在一起。相比较而言，在《自传》的后两章中，话题的转换少得多，对人物的描述也没有那么琐碎。与之相对应的是在这一时期，斯泰因在第一次世界大战中过着平静的生活。战后文学艺术活动还在持续，但对斯泰因来说它们已显得不那么激进或有影响力。由此可见，碎片化的描述或许能更好地展现快速变化的现代生活。碎片化，虽然不同于现实主义者的模仿现实手法，却是现代主义者追寻的更高的现实。

如斯泰因在《艾丽斯自传》中所说，"还是回头说我最初在巴黎的生活吧。那生活是以花园街和星期六夜晚为基础的，犹如一只慢慢转动的万花筒"（129）。立体主义平面化、碎片化手法的使用让《艾丽斯自传》变成了一个由支离破碎、同等重要的人物事件组成的万花筒般的景象。时空话题不断转换，使得这部小说的叙事如慢慢旋转的万花筒。读遍《艾丽斯自传》，人们无法清晰地找到一个统领全篇的故事，却会对一个个由逸闻趣事组成的精彩画面留下深刻的印象。

参考文献：

斯泰因，格特鲁德. 艾丽斯自传［M］. 张禹九，译. 北京：作家出版社，1997.

Auerbach, Erich. *Mimesis: The Representation of Reality in Western Literature*［M］. Trans. Willard R. Trask. Princeton: Princeton University Press, 1974.

Britt, David. *Modern Art: Impressionism to Post-Modernism*［M］. London: Thames and Hudson, 2002.

Childs, Peter. *Modernism*［M］. London: Routledge, 2000.

Eliot, T. S. *Selected Poems*［M］. London: Faber and Faber, 1982.

Harrison, Charles, and Paul Wood. The Idea of the Modern World［M］//Harrison, Charlles and Wood, Paul J. *Art in Theory 1900 - 1990: An Anthology of Changing Ideas*. Oxford: Blackwell, 1992: 123 -213.

Mellow, James R. *Charmed Circle: Gertrude Stein and Company*［M］. New York: Praeger, 1974.

Simon, Linda. *Gertrude Stein Remembered*［M］. Lincoln: University of Nebraska Press, 1995.

Stein, Gertrude. *Selected Writings of Gertrude Stein*［M］. Ed. Carl Van Vechten. New York: Vintage, 1990.

Stendhal, Renate. *Gertrude Stein: In Words and Pictures: A Photobiography*［M］. London: Thames and Hudson, 1995.

Stewart, Allegra. The Quality of Gertrude Stein's Creativity [J]. *American Literature*, 1957, 28 (4): 488 – 506.

Woolf, Virginia. *Mrs. Dalloway*. London: Penguin, 1992.

Yeats, W. B. The Second Coming [M] // Butler Yeats, William. *Yeats' Poetry*, *Drama*, *and Prose*: *Authoritative Texts*, *Contexts*, *Criticism*. Ed. James Pethica. New York: Norton, 2000: 76.

Rotating Kaleidoscope: On Literary Cubism in Gertrude Stein's *The Autobiography of Alice B. Toklas*

Wei Xiurong

Abstract: Gertrude Stein is one of the avant-garde writers of the twentieth century. She has close contact with the Cubist painters and her works are influenced by them. Previous studies which were done on Gertrude Stein have focused on her difficult works. By analyzing the narrative strategies in her accessible landmark writing, this thesis seeks to show *The Autobiography of Alice B. Toklas* as an exemplary instance of early literary Cubism.

Key words: cubism; flattening; fragmentation

论《第二十二条军规》的女性主义主题

杨 光

（四川大学外国语学院，成都 610064）

摘 要：约瑟夫·海勒的《第二十二条军规》在强烈挞伐美国官僚制度的同时体现了对女性问题的关注。海勒以黑色幽默的方式把女性人物置于荒诞不经的世界中，小说中的女性成为无知或癫狂并被社会边缘化的角色。但是正如海勒对小说中众多男性人物疯狂行为的描写暗讽了社会的黑暗，他也以对女性的贬损性描绘突出了被主流社会所忽视的妇女解放问题。

关键词：《第二十二条军规》；海勒；女性主义

《第二十二条军规》（以下简称《军规》）是黑色幽默文学的代表作，小说中出现了不少女性角色，在全书所有 42 章中，有 5 章直接以女性的名字命名。事实上，小说表现了海勒对女性状况的关注，正如在他的写作记事中所列出的，其关心的人物包括约瑟林、丹巴/麦克瓦特、克莱文杰/莱特利、乔/多布斯、奥尔、米洛、阿费、布莱克上尉、牧师、丹尼卡医生/斯塔布斯、梅杰中校/丹比中校、卡思卡特上校/科恩上校以及德里德尔将军/佩克姆将军、意大利人、护士和其他美国女人等（赵莉华，2006：83）。从小说中可知意大利人主要指内特利的妓女，也是女性角色。然而评论界对作品的女性主义主题分析很少，即便有少数几篇女性主义的分析评论，其观点也值得商榷。在中国知网学术论文全文数据库搜索结果中，从女性主义角度出发的分析文章只有 4 篇，刘合利在《论〈第二十二条军规〉中女性人物的异化》一文中指出，小说抨击了官僚资本主义对人的压迫，在此压迫下，女性人物发生异化，丧失了自我，不同程度被"物化"和"病态"化了（刘合利，2012：121 - 123）。但其文章却忽略了对海勒"物化"女性人物原因的探讨。唐珍珍在《从被扭曲了的女性形象看〈第二十二条军规〉中的男权主义思想》中认为小说中的女性人物形象遭到严重扭曲，女性被描述为浪荡女和妓女、愚蠢和粗俗的女性、男人的附属品和作为性客体的他者，整部作品弥漫着浓厚的男权主义思想（唐珍珍，2012：12 - 13）。褚蓓娟在《权力话语的建构：论〈第二十二条军规〉中的性别隐喻》中指出，海勒借用性别关系，用男性是人、主体，女性为性、客体的权力话语方式阐述了男女两性之间话语与身体、自我与他者、文明与疯狂的对立关系（褚蓓娟，2006：59-64）。褚蓓娟在另外一篇文章《海勒笔下的女性》中进一步指出，海勒把女性作为一种意向，指代肮脏的、可怕的、疯狂的异己力量，其对女性角色的设置，在强化小说主题的同时，文本叙述方式呈现出的贬损、消极、厌恶的基调隐含了作者鲜明的男性主义立场和性别歧视倾向（褚蓓娟，2006：429-433）。以上三篇文章都认为《第二十二条军规》中的女性人物被描绘成男性的他者，小说中对女性人物的肮脏、充满欲望和对男性的威胁性描写是海勒男性主义立场的反映。

以上作者关于海勒持男性主义立场的观点非常值得商榷。《军规》整篇都以夸张、荒诞的笔调对时弊进行挖苦讽刺，而荒诞正是《军规》中一个十分重要的艺术手法，海勒善于运用荒诞手法来暴露实际存在的荒唐（成梅，2009：301）。小说中不仅有对女性人物的荒诞且带贬损性的描写，所有男性人物的形象也是癫狂和不可理喻的，即便是具有反抗精神的约瑟林也被诸多评论认为是反英雄。在海勒的这种笔调下，因对女性具有荒诞贬损性描写就认为海勒持有男性主义立场未免过于偏颇。很明显，以上文章对海勒作品中女性人物写作的动因分析并不充分。本文通过对小说中女性身体与女性解放以及小说中女性的反抗和自我与他者的关系进行分析后试图说明：海勒正是以渲染女性的身体性和癫狂性等非理性、非人性成分，与小说中对男性人物的描写方式融为一体，来深度揭示这个光怪陆离、混乱无序的世界。

1. 身体与女性解放

在20世纪60年代以前，"身体"或"性"在文学作品中出现得很少，作家们对这一话题都比较慎重。自50年代末60年代初女权运动在美国再次兴起，美国女性对自身权利的追求已经不仅限于满足在法律制度上与男性平等，她们提倡进行文化革命以唤起妇女意识的提高，呼唤价值观念、道德观念和家庭观念等观念上的平等，作为男女不平等突出表征的"身体"引起了许多学者的关注和研究。著名后现代主义哲学家、女性主义者朱蒂斯·巴特勒就认为：

> 身体的物质性不能被理解为是构成我们生物性别的规范准则的外界：生物性不是简单的你有什么，或是对你是什么的静态描述。它是一种规范，这种规范使你成为可见的，并在文化的可理解范围内，使一个身体成为生命……说话语是构成性

的，不是断言它产生了、导致了或者详尽地构成了它所承认的事物，而是说，不存在一个被话语指涉的纯粹的身体，事实上，话语在述说一个身体的同时也是在建构那个身体。

（转引自吴琳，2011：22）

按照巴特勒的观点，身体并非纯粹解剖学意义上的身体，它被赋予了文化的意义，是社会文化建构的产物。在父权制体系下，女性的身体更多体现的是男权社会的文化特征，男性对女性身体的控制反映的是社会中男尊女卑的权力关系。在这种关系下，女性处于被动和被支配地位，这一点在《军规》中海勒对德里德尔将军的护士的描写中得到了最直观的反映。德里德尔将军的护士身材小巧玲珑，长相甜美，娇艳欲滴，然而她却从不主动说话，除非有人主动跟她搭讪。这样一位甜美的护士，她的身体成为德里德尔将军控制并用于作弄军人的工具。她先是被德里德尔要求穿上性感的衣服，在穆达士上校面前卖弄风骚，撩得穆达士上校神魂颠倒，而上校如果对护士动一动手指头，则会被罚做炊事员一年；接着护士又被带到轰炸阿维尼翁的作战命令布置会，她"站在德里德尔将军身旁，宛如肥沃绿洲中盛开着的一朵鲜花"（海勒，2007：270）。看到身姿曼妙的女性，约瑟林立刻就被吸引住了，而且因为对她深深的爱恋和崇拜而不断用舌头舔着干渴的嘴唇发出痛苦的呻吟，这种呻吟马上感染了其他军人，于是呻吟声在作战室内此起彼伏，一发不可收拾。德里德尔将军的护士俨然成为男性观赏和艳羡的对象。在男性的眼中，女性的价值仅限于身体所表现的"性"价值，这仅有的价值还并非完全由护士本人决定，而是由男性掌控。男性要求她做什么她就要做什么，要求她到哪里去她就要到哪里去，其行为完全在男性话语掌控之下，她根本无法发出自己的"声音"，这也就很好地解释了为什么她"从不轻易开口说话"。

如果说海勒对德里德尔将军护士的"性"暗示还比较含蓄的话，其对女佣和妓女的表述则非常直白。军官公寓的那个女佣年约35岁，身材肥胖，天性快乐，是个热心肠，两条软绵绵的大腿上紧裹着灰白色的短裤，走路时肥胖的屁股不停地左右扭动。虽然她相貌平平，却是世界上最公正的女人，不论信仰、肤色、种族或国籍，只要需要，她都会自觉地把自己当成社会公共财物贡献出去，为每个男人躺下（海勒，2007：164）。不仅是公寓的女佣，公寓中住着的有丈夫和有家族生意，漂亮富有又"有风度"的婆媳俩也是"一对尤物"。在海勒的小说中，佣人或妇人似乎都出卖着自己的身体，以"性"吸引男性。有学者就此认为，小说过于专注女性身体，把身体等同于物来描写，而且把身体和物视为不洁之物、不祥之物，是男人不可知的深渊，并认为这是作家潜在的男性中心文化的思维定式使然（褚蓓娟，2006：59－64）。这种看法值得商榷。首先，小说的最大特点即是黑色幽默，以荒诞的艺术手法针砭时弊，让读者感到幽默，却又怎么都笑不出来。小说中米洛为达成与德军的合同赚取大量金钱而对美军自己的机场和营房狂轰滥炸就是典型的例证。作品中的女性，特别是护士和妓女见到男人就"献身"的描写又何尝不是荒诞夸张的手法？而这种荒诞的背后，却是女性为了在父权社会中生存所不得不委曲求全的现实。正如米利特在《性的政治》中所说："从历史到现在，两性之间的状况，是一种支配与从属的关系。在我们的社会秩序中，基本上未被人们检验过的甚至常常被否认的是男人按天生的权力统治女人。"（转引自何念，2010：112）其次，小说对女性行为的夸张描述符合60年代的文化背景。女性的各种行为规范，包括她们的性行为，长期受到社会、宗教和道德观念的约束和压抑。然而，随着社会的不断发展和科技水平的提高，人类花费几乎全部精力去应付外界挑战的时代成为过去，人们可以从物质生活的压抑下解放出来，更多地考虑自己的精神世界。美国自50年代起，逐渐开始对曾经比较忌讳的"性"进行公开讨论。印第安纳大学教授艾尔弗雷德·金西与他的助手们以客观深入的态度研究性行为后，于1948年和1953年分别出版了《男性性行为》和《女性性行为》两部学术专著，对人类的性行为进行了大胆讨论，并对社会过去批判的婚前性行为和婚外性行为的客观情况进行了调查研究，引起社会的广泛争论。"性解放"的观念由此开始产生，并影响到妇女解放运动的思想，因为女权主义的两个主导性的思想就包括"既要解放作为人的妇女，也要解放作为性的妇女"（转引自何念，2010：56）。这就意味着妇女可以有权享受积极的性生活，而不必像过去那样只能被动地接受。读者很容易从《军规》对沙伊斯科普夫少尉太太的描绘中体会到对女性性解放的描述。沙伊斯科普夫少尉的太太有一套很漂亮的陆军妇女队制服，她一到周末就穿这套制服。无论她丈夫中队里的哪一个学员，只要想周末跟她上床，她都会为他脱下这套制服。不仅沙伊斯科普夫少尉的太太在性的做派上如此开放，她的朋友多丽·达兹也是如此，总是抓住一切机会与人风流快活。海勒以荒诞的手法调侃道：

（沙伊斯科普夫少尉太太）尽管毕业于沃顿商学院，而且主修的还是数学，却笨得出奇，竟连每个月有多少天都数不清。她几乎每个月都会对约瑟琳这么说："亲爱的，我们再生个孩子吧。"

约瑟林总是这么回答："你在说胡话吧。"

她坚持说："宝贝，我可是当真的。"

"我也一样。"

（海勒，2007：86）

按照传统思想，作为军人妻子的女性更应该安于妇道，恪守爱情，而海勒笔下的女性是欲望的化身和丈夫的背叛者。沙伊斯科普夫太太的思想和身体都背叛了丈夫，按照正统的观点应受到严厉批判。但是沙伊斯科普夫是怎样一个丈夫呢：如何在阅兵比赛中获胜，如何指控克莱文杰密谋打倒由他任命的学员军官，以让他受到裁定委员会惩处，是沙伊斯科普夫最关心的事。而当他妻子在一个晚上不高兴地撅着嘴问："你到底为什么不跟我做爱呢？"他不耐烦地冲着她厉声喝道："因为我没时间，我没那工夫。你难道不明白我正在准备阅兵比赛吗？"（海勒，2007：86－88）在如此不被丈夫关心和重视的情况下，沙伊斯科普夫太太毅然突破传统道德观的束缚，从身体上解放了自己，从"性"上解放了自己，进而解放了作为人的女人和作为"性"的女人。显然，海勒对女性和女性身体在小说中的描绘，以及作品中女性在"身体"和"性"上的极度放纵，对传统道德观近乎荒诞的反叛，引起了读者对女性问题的关注，也反映了女性在其所处时代的社会历史文化背景。

2. 女性的抗争

《军规》中的女性，相较于小说中的男性角色，是以被支配、被控制的形象出现的，是男性的"异己"，是"他者"，而对女性角色的这种处理方式，更加让读者感到女性在男权社会中的弱小、悲哀和无助。米恰拉是罗马军官公寓的一位女佣，"虽不识字，只能勉强写下自己的名字，但快活、纯朴、手脚勤快"。就是这样一位普通的女性，却因为不懂英语，被男人取了许多下流的绰号，而且故意用悦耳的声调讨好般地叫这些绰号，而她不仅不知道自己被男性作弄，反而还"以为是在奉承她，跟她善意地开玩笑"。这样一位天真的意大利女孩，结局非常悲惨。阿费在公寓强奸了她，而且把她从窗口扔到街上，死于非命。非常荒诞的是，罗马警察随之赶到，他们对楼下米恰拉的尸体视而不见，对凶杀案不闻不问，逮捕的反而是没有持有罗马通行证的约瑟林。当阿费被约瑟林骂道："可你他妈的已经把她从窗户扔出去了。她的尸体现在还躺在街上呢。"阿费竟然振振有词地说："现在已经宵禁了，她没有权力躺在那儿。"（海勒，2007：523）

小说的这部分情节，显然让读者感受到女性作为男性的"他者"在父权社会的悲惨命运。然而作为他者的女性从来都不是单独于作为"自我"的男性存在，女性是与男性拥有平等地位、同样价值的主体，而不是处于男性之外的、任男性随意摆布的客体。因此，小说中的女性也并非都像米恰拉以及德里德尔将军的护士那样被白人建构成逆来顺受、受尽屈辱的他者，女性也有向男人一样独立自主的欲望，为了实现自由、独立，她们以自己的方式抗争。

丹尼卡医生的太太就是一个例子。为了获得飞行补助，丹尼卡医生经常把自己的名字列入飞行名单，而有一天列有丹尼卡医生名字的飞机失事坠毁，尽管丹尼卡医生好好地活着，却被其所在美军基地非常"黑色幽默地"列入阵亡名单，不管其如何解释，他仍然成了一名活死人。丹尼卡医生把自己的希望寄托在妻子身上，让他没想到的是，他妻子最初"伤心欲绝，凄厉的哭声划破斯塔腾岛宁静的夜空，惊天动地，回荡不息"，然而随着不断收到因丈夫阵亡而获得的抚恤金和保险赔偿，并且数目达到数十万美元，他妻子"简直开心极了，甚至连头发都染了"。最后她带着孩子搬走，"连信件转递地址都不想留下"（海勒，2007：426-431）。虽然有评论解读丹尼卡医生的太太为了巨额赔偿而不顾亲情，违背传统道德观念，但是从女性争取独立的角度，丹尼卡医生的太太以经济上的独立，摆脱了男性的约束，实现了自己的自由。

如果说丹尼卡医生的太太是以比较温和的方式实现了妇女在经济上的解放，内特利的妓女和其妹妹则是以近乎疯狂的方式对约瑟林穷追猛打。在这两姐妹的眼里，约瑟林因为打塌了内特利的鼻子而成为美军轰炸机队的代名词，成为战争的代名词，而战争夺去了内特利的性命，夺取了她们的爱人，使她们在这个世界的希望成为泡影，约瑟林就成了理应报复的对象。小说写道，内特利的妓女和其妹妹手持切面包刀，弄得他额头上满是鲜血，忙跑进红十字大楼，小心清洗伤口。刚走出大楼，那姑娘"紧握着一把闪闪发光的银制牛排切刀，……像只老鹰似的直扑过去"。约瑟林赶紧逃离罗马，可刚下飞机，就发现她"挥舞着刀向他胸口劈来"，幸亏她冲得太急，摔了一跤，才没有砍成。约瑟林和亨格利·乔制服她后，把她运回罗马并扔到飞机跑道上。可当晚，内特利的妓女又装成皮亚诺萨岛的农妇守在营地，这次约瑟林和战友用飞机把她空降到意大利的平原上。就在约瑟林认为已脱逃追杀之际，内特利的妓女却"凶神恶煞般地高举起一把骨柄厨刀，向他直劈下来，一刀砍在他腰上……仰天栽倒在地"。内特利妓女对约瑟林的追杀，表面上看是女性失去爱人而感情失控，其实内特利妓女追求的是内特利给她的爱。因为内特利曾经向她求婚，让她从男性那里得到爱，她曾有可能获得平等的生活。内特利的去世使其梦想破灭，她别无选择，只有失去理智般地对造成内特利死亡的男性世界发出疯狂但又十分勇敢的宣战。正如海勒在小说中通过米洛之口感慨道：

> 想到这些死去的战友和还在社会底层艰难挣扎的人们，他忽然明白了内特利的妓女为什么会认为他对内特利的死负有不可推卸的责任，以至非杀死他不可！她凭什么不该报仇、反抗呢？在这个男人主宰的世界里，柔弱无助的女人和孩子们不得不承受男人们强加给她们的各种各样的灾难，她们实在是有充分的权利来谴责、报复、打击自高自大的男人。就像她自己，即使自身正承受着极大的悲伤，却也要为无端降临到她妹妹和其他孩子身上的种种苦难而深受谴责。而所有这些苦难，除了那些自然发生的，又有哪一个不是狠毒男人强加的呢？某人某时总要做某件事。受害者都是犯罪者，反之亦然。总得有人在适当的时候站出来打碎那副紧紧套在她们身上的沉重枷锁，而她恰恰就站出来了。
>
> （海勒，2007：508）

在海勒的眼里，内特利的妓女显然并不是精神失常、行为放荡不羁的癫狂女性，而是代表着勇敢地站出来打破被男性紧紧套在自己身上的沉重枷锁的英雄，而这个黑暗不公的社会就是压抑人性和压迫女性的根源。海勒借叙事者的声音说道：

> 除了那些擅长玩弄权术又卑鄙无耻的一小撮人外，这世界上还有几个人能得到温饱和公正的对待呢？这个世界多么令人憎恶啊！即使在自己那个繁荣的国度，在这同一个夜里，有多少家庭忍饥挨饿、衣不蔽体、房屋四面漏风？有多少丈夫烂醉如泥？有多少妻子惨遭毒打？有多少孩子被欺侮、辱骂、遗弃？有多少人伤心、发疯、自杀？有多少奸商欣喜若狂？有多少富人变穷人、赢家变输家、成功变失败？

有多少美满婚姻其实十分不幸？……

（海勒，2007：516）

"有多少妻子惨遭毒打……有多少婚姻其实十分不幸"，小说的字里行间透露着海勒对女性的关注和对这个社会的批判。

3. 结语

以荒诞作为艺术手法的《军规》，充满了形形色色行为怪诞的人物，不论是男人还是女人，大多都背离正常行为规范，做出貌似离谱却又对社会辛辣讽刺的举动。理解这样的作品，显然只有在理解小说整体风格的前提下，从黑色幽默的角度解读作者对人物的描写，片面理解小说中字面上对女性的贬损，就得出海勒作品的男性主义倾向，显得过于牵强。海勒在作品中塑造的女性角色，以内特利的妓女、丹尼卡医生的太太、沙伊斯科普夫的夫人为代表，还有德里德尔将军的护士、鲁西安娜、达克特护士等女性角色。虽然每个人物着墨不多，但这些女性人物所处的边缘位置，反而有利于强调被主流社会所忽视的主要问题，也正是以这种创作手段，海勒表达了其对女性问题的关注。

参考文献：

成梅. 小说与非小说：美国 20 世纪重要作家海勒研究 [M]. 北京：中国社会科学出版社，2009.

褚蓓娟. 海勒笔下的女性 [J]. 安徽师范大学学报：人文社会科学版，2006（4）：429 - 433.

褚蓓娟. 权力话语的建构：论《第二十二条军规》中的性别隐喻 [J]. 外国文学，2006（2）：59 - 64.

海勒，约瑟夫. 第二十二条军规 [M]. 张永华，译. 广州：广州出版社，2007.

何念. 20 世纪 60 年代美国激进女权主义研究 [M]. 北京：知识产权出版社，2010.

刘合利. 论《第二十二条军规》中女性人物的异化 [J]. 华北水利水电学院学报：社会科学版，2012（2）：121 - 123.

唐珍珍. 从被扭曲了的女性形象看《第二十二条军规》中的男权主义思想 [J]. 牡丹江教育学院学报，2012（3）：12 - 13.

吴琳. 美国生态女性主义批评理论与实践研究 [M]. 北京：人民出版社，2011.

赵莉华，石坚. 反种族主义立场与种族主义无意识 [J]. 当代外国文学，2006（3）：83.

On Feminism in Joseph Heller's *Catch-22*

Yang Guang

Abstract: In *Catch-22*, Joseph Heller expresses his concern over females while he fiercely criticizes American bureaucracy through black humor. Heller puts females into the absurd world in the novel and describes them as marginalized characters in the society. As male crazy actions are used to satire the black side of the society, the negative description of female characters is used to attract readers' attention to women liberation.

Key words: *Catch-22*; Joseph Heller; feminism

《弗兰肯斯坦》的女性书写

王 倩

摘 要:《弗兰肯斯坦》是在启蒙精神的影响下诞生的世界第一部科幻小说。女作家玛丽·雪莱通过科幻题材的创作以隐喻的方式揭示了现实生活中的女性境况和社会问题,反映了女性作家在特定历史和文化环境中独特的书写策略。这种书写既要发出女性自己的话语又要符合主流社会文化的话语,既揭示了女性和女性作家在父权文化中的困境,又表达了她们反抗父权文化的策略。

关键词:科幻小说;女性书写

18 世纪的欧洲是一个标榜启蒙和进步的时代。在启蒙运动的影响下,理性受到推崇,人们相信借助理性、科学和知识可以获得认识和把握自然世界的能力。工业革命的开展和哥特式小说的流行进一步促成了科幻小说的诞生。人们希望用一种新的文学形式来表达对现实世界的认识和思考。1818年,英国女作家玛丽·雪莱撰写了世界上第一部科幻小说《弗兰肯斯坦》。这部小说通过一名青年科学家创造了一个怪物而后又被怪物所毁灭的主题表达了人们对科学的向往和困惑。

《弗兰肯斯坦》以其科幻主题和人文主义色彩引起了公众的反响,耐人寻味的是玛丽·雪莱用 P. B. 雪莱的男性化署名出版了这部小说。细心的读者可以发现整篇作品讲述的都是关于男性的故事。三个主要讲述者都是男性,而女性形象则是通过男性的讲述而得以间接呈现的。《弗兰肯斯坦》反映了女性作家在特定历史和文化环境中独特的书写策略,即通过对幻想世界的描写,以隐喻的方式揭示现实生活中的女性境况和社会问题。本文将结合作品诞生的时代和文化背景,运用女性主义视角来探讨《弗兰肯斯坦》的女性书写和隐藏在男性话语背后的女性话语。

1. 早期女性作家的书写策略

玛丽·雪莱所处的时代是一个启蒙意识高涨、社会改革运动不断涌现的年代。启蒙运动标榜理性和进步,人们相信借助理性、科学和知识可以摆脱愚昧和无知,获得认识和把握自然世界和人类社会的能力。同时启蒙运动也呼唤着人们摆脱专制和压迫,追求自由和平等的权利。1789 年爆发的法国大革命发布了《人权宣言》，体现了启蒙运动的精神，明确了人类享有自由、民主和平等的权利。这样的时代背景激发了女性意识的觉醒，为女性自身的权利诉求提供了可能性和合法性。1791年玛丽·奥林普·德·古日发表了《女权宣言》，强调妇女作为人类主体应该享有应得的权利。这一时期还出现了倡导妇女独立、平等的杂志和论著。这些论著中有玛丽的母亲沃斯通克拉夫特所著的《为女权辩护》（1792）。这是一本论述女性作为理性人类主体的经典著作。作者对将女性排除在教育之外和否定女性理性能力的社会后果进行了有力的批判，突出了女性作为人类主体应该享有的权利。除了争取受教育权和其他平等权利，女性的政治权利也得到呼吁。1848年，一些女性主义者聚集在一起通过了具有里程碑意义的《女权宣言》。其中最为醒目的一项决议就是：妇女有责任为自己谋取神圣的公民选举权。

尽管时代的发展为女性激发自我意识、争取平等权利提供了可能性，当时的主流文化仍是男性主导的文化。女性主要还是局限于家庭生活，她们的角色定位是履行好妻子和母亲的职责。这种传统文化对女性身份的规定已经作为一种社会和文化的集体潜意识内化在人们的思想中，不仅为男性所认同，而且也被许多女性所接受。尽管雪莱的母亲是一个比较激进的女性主义者，但她依旧认为女人的性别角色应该定位于家庭，女性应该成为男性的朋友和伴侣而不是男性的附属品。这一时期流行的观念是依照性别不同对公共领域和私属领域所做的划分。按照这一划分，女性应待在家里履行妻子、母亲的职责，而家庭以外的公共领域则被认为是男性专属的领域。因而尽管理性和科学受到推崇，但运用理性和科学进行探究被认为是属于男性的专利和特权。在文学创作领域，主流话语被男性牢牢掌握，而女性话语表达则受到压抑和排斥。由于受教育程度的提高，女性作家和读者的数目不断增加。女性作家的自我意识不断增强，她们通常在作品中探讨家庭、情感、女性体验和自我意识等话题。由于男性对话语权的主宰和出版审查体系的存在，早期的女性作家通常匿名或使用男性笔名以使自己的作品得到出版或使自己的作品得到承认。

英美女性主义批评领军人物，伊莱恩·肖沃尔特（Elaine Showalter）曾提出著名的女性文学的三个阶段。这三个阶段被称之为"女性的"（feminine）、"女权的"（feminist）和"女人的"（female）阶段。以这种方式，肖沃尔特梳理出英美女性文学发展的一条线索，那就是由对主流流行模式的模仿阶段，到抗议主流文化，再到自我发现、追求独特的自我实现的过程（Elaine Showalter, 1977: 13）。从女性文学创作的角度来看，玛丽·雪莱处于第一阶段。在当时主流文化的影响下，玛丽并没有像其母亲在女性权利诉求方面表现得那样激进，她并不想逾越传统文化对性别角色的规定。作为一名女性，玛丽希望符合主流文化对女性的身份定位；作为一名女性作家，她希望在公共领域发出自己的话语而不遭受男性主宰话语的非议和打压。在《弗兰肯斯坦》中，玛丽超越了当时大多数女性作家作品中所涉及的情感和家庭题材。她通过科幻题材的创作，在男性话语体系的主宰下发出了女性的话语、揭示了女性的困境。玛丽等早期女性作家独特的书写策略揭示了女性在父权社会中受到压抑、排斥的境况。在男性话语体系的主宰下，女性必须使自己的讲述符合男权价值标准，因此她们通常在遵循男性话语的外表下阐述自己独特的话语或者通过模仿男性话语来发出自己的声音。同时，这种书写也反映了女性作家借以反抗父权文学体系的一种策略，只不过这种抗争的形式在当时的特定环境下是以迂回隐形的方式体现出来的。

2.《弗兰肯斯坦》的女性书写

　　玛丽·雪莱所处的特定历史和文化环境决定了《弗兰肯斯坦》独特的女性书写策略。作品中始终存在两种叙事话语。一种是充斥于文本表面符合主流文化的男性话语，另一种则是隐藏在文本深处对男性话语进行隐性抗争的女性话语。这两种话语相互对立，又同时共存在作品中。

　　在作品中，我们首先可以感受到玛丽对主流文化的体现及其对传统和谐家庭理念的认可。弗兰肯斯坦的母亲卡罗琳、表亲伊丽莎白（以后成为他的妻子）是传统女性的代表和完美女性的化身。她们温柔、善良，对家庭非常忠诚、尽责。对传统女性的刻画符合主流文化对她们的角色定位。这种传统家庭理念不仅为许多女性所接受，也同样被不少男性所认可。弗兰肯斯坦的父亲就是其中一位尽责的丈夫和父亲。他不仅对孩子关怀备至，对妻子也是保护有加。正是由于父亲和母亲的共同关爱，弗兰肯斯坦才得以拥有了充满欢笑的幸福童年。"我的父母对我充满了关爱和包容。我感觉到他们不是统治我们命运的暴君，而是为我们带来幸福的源泉。"（Mary Shelley, 1969: 37）

　　玛丽对主流文化的反映还体现在充斥于文本表面的男性话语以及男性视角和男性形象的塑造上。整部小说由三个男性弗兰肯斯坦、怪物和探险队长的第一人称讲述构成，男性是故事的主角，而女性形象则是通过男性的讲述间接呈现的。从表面上看，玛丽放弃了女性作家的主体地位，她以男性的视角讲述了一个男性科学家如何创造了男性怪物而后又被怪物所毁灭的故事。造物者弗兰肯斯坦创造了怪物而后又被怪物毁灭的主题既体现了科学技术的创造力又揭示了科技所具有的毁灭性。无论是沃尔顿的探险经历，还是弗兰肯斯坦的科学研究活动都被视为传统意义上男性涉足的领域，而女性则被排除在外或被认为欠缺这方面的能力。因而，以男性的视角涉及男性专属的领域并发出非女性化的话语，这种书写符合主流文化对性别身份的定位，也使玛丽得以安全地发出自己的话语。

然而，符合主流文化的男性叙事话语下隐藏着女性的话语和控诉。在作品的文本深处，玛丽表层的男性视角悄然转化成女性视角，她以隐喻的方式揭示了女性和女性作家在父权社会文化中的困境，反映了她们对遭受的压抑和扭曲所进行的抗争。在《弗兰肯斯坦》中，女性人物并不占主要地位，但她们却以不同的方式发出了女性的话语和心声，表达了她们对父权文化的控诉。

在作品中，伊丽莎白被视为传统女性的理想代表和天使的化身。"她双眉清晰丰美；蓝蓝的眼睛，清澈晶莹；她的嘴唇和脸型，充分显示了她内心的敏感和外形的妩媚。"（Mary Shelley，1969：34）伊丽莎白美丽的外表和优雅的气质使她成为男性眼中被观赏、受审视的对象，也使她成为男性占有和控制的对象。在弗兰肯斯坦眼中，"她（伊丽莎白）是上天赐予的礼物，是我的……直到死她都属于我，仅仅属于我"（Mary Shelley，1969：35 - 36）。"这其实是文化主流代码对女人定义时明目张胆地将其物化的体现。"（张在新，1997：98 - 108）伊丽莎白竭力向弗兰肯斯坦表露她的忠诚和爱意："如果这封信，或者我的其他努力，能使我在我们重逢时见到你的嘴角漾起一丝笑影，我毕生的幸福将莫过于此。"（Mary Shelley，1969：180）显然，伊丽莎白承认了男性的主宰地位，而同时却把自己降格为男性的附庸。既然她的一切幸福都取决于男性，那么女性的自我价值和尊严也就失去了意义。伊丽莎白的天使形象以正面的方式表达了女性对父权文化的控诉。

与伊丽莎白的温柔纯善和对弗兰肯斯坦的忠诚相对比，怪物对其创造者的报复和对无辜者的杀戮令人痛恨，但它自身的遭遇也同样令人同情。从表面上看，怪物是按男性的标准创造的雄性产物，但它其实是受到父权文化扭曲压抑的女性形象的隐喻。玛丽·雪莱通过怪物的塑造揭示了女性在父权文化中的困境以及她们所进行的隐形抗争。怪物生来相貌丑陋，但它最初抱着美好的愿望同人类交朋友，渴望获得友爱和关注；它渴望了解人类社会，向人类学习讲话、学习阅读书本获取知识。知识的获得是一种远离蒙昧和无知的过程，却使它更加意识到自己的不幸和痛苦。怪物饱受人类社会的冷落和歧视，连小孩子见到它都像躲瘟疫一般避之不及。孤独、无助、恐惧和绝望时刻折磨着怪物，最终扭曲了它的心理，使它走向了复仇反抗之路。

怪物经常发出痛苦的哀鸣。它的自白折射出女性在父权文化中受到压抑和扭曲的困境。"我是一个不幸和孤独的人。环顾四周，我没有亲人、没有朋友。我内心充满恐惧，因为如果我失败的话，我就永远是这个世界上的弃儿了。"（Mary Shelley，1969：133）怪物对自我身份充满了困惑。"我相貌如此丑陋、身材如此高大。这意味着什么？我到底是谁？我是做什么的？我来自哪里？我要去哪？"（Mary Shelley，1969：128）最可悲的是，怪物无名无姓，姓名的缺失反映了父权文化对它的压抑和排斥。小说在结尾处达到高潮。怪物充满说服力的大段自白揭示了它的痛苦和伤感。"我一直渴望爱和友谊，但我从始至终受到人们的排斥。难道这世上就没有正义可言吗……其实我的痛苦远远大于你们的痛苦。"（Mary Shelley，1969：221－223）最终怪物纵身一跃跳入海中。这一举动既代表了它对自身处境的绝望，也代表了它对扭曲了其肉体、心灵的父权文化的控诉。同时，怪物的结局也在某种程度上反映了玛丽对父权文化的妥协。在当时父权文化占主导地位的情况下，这种极端的反抗是为父权文化和社会所不容的。让怪物死去既符合主流文化的标准，也使怪物的抗争减少了一些暴力色彩。

作品中无论是天使还是怪物形象都代表了父权文化对女性形象的压抑和扭曲。如果说天使形象以正面的方式表达了女性对父权文化的控诉的话，那么怪物形象就以反面极端的方式表达了女性对父权文化的控诉和抗争。桑得拉·吉尔伯特和苏珊·古巴的《阁楼里的疯女人》曾对19世纪女性文学创作进行了全面梳理。男性作品中普遍都存在天使与恶魔两种女性形象。受到父权主导文化的影响，这种男性的创造物同样出现在女性作家的作品中，而女性作家就是要审视和超越这两种强加在她们身上的形象。"在女性开始自主写作前，我们必须要杀死屋子里的天使。"（Virginia Woolf，1942：236）同样，超越作品中的恶魔形象也是女性作家必须要面对的。19世纪女性作家的作品中出现了许多疯女人的形象，如《简·爱》中罗彻斯特的前妻梅森。疯女人成为压抑的女性创造力的象征。在某种意义上，疯女人就是叛逆的女作家本人，是作者自身的焦虑和疯狂、精神上的压迫感和分裂的投射。

（Sandra Gilbert，Susan Cubar，1979：48）。怪物形象无疑与女性作品中的疯女人形象一致，她们都代表了极端的、扭曲的女性形象。怪物形象的塑造揭示了早期女性作家的困境和反抗父权制文学体系的策略。

如果怪物隐喻了受到压抑和扭曲的女性形象，那么弗兰肯斯坦所代表的世界就象征了强权的父权文化。这个世界把男性的标准强加在怪物身上，它对怪物身体、心灵的扭曲导致了怪兽的痛苦和不幸。弗兰肯斯坦对自己的创造物抱有复杂的态度。尽管他内心对怪物充满了憎恨，但他曾一度对怪物的境遇有所同情。当听到怪物向他诉说自己的痛苦和孤独，并希望一个女伴被创造出来陪伴自己时，"他的话在我身上产生了奇怪的效果。我同情它，有一刻我甚至有安慰它的冲动"（Mary Shelley，1969：147）。但弗兰肯斯坦不允许男性的权威受到挑战和威胁。当他意识到创造另一个怪物也许会带来更多的毁灭时，他断然拒绝了怪物的请求。"我创造了这个生命并有责任保障它的幸福。但是这里有更重要的事情。我更重要的职责是保障我同类的权益，因为他们更值得享有幸福。"（Mary Shelley，1969：216）

正是以弗兰肯斯坦为代表的父权文化一步步地把怪物推向了万劫不复的深渊，他们对怪物的压抑和排斥最终使怪物走向了复仇反抗的道路。从这个角度来看，弗兰肯斯坦同样是令人憎恶的。当他创造出一个相貌丑陋、面目狰狞的怪兽，当他对怪物充满了仇恨并发誓向怪兽复仇时，他自己也成为失去人性的怪兽。弗兰肯斯坦在毁灭了他亲手创造的怪兽的同时，最终也毁灭了自己。

3．结束语

玛丽·雪莱以其科幻主题的创作超越了早期女性作家以家庭和情感为主的创作题材。她的作品表明了女性不仅仅局限于家庭，她们也可以在传统的男性专属领域占有一席之地。作为世界上第一部科幻小说，《弗兰肯斯坦》中的幻想世界以隐喻的方式揭示了现实生活中的女性境况和社会问题，反映了女性作家在特定历史和文化环境中独特的书写策略。在传统男性文化的主导下，女性作家既要发出自己的话语又要使其符合主流社会文化。这种书写反映了早期女性作家的无奈，也代表了她们以迂回隐形的方式反抗父权文化的策略。

参考文献:

张在新. 笛福小说《罗克珊娜》对性别代码的解域 [J]. 外国文学评论, 1997 (4).

Gilbert, Sandra and Cubar, Susan. *The Madwoman in the Attic* [M]. New York, London: W. W. Norton & Company, 1979.

Shelley, Mary. *Frankenstein* [M]. Kinsley, James & Joseph, M. K. ed. Oxford University Press, 1969.

Showalter, Elaine. *A Literature of Their Own: British Women Novelists from Bronte to Lessing* [M]. Princeton: Princeton University, 1977.

Woolf, Virginia. *Profession for Women* [M]. *The Death of the Moth and Other Essays*. New York: Harcourt, Brace, 1942.

The Feminine Writing in Frankenstein

Wang Qian

Abstract: *Frankenstein* is the first science fiction in the world. The author Mary Shelly aims to explore women's position in a metaphoric way and reflect women writers' unique writing strategy in the given historical & cultural context. The feminine writing in *Frankenstein* is characterized by expressing women's voice while conforming to mainstream socio-cultural voice. In this way, Mary Shelly exposes women and women writers' predicament in the patriarchal culture, and reflects their strategy of rebelling against patriarchal culture.

Key words: science fiction; feminine writing

文 化

CULTURE

关于日本的歌舞伎

陈晓琴

（四川大学外国语学院日文系，成都 610064 ）

摘　要：至今已有 400 多年历史的歌舞伎，是日本最具影响力的传统戏剧，今天依然以各种方式渗透于日本人的生活、意识和文化之中。而且，随着其在海外公演的增加，它在国际上的影响也逐渐扩大，2005 年被认定为世界非物质文化遗产。本文首先由梳理歌舞伎的发展变迁历史入手，进而对其传统曲目及分类进行了考察，最后阐述了这门艺术追求表演技巧的极致、表现形式的唯美以及注重与观众之间的互动交流等独特之处。

关键词：歌舞伎；传统曲目；表演；角色

歌舞伎是日本一种独特的传统戏剧艺术，堪称日本的国粹，至今已有四百多年的历史。作为日本最具影响力的传统戏曲，歌舞伎今天依然以各种方式渗透于日本人的生活、意识和文化艺术之中。近年来随着海外公演的增加，它在国际上也逐渐被熟悉和认同，2005 年联合国教科文组织将其认定为世界非物质文化遗产。

1. 歌舞伎的发展历史

歌舞伎是在江户时代形成并定型的舞台戏剧，其名称来自动词"傾く"（かぶく），在日语中这一动词具有"脱离常轨，自由奔放地行动"之意。自安土桃山时代（1573—1598）到江户时代初期，那些穿奇装异服、留时髦的发型、敢于标新立异向陈旧挑战的新潮的人们被叫作"かぶき者"，而装扮成这样的人在舞台上来模仿和表演这些"弄潮儿"们的花天酒地的舞蹈则被命名为"かぶき踊り"，其历史最早可追溯到出云大社（位于现在的岛根县）巫女阿国的舞蹈表演。据史料记载，原为巫女的阿国身着当时流行的男装于 1603 年在京都表演了"かぶき踊り"，"かぶき"因此而得名，并由此而盛行开来。它象征着当时最为前卫的时尚。因为在传统的祭神"念仏踊り"的舞蹈的基础上又注入了伴奏音乐和表演情节的元素，后又借用汉字"歌舞妓"来表示，约在明治时期逐渐固定为"歌舞伎"三个字。

发展初期，歌舞伎经历了"女歌舞伎（おんな かぶき）""若衆歌舞伎（わか しゅう かぶき）"和"野郎歌舞伎（や ろう かぶき）"三个阶段。"女歌舞伎"的表演者多为卖身的艺妓，她们在京都四条河原和江户（现在的东京）吉原（当时的花柳街）常设的舞台上表演，因为被认为是伴随着出卖色相的风俗营业而于1629年被幕府禁止。随后在公允的舞台上取而代之登场亮相的便是还留有刘海的未成年男性"若衆"，不过，因为与武士间频频发生的同性恋等问题，幕府以有伤风纪为由在1652年也对其发出了禁止令。此后由成年男性扮演的"野郎歌舞伎"（过去剃掉刘海的男性发型被称为"野郎頭（や ろう あたま）"）开始出现，它构成了现代歌舞伎的原型，其传统一直沿袭至今（女角也由男性扮演），成为名副其实的集歌、舞、伎（技巧）为一体的综合艺术。

相对于以单一的歌舞为主的能乐艺术，融入了对白及故事性的歌舞伎往往被称作"歌舞伎狂言（か ぶき きょう げん）"（即歌舞伎剧）。随着情节场面的复杂化，逐渐形成和固定了根据所扮演的年龄、性格等而确定的"役柄（やく がら）"（角色类型）以及相应的表演技巧。在商人文化抬头的元禄年间（1688—1074），歌舞伎在江户和上方（现在的京都和大阪）两地实现了飞跃性的发展，分别在江户确立了"荒事（あら ごと）"（追求豪迈有力的技巧，以武士或超能力的鬼神为主人公），在上方确立了"和事（わ ごと）"（擅长柔软优美的演艺，以男女爱情故事为主）的基本形态和艺术风格。而且歌舞伎采用世袭制，各家系的绝活技巧绝不外传，于是在此之外还衍生出了许多派别和艺名，继承艺名（师名）的传统直至今日依然保持不变。如"荒事"的市川团十郎、"和事"的坂田藤十郎以及"所作事（しょ さ ごと）"（以舞蹈动作为主的舞蹈剧，又作"振事（ふり ごと）"）的中村富十郎等。

早期的歌舞伎剧本作者都由演员兼任，在元禄时期出现了专业作者后产生了不少名作。享保年间至宝历年间（1716—1764），近松门左卫门作为大阪竹本座（剧场）的专职作者让"人形净瑠璃（にん ぎょう じょう る り）"（木偶剧）进入了鼎盛时期，而歌舞伎则陷入了低迷状态。也正是这样的状况促使歌舞伎积极地吸收在净瑠璃上演中获得好评的作品，而这种融和从结果上带来了江户歌舞伎的全盛时期的到来，这一类曲目被叫作"義太夫狂言（ぎ だ ゆう きょう げん）"。

到江户时代末期，活跃于歌舞伎界的专职作者鹤屋南北所创作的描写下

层人世态人情的"生世話物（きぜわもの）"，以及稍后出现的由河竹默阿弥完成的一系列以盗贼为主人公的"白浪物（しらなみもの）"，让歌舞伎再度恢复了过去的盛况。明治维新之后，虽然在"新派劇（しんはげき）"改良要求的推动下，作为新的尝试也曾诞生了重视时代考证的"活歴物（かつれきもの）"和反映当代新风俗的"散切物（ざんぎりもの）"，但终究不过昙花一现。

第二次世界大战中东京和大阪的剧场几乎都被烧毁，加之美国军队入住下的各种限制，歌舞伎曾一度面临危机。不过，1947 年终于被批准上演，1962 年已经中断了 60 年的市川团十郎袭名再度复活，1966 年国立剧场成立。伴随着经济飞速增长期的到来，日本迎来了新时代的歌舞伎热，主要集中于展开古典歌舞伎的舞台表演。如今，除了以国立剧场为代表的名剧场定期公演外，每年新年的"新春劇場（しんしゅんげきじょう）"及各派别名角继承师名的"襲名披露（しゅうめいひろう）"都极具人气。近年来歌舞伎在中国的影响也逐渐扩大，"人間国宝（にんげんこくほう）"（国宝级人物）坂田藤十郎及男旦名师坂东玉三郎曾多次来访中国并登台表演。坂东玉三郎还与苏州昆剧院联袂演出了《牡丹亭》（昆曲传统曲目）和《杨贵妃》（歌舞伎传统曲目），让中日两国的昆曲和歌舞伎这两大世界非物质文化遗产融合在同一舞台上碰撞出了新的火花。

2．歌舞伎的传统曲目及其分类

歌舞伎的曲目、剧本被叫作"歌舞伎狂言（かぶききょうげん）"，这是为了将它与从能乐中分支出来、作为以动作和对白为主的滑稽艺术而独立存在的"狂言（きょうげん）"区别开来而冠上的名称。其内容包罗万象，上演的曲目共有四百多个。

根据其题材来源的不同，往往被分为专门为歌舞伎创作的"純歌舞伎狂言（じゅんかぶきょうげん）"和从木偶剧净琉璃（文乐）移植而来的"義太夫狂言（ぎだゆうきょうげん）"。由第七代市川团十郎选定的荟萃了市川家族家传技艺的 18 出戏"歌舞伎十八番（かぶきじゅうはちばん）"（其中取材于能乐、狂言的以舞蹈为主的作品又叫作"松羽目物（まつばめもの）"），写实地刻画下层人生活的"生世話物（きぜわもの）"、以杀富济贫的侠义盗匪为主人公的"白浪物（しらなみもの）"等都属于前者。由于木偶剧净琉璃与歌舞伎存在于同一时代，相互影响的痕迹在作品中充分地体现出来，"義太夫狂言（ぎだゆうきょうげん）"在歌舞伎传统曲目中占据了大半，像《假名手本忠臣藏》

《菅原传授手习鑑》《义经千本桜》这样的在日本几乎人人皆知的歌舞伎名作便来源于净琉璃。"義太夫（ぎだゆう）"为"義太夫節（ぎだゆうぶし）"（净琉璃的别称）的省略，在净琉璃剧中担任说唱的人叫太夫，因为创建后净琉璃所承袭的说唱基调的鼻祖叫竹本义大夫而得名。义大夫狂言又常被称为"丸本物（まるほんもの）""院本物（いんぽんもの）""竹本劇（たけもとげき）"等。

按照作品故事的内容，歌舞伎又可分为"時代物（じだいもの）"和"世話物（せわもの）"，将历史事实戏剧化的是"时代物"，而描写当时江户市井风俗和社会的则属于"世话物"。时代物中再现贵族王朝生活的又被再细分为"王朝物（おうちょうもの）"，反映武士家族纠纷的叫"お家物（いえもの）"。

另外，从其表演的形态来划分，以伴随音乐的舞蹈动作为主的是"所作事（しょさごと）"，其素材基本上出自于能乐和狂言，男扮女角的精湛表演和绝活亦在此中得以发挥和表现。

以下为一些上演频率较高的具有代表性的曲目和其归类。

- 歌舞伎十八番……勧進帳（かんじんちょう）　暫（しばらく）
　　　　　　　　　助六（すけろく）　　　　鳴神（なるかみ）
　　　　　　　　　外郎売り（ういろううり）
- 时代物……妹背山婦女庭訓（いもせやまおんなていきん）
　　　　　　絵本太功記（えほんたいこうき）
　　　　　　一谷嫩軍記（いちのたにふたばぐんき）
　　　　　　仮名手本忠臣蔵（かなでほんちゅうしんぐら）
　　　　　　菅原伝授手習鑑（すがわらでんじゅてならいかがみ）
　　　　　　義経千本桜（よしつねせんぼんざくら）
- 世話物……东海道四谷怪谈（とうかいどうよつやかいだん）
　　　　　　（生世话）
　　　　　　与话情浮名横櫛（よわなさけうきなのよこぐし）
　　　　　　白浪五人男（弁天小僧）（しらなみごにんおとこ）
　　　　　　（白浪物）
　　　　　　三人吉三廓初買（さんにんきちさくるわのはつがい）
- 所作事……鏡獅子（かがみじし）　　　　藤娘（ふじむすめ）
　　　　　　娘道成寺（むすめどうじょうじ）

3. 歌舞伎的表演及其他

歌舞伎非常注重表演者的技艺，可以说是以表演者为灵魂的戏剧艺术。它将演员所扮演的人物根据性格而划分成许多类型，以便表演者在一个专业的领域修炼技巧。在江户时代，一个戏子原则上一生都只专注于一个类型的角色，到了幕府末期这一规矩才有所松动，一个人可兼而扮演几种角色。如今，角色类型依然相对固定，它指的是根据戏曲内容所确定的登场人物各自的性格类型。

大致有以下一些常见的角色类型：

女形（おやま）——女性角色或担任女性角色的演员

悪婆——中年以上性格恶毒的坏女人

立女方——剧中地位最高的女主角

若女方——年轻女性角色

立役——主要的男性角色或担任此角色的演员

二枚目——仅次于主角而排列第二的角色，一般由美男子担任

若衆方——少年男子的角色

敵役——反面角色

実悪——极恶角色，如叛贼、强盗等

色悪——反派小生，外表俊美的反面角色

承担这些角色的当然是歌舞伎演员，不过他们使用的都是艺名，而且在歌舞伎的世界中这些表演世家的姓名封号实行世袭制，一般传承给亲生儿子或养子，偶尔也有由弟子继承的情况。袭名不仅仅意味着艺名的继承，它还要求继承人已经达到了其艺名应该具有的功底和造诣。于是，便形成了表演世家各自所擅长的"看家本领"（家技），如市川团十郎家的"荒事"、泽村宗十郎家的"和事"、尾上菊五郎家的"怪谈物"等。

除此之外，各个世家还分别拥有自己的"屋号"和"家紋"，当戏剧进行到精彩之处时，常会从观众席传来高叫表演者世家"屋号"的喝彩，这已经成为歌舞伎领域中的一个习俗。至于其"屋号"的来源，大概与江户时代1842年歌舞伎受到压制而被迫迁往郊外的浅草（地名）集中居住的那一段历史有关。当时的戏剧小屋（"芝居小屋"）即各家的小型剧场，

它们都有自己的"屋号"。

当今主要表演者所属世家的屋号如下：

市川左团次——高岛屋　　　　　中村歌右卫门——成驹屋

市川团十郎——成田屋　　　　　中村勘九郎——中村屋

尾上菊五郎——音羽屋　　　　　中村富十郎——天王寺屋

尾上辰之助——音羽屋　　　　　中村梅玉——高砂屋

尾上梅幸——音羽屋　　　　　　坂东玉三郎——大和屋

泽村宗十郎——纪伊国屋　　　　坂东三津五郎——大和屋

泽村田之助——纪伊国屋　　　　松本幸四郎——高丽屋

表演者强调戏曲效果的姿势、动作、眼神，以及他们的摆架子亮相（"見得（みえ）"）、玩特技（"外連（けれん）"）、夸张的出场、快速的换装（"物着（ものぎ）"）、神奇的转变（"早変（はやがわり）"），都是欣赏歌舞伎表演的乐趣所在。演员们往往由延伸到观众席的"花道（はなみち）"登台，有时候幽灵从天而降或者从观众身边的某个地缝里钻出来，当观众看到表演达到自己心中期盼的标准时所发出的诸如高叫屋号的响亮的回应……与观众交流的强化，产生了歌舞伎的表演者和观众合为一体的剧场效果。其布景精致考究，舞台机关复杂，既有空降用的悬吊设备（"宙乗（ちゅうのり）"）和地下的陷阱区（"奈落（ならく）"），又有旋转舞台（"回舞台（まわりぶたい）"）和瞬间更换大背景的升降平台（"セリ"）。再配以表演者浓艳的化妆、华丽的服饰，歌舞伎俨然一幅展示于舞台之上的立体化的浮世绘，亦梦亦幻且豪华绚丽。较之写实的深刻，在这里艺术形式本身的美感被优先地放大，而这份对表现形式的执着又铸造了歌舞伎的独特。

参考文献：

《河竹登志夫歌舞伎論集》，演劇出版社（小学館），1999 年.

《名作歌舞伎全集》（第 11 卷），東京創元社，1969 年.

《名作歌舞伎全集》（第 9 卷），東京創元社，1969 年.

《名作歌舞伎全集》（第 10 卷），東京創元社，1968 年.

《日本の伝統芸能》，日本放送出版社協会，平成 7 年.

《研究資料日本古典文学》（第 10 卷），明治書院，昭和 58 年.

《演劇界》七月号，演劇出版社，1993 年.

On Japanese Kabuki

Chen Xiaoqin

Abstract: As the most influential traditional play of over 400 years' history in Japan, Kabuki has penetrated into the life, ideology and culture of Japanese. Moreover, with the increase of its public performance overseas, Kabuki has gradually gained international reputation and has been designated as world intangible cultural heritage. The paper starts with the combing of the historical development of Kabuki, explores its traditional repertoire and classification, and expounds its pursuit of perfection in skills, aestheticism in form and its emphasis on interaction with audience.

Key words: Kabuki; traditional repertoire; performance; role

战后英国共识政治的形成及其对福利政策的影响

何雪梅

（四川大学外国语学院，成都 610064）

摘 要：福利国家的出现是 20 世纪西方发达国家发生的大事之一。福利政策的变化与一个国家的政治、经济、社会文化等诸多因素相关联。20 世纪 50 年代至 70 年代初，在"共识政治"和经济持续增长的基础上，英国的福利国家建设进入了快速发展的黄金时期。这在一定程度上缩小了社会各阶层的收入差距，具有进步的一面，但其根本目的是维护资本主义制度的稳定。本文旨在考察在当时的时代背景下英国"共识政治"的形成过程及其性质特点，以及其对福利政策产生的深远影响。

关键词：共识政治；福利政策；英国

1. 共识政治的形成

1951 年至 1975 之间的英国政坛被称为共识政治时期。所谓"共识政治"，其含义是指第二次世界大战结束至撒切尔夫人上台前的这二三十年间，保守党左翼和工党右翼分别掌握了本党的领导权，从而在执政期间出现了"中间偏左"的政治特色。他们互相妥协，形成了一系列政策取向上的基本一致，即达成共识。"共识政治"（Consensus）一词来源于拉丁语，原义为"意见一致"。1965 年，赛缪尔·比尔在其著作《现代英国政治》中首次使用了"共识政治"这个词来表示工党和保守党在政策上的趋同和合作。1969 年，安格斯·考尔德在《人们的战争》一书中明确提出，共识政治的形成是建设战后福利国家的基础。需要注意的是，共识政治的概念所涉及的只是国内政策而不包括外交和防务，其中心是经济问题。

英国共识政治的形成是有复杂原因的。首先，它的理论基础源自战后兴起的凯恩斯主义，其特点是对国家干预的认同，主张以国家为主体，利用一切可能的手段对社会经济活动进行调节、控制和管理。国家干预思想也是集体主义的核心，是对自由放任资本主义的一个重大修正。第二次世界大战也促进了国家干预。许多战时新增加的部门在战后保存下来，为国家干预社会奠定了基础。其次，共识政治产生的基本前提是两党制。英国是世界上最早建立两党制度的国家，它的一个重要特点就是通过议会斗争的方式实行政治合作，因此两党之间的较量不是根本对立的，在一定程度上可以相互包容和补充。历史上英国多次出现两党合作的先例，两次世界大战中的联合政府就是成功典范。议会体制和选民意向也迫使任何政党都无法漠视大多数民众关注的重大问题，如充分就业和福利政策。所以，无论哪个政党上台执政，都要寻求最广泛的支持者，争取最多选民的认可。在当时特定的历史条件下，保守党的"向左转"和工党的"向右转"，缩短了两党的政策差距，有力地促进了共识政治的形成。另外，第二次世界大战的结束揭开了科学技术高速发展的序幕。英国的产业结构逐渐发生了变化，其结果是中产阶级队伍的迅速崛起和壮大。这时候的保守党党员不再局限于贵族、地主和企业家等，工党的成分也远不像它成立之初那么单一。两党的阶级利益日趋接近，治国方针也日益趋同，这为共识政治的产生提供了主要的社会阶级基础。

2. 共识政治背景下的福利政策演变

尽管在从 1951 年到 1975 年这长达四分之一个世纪中保守党执政的时间是工党的两倍，但其实哪一方上台并不重要，因为正如马歇尔所说，双方"对国家应该提供哪些服务几乎没有分歧，而且一致认为无论由谁主政，国家都应当全面担负起保障国民福利的责任"（Marshall, T. H., 1975: 97）。他们都坚信福利国家不会对资本主义造成威胁，而是对其起到补充作用，因为这样可以弥补社会制度本身的弊病，从而使它变得更加完善，让人们更易接受。

20 世纪 50 和 60 年代的英国经济政策以"停停走走"著称。当处于这个循环中"走"的阶段时，国内经济活动增加，失业率降低，社会开支上升，由此造成的后果是收支平衡的压力逐渐增大，促使政府采取一揽子增税的措施以限制需求。于是经济慢慢过渡到"停"的阶段，其特点是需求下降，经济增长减缓，以及随之而来的失业率上升。为了解决这些问题，通货膨胀和通货紧缩的手段被轮番使用。随着英国工业国家的经济地位受到越来越多的关注，其政治活动的方向也逐渐变为倾向于计划性和国家干预。保守党人开始对经济事务采取合作主义的态度；同样地，工党领袖哈罗德·威尔逊主张计划性应该广泛应用到价格和收入领域，而不是仅仅体现在地方性政策上。

50 年代英国较高的经济增长率使得国内民众生活水准的提高和社会福

利支出的增长成为可能，同时工人的可支配收入也得到保障。除了维持经济发展的势头，政府还承担起了对财富进行合理再分配的重担。1959 年保守党在竞选宣言中明确提出其目标是"使生活水准提高一倍……并且确保社会各阶层的每一个人都能分享财富增长的胜利果实"（Craig, F. W. S., 1975: 215）。工党也在 1964 年的竞选中声称要保证社会需求得到更好的满足。在这样的背景下，所有的英国人都有足够的理由相信他们将会享受到更好的教育、更体面的住房、更现代化的医疗条件，而老人和妇女儿童等弱势群体将得到更多的经济援助。事实上，轮流执政的保守党和工党都把政治活动的重心放在社会政策上，占主导地位的福利思想是计划性和扩张性，这一特点一直延续到 1975 年。从数据来看，社会福利支出在 1951 年至 1964 年期间增加了 4.2%，在威尔逊执政的 1964 年至 1970 年之间增长了 5.9%，而在希思政府治国期间更是以平均每年 6.8% 的速度攀升。

保守党于 1951 年重掌政权后并没有推翻工党在 40 年代创立起来的福利制度。正如特纳所阐释的那样，保守党"对工党建造的框架没有什么兴趣，但是也没有任何意图去拆除它"（Turner, J., 1996: 318）。麦克米伦担任首相期间（1957 - 1963）也一直恪守介于个人主义和集体主义之间的"中间道路"方针。对于社会政策，两党都力图使它发挥最大的效益，为尽可能多的人提供所需的福利。一个典型的例子是 1967 年到 1974 年的国民医疗保健（NHS）改革，它历经了工党和保守党两届政府才得以完成。1955 年英国著名刊物《经济学人》创造了一个新词"巴茨克尔主义"，这是把前保守党财政大臣巴特勒和工党财政大臣盖茨克尔的名字加以合并拼缀而成的，由此可以看出两党在国内政策上的趋同和合作。

在共识政治的大背景下，这一时期的保守党和工党之间仍然存在分歧。1962 年工党理论家安东尼·克罗斯兰指出，在社会福利建设中孰先孰后的问题上双方的看法有很大不同（Crosland, C. A. R., 1963: 123）。工党的根本目的是创建一个更平等的国家，其实现手段是大力度的国家干预和高税收。保守党人相信市场才是平衡供求关系的最有效机制，他们认为行政干预和高税收只有在能够刺激市场效率和个人积极性的前提下才有存在的必要，因此主张把税收降到尽可能低的水平。两党内部也都存在着派系斗争。保守党右翼，或称为反集体主义者，从一开始就反对作为福利国家奠基石的《贝弗里奇报告》。其最有名的代表，伦敦经济事务所（IEA），寻求"展示自由主义的活力，并把自由市场的原则应用到从电话服务到福利制度的所有经济活动领域"（Cockett, R., 1995: 142）。他们崇尚 19 世纪的自由放任主义理论，坚信由国家提供福利是低效率的、危险的和腐败的。保守党中的左翼被称为进步主义者或勉强的集体主义者，其代表是名为"一个国家"的后座议员组织。工党内部也不是铁板一块，在有关国民医疗保健的收费及废除党纲中有关公有制的第四条这两个问题上一直存在激烈的争论。克罗斯兰的《社会主义的未来》（1956）一书被公认为战后修正主义的经典著作之一，他在书中提出工党的传统目标即公有制在新形势下已经不再具有重要意义，国有化只是手段而非目的。

在共识政治的影响下，这一时期内的英国福利政策也随之发生了改变。在社会保障、国民保健、教育、住房、社会服务五个领域中，本文选取变化最大的三个加以具体论述。

2.1 社会保障

从 50 年代开始到 70 年代，养老金的支出一直居高不下，几乎占到了英国每年整个社会保障总开支的一半左右，这一问题受到越来越多的关注。保守党政府试图废除由贝弗里奇倡导的统一费率制（即所有被保险人按照同样的标准缴纳社会保险费，并且领取同等金额的社会保险津贴）。1959 年，新的《国民保险法》引入了与收入挂钩的养老金，即高收入人群需要缴纳更多的费用以便在退休后享受更好的待遇。和以往仅仅提供最低水平的"安全网"不同，这样的等级制新方案把工作期间产生的收入差别一直延续到了退休后。同样的计划也推广到了失业、疾病和工伤领域。工党在 1957 年发布的一项文件中也宣布放弃原来承诺的统一费率制。因此，两党在这个问题上达成一致意见，共同背离了贝弗里奇提出的原则，为以后 60 年代和 70 年代的各届政府进行相关改革奠定了基础。

工党于 1964 年重新上台后计划趁着良好的经济形势把社会保障体系的改革推向深入。新组建的社会保障部旨在把社会保险和各种国家补助更好地结合在一起，借此改变申领津贴的"文化"。例如，根据 1948 年的《国民救济法》，人们需要"申请"救济，而现在他们有"权利"得到津贴。随着补充津贴的引入，原来附加在申请救济上的羞耻感没有了，因为津贴成了合法权益而不再是被施舍的东西。另外，新出现的"贫困游说团"和其他压力集团希望把"权利文化"发扬光大，他们积极宣传，确保所有够条件领取津贴者都能享受到应有的权利。1968 年，工党政府又迈出了重要的一步，将国民保健部与社会保障部合在一起，组成保健与社会保障部，实现了社会保障与国民保健服务的统一管理。

进入 70 年代后，英国政府面临的最大挑战是在经济形势不断恶化的背景下如何为民众提供充分的社会保障，并有效控制财政支出。为了解决家庭贫困的问题，保守党对家庭补贴制度进行了改革，于 1971 年提出家庭收入补充计划。有孩子的低工资收入者可以申请这种补贴，但是要经过家庭收入状况的调查，而且补贴的金额与家庭收入及孩子的数量和年龄有关系。这项举措和其他资产调查式补贴方案的本意是把社会资源用在最需要的地方，但是实际上却造成奖懒罚勤的副作用，使部分人养成坐享国家恩赐的心理。1975 年工党颁布了新的儿童补贴法案以替代家庭补贴，向包括第一个孩子在内的所有儿童提供现金补贴，并且金额随物价水平上涨而增加。同年的保护就业法则规定工人拥有不被不公平解雇的权利。这一年工党还推出了获得所有党派支持的国家收入养老金制度，它由基本养老金制度和与收入相联系的附加养老金制度两部分构成。重要的是，享受私营职业养老金者，如果该保障能为其提供相当于国家收入养老金制度下的附加养老金，便可以退出后者。但是和以前一样，这部养老金法仍然没有专项资金，只是遵循现收现付的原则，即用在职人员缴纳的养老金费支付已退休人员的养老金。此外，新制度对妇女领取养老金做出许多改革。妇女被认定是经济独立的个体，拥有享受同等养老金待遇的权利，并可以与男性一样参加职业养老金制度，不能因其性别而受到不公正对待。从这个意义上讲，这部法案是当时同类国家中最能体现男女平等原则的养老金法案（Glennerster, H., 1995：114）。

2.2　住房

战后英国住房政策的主要任务是尽快弥补战争带来的损失。工党的做法是由地方政府出面，通过国家投资兴建大批公房，然后再向国民低价出租。这样修建的公房从 1951 年的 250 万套增加到 70 年代末的 600 万套，其占全国住房总数的份额相应从 17.6% 增加到 30%。由于房租低廉，每年财政部都要拿出一大笔钱来补贴用于住房的费用。此外，家庭收入符合规定标准的还可以享受住房补贴。与工党侧重于公房不同，保守党的思路是鼓励和资助私人购买住宅。到 50 年代中期，英国住房短缺的问题得到基本缓解。住房大臣麦克米伦成绩卓著，兑现了 1951 年保守党大选时许下的诺言，缓解了战后房荒，这为他以后就任首相奠定了基础。

这一时期，因为国家提供的住房补贴是以抵押贷款利息税收减除或建筑补贴的形式出现，所以住在自家私房和地方政府公房的家庭数量越来越多，而租住私人住房的越来越少。60 年代的保守党和工党都试图解决这个租房的问题，但都无功而返。在 1972 年推行的住房财政法中，中央政府要求房屋租金上涨到一个合理的符合经济规律的价位，并且完善了实行房租折扣的体系。对经过资产调查后有资格获得补助的租住公房的家庭而言，他们的住房补贴被抵作租金直接支付给当地政府；租住私房的家庭，补贴以现金的方式直接支付给他们。这个方案招致很多批评，许多人认为政府这样做实际上是资助了那些收高租金的私房业主。由于私有住房的拥有者可以获得更多的经济利益，所以越来越多的人倾向于购买房屋，尤其是那些先富裕起来的夫妻双方都有工作收入的家庭。只有真正低收入的家庭才把希望完全寄托在当地政府修建的简易公房上。

总之，这二三十年间的英国住房市场完全表现出了"混合经济"的特点。房屋的绝对短缺问题得到了妥善解决，普通大众的住房水平也得到显著提高。毋庸置疑，这一阶段的住房政策很好地体现了"典型福利国家"的务实力量。

2.3 教育

教育最初在公共开支领域是被削减的对象。但是，从 50 年代中期开始，教育的发展及如何体现公平原则被提上重要议事日程。保守党和工党就大力发展教育达成一致意见，由此全国修建了许多新校舍，政府官员也频频问询教育领域的各个方面。在战后重建一个更有技术含量、更有竞争力的新社会的过程中，教育被认为是所有成就中最重要的部分。随着教育支出占公共资源份额的快速增加，它逐渐超越国民医疗保健（NHS）成为社会福利中第二昂贵的支出，仅次于社会保障。

在工党看来，解决教育平等问题的主要办法是用综合学校取代原来的中等学校分轨制。根据 1944 年的教育法，平等意味着受教育机会均等，所有儿童可以享受免费义务教育到 15 岁，但在 11 岁时需经过分级考试分流到三种不同类型的中学：文法学校、技术学校及现代学校。这种分类的做法强化了英国社会经济分层，遭到不少人的抨击。威尔逊工党政府于 1965 年下令结束 11 岁选拔，取消中等学校分轨制。取而代之的是开办综合学校，并鼓励地方政府积极参与中等学校结构重组。根据新规定，不同阶层出身的儿童在 11 至 15 岁（1973 年后改为 16 岁）期间到综合学校接受中等教育，毕业后再考虑未来的发展，这样就避免了 11 岁一考定终身的有失公正的局面。在发展综合学校这一问题上，保守党和工党之间展开了拉锯战。1970 年保守党复出后取消了工党的做法，恢复了原来的制度，但是 1976 年工党政府再次实施综合学校方案。尽管命运多舛，综合学校的发展仍然较快，到 1977 年有 80% 的中学生就读于综合学校。这一改革体现了教育输出平等的原则，使教育制度更加民主化。

尽管取得了诸多成就，教育领域仍然招致不少批评。抱怨主要集中在对教育质量滑坡的不满，由此引发了 1976 年关于教育问题的"大辩论"。当时的工党首相卡拉汉要求"在教育的各个层次构建更严谨的知识结构，使先进的教学方式带来的益处得到更有效的实现"（Lowe，R.，1999：214）。这实际上成为保守党政府在 80 年代致力于实现的目标，那时关于教育自由和选择的讨论成了重中之重。

3．结语

不可否认，第二次世界大战之后，共识政治的形成和福利国家的建设在一定程度上抚平了英国人在战争中受到的严重创伤，有利于稳定混乱的社会秩序。到五六十年代，英国经济发展较为平衡，广大民众的生活水平也基本得到保障。但是，进入 70 年代后，随着政治经济形势的变化，福利制度的问题开始显露出来。庞大的社会福利开支占国内生产总值的比重连年攀升，成为英国政府的沉重财政负担。据统计，1960 至 1975 年间，英国的国民生产总值年增长率为 2.6%，而社会福利支出的年增长率为 5.6%，超出前者一倍。另外，"从摇篮到坟墓"的福利制度变相造就了一个新的"食利阶层"，使得"贫困陷阱"和"失业陷阱"的问题变得日益突出。前者是指当个人通过工作获得的收入增加时，他可以享受的与收入挂钩的津贴会下降，收入税会增加，最终造成名义收入增加而实际收入下降的现象。后者是指某些失业者存在一个很高的替代率（即失业时的实际收入对就业时实际收入的比率），使失业者因为摆脱不了贫困而缺乏寻找工作的动力。这些新问题严重阻碍了劳动生产力的发展，再加上 70 年代石油危机的冲击，英国的经济出现滞涨，患上了严重的"英国病"。这个现象是凯恩斯主义无法解决的"绝症"。由此，货币主义取而代之，成为 80 年代撒切尔夫人上台后英国经济政治的基石。

英国共识政治的出现既有深厚的历史渊源和理论依据，也有错综复杂的政治背景和社会基础。共识政治不仅是保守党向左转，也是工党向右转的产物，是在一定的历史条件下产生的必然现象。虽然只有"政治"两个字，但它的主要内容涉及的是经济问题，如共识政治的核心——国有化问题的实质是国民财富的再分配，即福利国家问题。战后英国福利制度的发展比较有效地缓解了社会问题的压力，带来一定程度的社会公平，但是它并没有也不可能真正消除英国社会的贫富不均与两极分化。从马克思主义哲学的观点来看，福利国家只是资本主义在不改变其本质的前提下缓和阶级矛盾的一种手段。无论是工党还是保守党执政，其改革都是在资本主义制度的框架内进行的。尽管国家干预对自由市场经济有一定程度的修正，但是资本主义仍然是占主导地位的经济运作方式，而一切社会政策的最终目的都是为了维护资本主义体制的稳定。所以，福利国家不可能在市场效率与社会正义之间维持真正的平衡，其危机也因此无法真正消除。从这个意义上说，英国战后共识政治最终走向破产和福利制度面临重重危机是不可避免的结局。

参考文献：

Cockett, R. *Thinking the Unthinkable: Think-tanks and the Economic Counter-Revolution 1931－1983* ［M］. London: Harper Collins, 1995.

Craig, F. W. S. *British General Education Manifestos 1900－1974* ［M］. London: Macmillan, 1975.

Crosland, C. A. R. *The Conservative Enemy* ［M］. London: Jonathan Cape, 1962.

Glennerster, H. *British Social Policy Since 1945* ［M］. Oxford: Blackwell, 1995.

Lowe, R. *The Welfare State in Britain since 1945* ［M］. 2 nd edition. London: Macmillan, 1999.

Marshall, T. H. *Social Policy* ［M］. London: Hutchinson, 1975.

Turner, J. 1951－1964 ［M］//Selden, A. *How Tory Governments Fail?*. London: Fontana, 1996.

Postwar Consensus in Britain and Its Impact on Social Policies

He Xuemei

Abstract: The emergence of welfare states is one of those biggest changes that took place in western countries during the twentieth century. Welfare policy is closely related to the broad political, economic and social development of a country. The 1950s and 1960s, characterized by considerable expansion of social provision based on a rough consensus, may be considered as the heyday of the welfare state in Britain. To some extent, the welfare state is progress of society in ensuring the basic living conditions of the common people, but its fundamental purpose is to preserve the stability of the capitalist system. This thesis aims to examine the forming of consensus in Britain and the development of social policies in this period.

Key words：consensus；social policies；Britain

土耳其入盟进程中的身份建构问题研究[①]

严天钦

（四川大学外国语学院，成都 610064）

摘　要：自 2005 年 10 月欧盟与土耳其开启入盟谈判以来，土耳其的"欧洲性"问题就成为欧盟内部争论的焦点。本文运用建构主义理论探讨了欧盟作为一个具有规范性的权力中心如何帮助土耳其增强其"欧洲性"，或如何形塑其国家身份的问题；然后根据民意调查的情况检验了土耳其欧洲身份被建构的有效性。研究发现，土耳其的欧洲身份在欧洲依然遭到很大质疑，从某种程度上说，土耳其的身份政治话语由欧盟成员国的利益和偏好所决定。

关键词：土耳其；欧洲一体化；身份认同；建构主义

自 1923 年土耳其共和国成立以来，它就把融入欧洲文明体系定为一项基本国策，加入欧盟其实就是这一政策的延续。为实现这一目标，土耳其人一直在做不懈的努力。1963 年，土耳其就与欧盟的前身欧洲经济共同体在安卡拉签署了《联系协定》，如今其艰难的入盟历程已经持续了将近半个世纪，但是它依然被欧盟拒之门外。究其原因，我们不仅应该看到双边关系中所涉及的经济和安全利益，也应该看到双方在规范和价值观层面所存在的共识和差异。传统理性主义很难合理解释土耳其在经济和政治状况都有明显改善的情况下为什么还迟迟不能获得正式成员国资格的问题。而建构主义则可以在一定程度上弥补理性主义的不足。从建构主义的视角来看，土耳其与欧盟关系中一个最核心的问题就是土耳其的"欧洲性"问题，也就是说，土耳其是不是一个欧洲国家、是不是具有欧洲身份的问题。本文将运用建构主义理论来探讨欧盟的规范和价值观等因素如何建构或形塑欧盟候选国土耳其的民族身份，并根据民意调查结果来检验土耳其民族身份的转变是否得到了欧盟公民的认可。

1. 重视规范和身份：建构主义一体化理论分析框架

作为国际关系理论的一个重要分支，建构主义在 20 世纪 90 年代开始流

---

① 四川大学区域与国别研究项目："土耳其共和国的民族认同与民族政策研究"（项目编号：skqb201402）；欧盟文化教育总司终身教育项目，让·莫内最佳欧洲研究中心项目："联盟中的多样性：欧洲一体化与欧洲社会发展"（项目编号：JMP 2011 - 2869）。

行。虽然建构主义分为多个流派，但大体上还是有一些共同的主张。例如，它们都强调观念的作用，认为社会结构不仅由物质因素构成，也由观念构成。也就是说，建构主义者并不认为行为体的行为总是利己的或工具性的。他们倾向于把国际体系看成是一个主体间相互承认并遵守共同规范的制度环境（Schimmelfennig, 2001：58）。因此，建构主义者强调社会因素在国家行为及利益形成过程中的重要作用，他们认为认同是利益的基础（Wendt, 1992：398）。因此，他们重视对行为体身份的研究。温特认为，人类文化结构由共有观念、价值观和规范构成，正是构成文化结构的这些重要元素建构了行为体的身份（Wendt, 1999）。

在 20 世纪 90 年代后期，建构主义开始转向欧洲一体化研究。在此之前，理性主义一直主导着一体化理论。理性主义倾向于把欧洲一体化看成是具有既定利益，自主的政治行为体之间战略交换的结果（Checkel, 1999：545）。而建构主义则倾向于把它看成是一个在特定国际环境下政治行为体将忠诚、期望转向新的权力中心的过程（Haas, 1958：16）。其实，忠诚和期望的转移自然涉及身份的转变。理性主义者认为行为体的权力和物质利益决定行为体的行为，他们注重战略性的讨价还价和物质利益刺激，但不能解释规范和身份对政治行为体的影响，而建构主义则刚好可以弥补这一空白。建构主义者认为行为体的身份并不是既定不变的，相反，它由社会所建构。观念、共有信念、话语以及交往行为在身份形成过程中起着重要的作用（Risse, 1996）。

可见，身份是建构主义理论中一个非常重要的概念。在哲学和社会学中，身份和认同是两个密切相关的概念，前者指的是一种静态的属性，后者指的是一种心理过程。在温特看来，身份指的是"自我"（行为主体）所具有的和展示出的个性与区别性形象，这种形象的形成离不开与"他者"（其他行为主体）的关系，而认同则是一个认知过程，在这一过程中自我与他者的界线变得模糊起来，并在交界处产生完全的超越。自我被"归入"他者（温特，2000：287）。身份认同在"自我"与"他者"的关系中形成，与此相关的核心问题是"我们是谁?"和"我们向何处去? 为什么?"认同既可以建立在血缘、种族、地理等物质性因素的基础上，也可以建立在观念性因素的基础之上。就欧洲身份①而言，共同的地理边界、共享的历史、文化遗产和传统以及共同遵守的规范和价值观念都可能成为界定欧洲身份的重要因素，然而建构欧洲身份的话语策略却是多种多样的。不同学者对欧洲身份的界定各不相同。持本质主义观的人更强调文化和宗教传统，而建构主义者更强调公民权和共同的规范和价值观。欧洲身份本身也不是一个清晰、准确的概念。相反，正是欧洲与外界的交往使欧洲更清晰地感受到欧洲的共性和自身与外界的差异。欧洲身份并非一成不变，相反，它一直被各种复杂的因素所建构。

观念和规范对欧洲身份起着非常重要的建构性作用。对于欧盟成员国来说，它们的政府都必须尊重人权，政府的行为也应得到议会的认可。这些民主国家都遵守的规范是它们身份的重要组成部分（Rittberger & Schimmelfennig, 2006: 1155）。作为欧盟的候选国，土耳其原有的一些规范肯定与欧盟的规范之间存在很多不协调的地方，如果它不能在规范和价值观层面实现欧洲化，欧盟成员国公民就不会承认土耳其的欧洲属性或欧洲身份，这就意味着土耳其入盟的梦想很难实现。杰弗里·切克尔（Jeffrey Checkle）认为，建构主义对欧洲一体化研究至少有两大潜在的贡献：第一，它可以帮助学者研究欧洲层面的学习和社会化过程；第二，它可以帮助学者研究规范和观念在国家层面的欧洲化过程（Checkel, 1999: 548）。本文对土耳其在入盟进程中的身份研究，从很大程度上来说就是在研究土耳其在规范和观念层面的欧洲化过程。欧盟不仅是一个经济、政治共同体，也是一个规范和价值共同体，土耳其要想取得正式成员国资格，除了经济达标以外，在规范和价值层面也必须达标。

2. 欧盟对土耳其身份的建构

土耳其能否加入欧盟，从建构主义视角来看取决于欧盟成员国的公民能否认同其欧洲身份。自土耳其在20世纪60年代与欧洲经济共同体签订《联系协定》以来，欧盟作为一个规范性权力中心和观念生产中心对土耳其民族身份的转变产生了不可低估的影响。欧盟所信奉的一系列规范和价值观在欧盟所制定的条约中都得到了充分的体现。所有想要加入欧盟的欧洲国家都

① 欧盟身份和欧洲身份并不完全等同，但是为了方便起见，学者们通常并没有对它们进行区分。在本文中，欧洲身份实际上指代的也就是欧盟身份。

应该满足哥本哈根标准。对伊斯兰国家土耳其来说，欧盟在审视它是否达标的问题上，眼光会更挑剔。在给予土耳其正式成员国资格之前，欧盟将敦促它接受一系列欧盟所制定的政治、法律、金融制度、标准和惯例，这必然会改变土耳其的国家身份和利益。从这个意义上来说，欧洲一体化可以被看成是一种社会化机制，它能使土耳其把欧盟的规范和价值观内化并转化为国家集体身份的有机组成部分。

欧盟对土耳其的影响涉及经济、社会、文化以及政治、法律等各领域。欧盟向土耳其传播民主价值观是它与土耳其建立友好关系所肩负的一个重要使命。就政治、法律而言，欧盟对土耳其的政治结构和宪法的影响体现在，一方面它扩大了人权范围并强化了保障措施，另一方面，它还涉及其他一些领域如土耳其的自由化和民主化进程，并试图确保土耳其最终建立稳固的民主政体（Yazıcı，2004：91）。在经历了几次军人政变之后，土耳其面临的最紧迫的问题就是要尽快建立一个稳固、持久的民主政体。

为了建立一个稳固、持久的民主政体，土耳其必须剥夺军方所享有的一些特权。在1983年土耳其大选之后，土耳其军事独裁政府开始把权力移交给平民政府。从那时起，由于受全球民主化浪潮的影响，在欧盟的敦促下，土耳其对宪法和相关法规进行了重要改革。这些法律改革措施使民主价值观在土耳其得到巩固和深化。但是这些改革还不足以使土耳其建立一个自由、稳固的民主政体（Yazıcı，2004：93）。特别是在军人政府的影响下，土耳其在1982年制定的宪法在很大程度上仍然反映了国家安全委员会独裁主义的特点。但是经过1995年和2001年修宪之后，独裁主义的特性有了很大改变。

经过修订，1995年的宪法大大减少了对政治权力、公民权利和自由的限制。比如，允许政党建立青年组织和妇女组织，允许在境外组建政党。大学教职员工和学生可以自由加入政党，公立机关的雇员有权组织起来跟雇主就福利待遇和工作条件展开谈判，选民的年龄限制从20岁降低到18岁（Yazıcı，2004：94）。2001年，土耳其进行了一系列非常具有争议性的改革，如废除死刑，允许少数民族语言在学校和一些媒体中使用，赋予公民更多的言论自由等。因此，媒体也有了更大的自由，普通公民也拥有更多结社自由。应该承认，自从1999年土耳其获得欧盟候选国资格以来，改革使土耳其的经济、政治格局以及律法都发生了巨大变化。例如，军方的权力被削弱了，民众拥有了更多的自由，库尔德人也开始重新获得一些过去被剥夺的权利，经济发展也更加平稳。当然，土耳其要想完全满足哥本哈根标准，还有很长的路要走。

毫无疑问，土耳其在接受欧盟所推行的规范、价值观念和相关制度和政策的同时，它与欧盟的距离变得越来越近，自己的身份也在慢慢发生转变。因为在土耳其入盟达标的过程中，欧盟不仅限制了土耳其在很多领域的选择范围，也左右了土耳其界定自己民族利益和民族身份的方式。土耳其的入盟之旅不仅影响了土耳其人看待自己的方式，也影响了外界，特别是欧洲人看待他们的方式。从理论上说，土耳其的民族身份应该与欧洲身份越来越接近。如果我们在界定欧洲身份时更侧重公民权、共同的规范和价值观而忽略共同的文化和宗教传统的话，土耳其的欧洲性或欧洲身份就不会引起太多的质疑。但现实的情况是怎样的呢？土耳其为了满足根本哈根标准做出了巨大的努力，欧盟成员国的政治领导和普通民众对土耳其所做的努力感到满意吗？他们承认土耳其具有欧洲身份吗？

3. 欧盟对土耳其身份建构的有效性分析

在欧盟起草欧洲宪法的过程中，欧洲曾经就欧洲一体化的本质展开过激烈的讨论。欧洲一体化进程最终到底会缔造一个什么样的欧洲？一个建立在公民价值观基础之上的后民族大同欧洲，还是一个建立在共同历史文化遗产基础上的欧洲？这本身就是一个涉及如何界定欧洲身份的问题。从某种意义上来说，土耳其能否入盟在很大程度上取决于欧盟如何界定欧洲身份。令人欣慰的是，布鲁塞尔一直坚持只要土耳其满足了入盟标准，它就会被接受为正式成员国（Onar，2007：283）。显然，从理论上来说，欧盟对欧洲身份的界定应该是侧重公民权、共同规范和价值观而不是共同的文化和宗教传统，这种逻辑对于土耳其国内的改革者来说至关重要。

然而，随着右翼政党在法、德等国的抬头，土耳其入盟的前景变得非常黯淡，因为他们往往会以土耳其从文化传统来看并不属于欧洲为由拒绝承认土耳其是一个欧洲国家，并据此把土耳其挡在欧盟的大门外。比如，法国前总统德斯坦、现任总统尼古拉斯·萨科奇（Nicolas Sarkozy），德国前总理兼社会民主党主席施密特（Helmut Schmidt）和现任总理默克尔都不认为土耳其是一个欧洲国家，欧盟不应该向土耳其这样的伊斯兰国家敞开大门①。

　　尽管欧盟内部有很多反对土耳其入盟的声音，但是在 2004 年的卢森堡峰会上，欧盟还是决定与土耳其正式开启入盟谈判。但是奥地利和南塞浦路斯对此表示坚决反对，差点动用否决权阻止原定在 2005 年 10 月 3 日与土耳其要展开的入盟谈判。在 2005 年，法国全民公投否决了《欧盟宪法条约草案》，有 22% 投反对票的人把反对土耳其入盟列为他们对欧盟宪法说"不"的原因之一（Elaine，2005）。

　　2005 年的欧洲晴雨表显示，在欧盟 25 个成员国中，支持土耳其入盟的人口占 52%，反对者的比例达到 35%。在欧盟 25 个成员国中，有 50% 的被调查者表示，即使土耳其满足了入盟条件也反对欧盟接纳它，只有 40% 的被调查者持肯定的态度。土耳其在德国和法国的支持率最低，在德国高达 70% 的民众反对土耳其入盟，只有 27% 的人表示支持；在法国反对土耳其入盟的人口占几乎总人口的 55%，只有 40% 的民众愿意看到土耳其入盟（European Commission，2005）。

　　美国的德国马歇尔基金会（German Marshall Fund）在 2006 年中期进行了一次跨大西洋民意趋势调查，调查在欧盟的 9 个成员国（德国、法国、英国、荷兰、意大利、葡萄牙、西班牙、波兰和斯洛伐克）中进行。被调查者被要求给一些国家（包括中国、俄罗斯、土耳其、伊朗、以色列、巴勒斯坦等）根据自己的喜欢程度打分。100 分表示非常喜欢，0 分表示完全不喜欢。调查结果让土耳其人大失所望，土耳其的得分相当低，只有 42 分，仅仅高于巴勒斯坦（38 分）和伊朗（28 分），中国（46 分）和俄罗斯（47 分）的得分比作为欧盟候选国的土耳其还高。而法国的被调查者给土耳其的分数只有 38 分，低于这 9 个成员国的平均分（Transatlantic Trends，2006）。

　　显然，上述民意调查结果表明尽管土耳其的欧洲化改革使土耳其的民族身份发生了很大改变，土耳其与欧洲之间的差距也在不断缩小，而且土耳其的经济总量目前在欧洲已经排到了第六位，但是愿意把土耳其看成是欧洲大家庭成员的欧盟成员国官员和普通民众的人数还是相当有限，而且不同成员国之间也存在很大差异。由此可见，土耳其与欧盟关系的现状表明两者之间

①　See Interview with *Le Monde*, November 8, 2002. Speech of M. Nicolas Sarkozy, President of the French Republic, *Convention Sur L'Europe*, January 30, 2008. Michael S. Teitelbaum and Philip L. Martin, (2003) 'Is Turkey Ready for Europe?' *Foreign Affairs*, (May/June), 98.

的特殊关系并不是基于相互认同而是基于安全、经济等方面的利益考虑。欧盟内部反对土耳其入盟的声音一方面让土耳其国内支持入盟的民众深感失望，另一方面也给土耳其国内的反对者提供了口实。更糟的是，一些欧盟成员国包括法国和奥地利都已经公开表明最终要在全国范围内举行全民公投来决定土耳其能否入盟。鉴于目前土耳其在欧盟并不乐观的民众支持率，全民公投肯定会把土耳其拒之门外。

自从 1963 年 9 月与欧洲经济共同体签订《联系协定》以来，土耳其为了真正融入欧洲经过了几代人的努力，它在政治、经济、法律等各领域所取得的改革成效也得到了欧盟的认可。所以，它在 1999 年就获得了欧盟候选国的资格。但是，为什么目前它在欧盟内部的支持率却并不高呢？这从某个侧面也反映出还有相当大一部分欧洲人并不认可土耳其具有欧洲身份。比如，2005 年的欧洲晴雨表表明，欧盟内部只有 55% 的公民承认土耳其在地理上属于欧洲，而承认土耳其从历史上看属于欧洲的民众只占到欧盟总人口的 44%（European Commission，2005）。到底有哪些因素影响欧盟民众看待土耳其的方式，或影响他们对土耳其的态度呢？

实际上，欧盟的民众反对土耳其入盟的因素很多，如移民、安全、有组织犯罪、结构基金、欧盟的制度安排、土耳其人口基数太大、土耳其的民主和人权状况还有待改善等。所以说，土耳其入盟不仅涉及身份认同的问题，也涉及物质利益权衡的问题。理性主义并不重视身份认同，而建构主义则认为，利益往往由身份决定，但实际上利益和身份是相互影响的。

4. 欧盟成员国的利益决定土耳其身份政治话语

土耳其到底是否拥有欧洲身份，从某种意义上来说，与欧洲身份被界定的方式有关，也与欧洲领导人的政治话语有关。其实，维系欧土关系最核心的因素不是彼此认同而是战略利益。正是出于战略利益的考虑，欧洲让土耳其进入了一些重要组织，如北大西洋公约组织、欧洲关税同盟等。对很多土耳其人来说，既然土耳其已经成为很多欧洲重要组织的成员和欧盟的候选国，应该说土耳其已经成为欧洲的一部分，它的欧洲身份不应该再遭到欧洲人的质疑。从建构主义理论视角来看，土耳其加入一些欧洲组织后，必然会慢慢学习和接受这些组织的规范和价值观念，这个学习、内化的过程本身自然会使土耳其的民族身份发生一些转变，这种转变会使它与欧洲身份更贴近。然而实际上，土耳其的身份问题却非常复杂。

　　从某种意义上来说，土耳其的民族身份不仅被欧盟的规范、价值观和政策法规所形塑，同时也被欧洲官员的身份政治话语所建构。而身份政治话语最终又受国家利益和偏好的影响。欧盟在 1997 年和 1999 年对土耳其态度的转变就是一个很好的例证。

　　在 1997 年的卢森堡峰会上，欧盟出人意料地拒绝了土耳其提出的候选国申请，但是两年之后，在 1999 年赫尔辛基峰会上，土耳其却被顺利地批准为欧盟的候选国。在这两年期间，土耳其国内的政治和经济形势其实并没有明显的改观，但为什么土耳其在两次峰会上受到的待遇迥然不同呢？既然经济和政治形势没有多大变化，其民族身份也不会发生明显改变，然而其候选国资格至少表明欧盟愿意承认其身份的转变。这种态度的转变与身份政治话语分不开，而身份政治话语本身又受国家偏好和利益的影响。比如，在 1997 年 3 月 4 日，欧洲人民党（即基督教民主党）就曾声称：“欧盟是一项文明工程，土耳其在这项工程中并没有自己的席位。”同样属于基督教民主党阵营的比利时前首相维尔弗里德·马尔滕斯（Wilfried Martens）也有过类似的表态，他认为即使土耳其成为欧盟的候选国，不管是在短期内还是长期内都不可能成为正式成员国（Middle East International，1996：14）。但是在 1999 年的赫尔辛基峰会上，德国前总理格哈德·施罗德（Gerhard Schroeder）对土耳其的态度就完全不一样了，他说：“赫尔辛基峰会上的决定对于不管来自什么背景想在德国境内和平共处的人来说都很重要。对于生活在我们中间的土耳其裔移民来说，他们的母国将来在欧洲是否有一个民主的未来，是否能成为欧洲的一部分至关重要。”（Schroeder，1999）都是欧盟成员国的首相，为什么两者在不同的年份对土耳其的态度完全不同呢？政治话语改变的原因何在？

　　如果把欧盟内部某些国家的偏好和利益的改变考虑进来，这个问题就不难解释了。这里很值得一提的是德国和希腊。在 1997 年，对于德国来说，让波兰、匈牙利和捷克等国加入欧盟是符合其国家利益的。因为文化差异，德国明确反对土耳其被列为候选国，再加上由于土耳其和希腊之间长期存在的政治纷争，在卢森堡峰会上，希腊也坚决反对把土耳其列为候选国。所以，土耳其在 1997 年未能获得候选国的资格。但是到了 1999 年，事态发生了很大的转变。当时德国的社会民主党认识到要解决好土耳其移民问题和双重国籍的问题，就必须让土耳其成为欧盟的成员国。显然，德国在土耳其入盟问题上的利益发生了改变。与此同时，一向反对土耳其入盟的希腊正提出加入欧元区的申请，为此，它必须减少在北约的军费预算，但是如果得不到土耳其的支持，希腊就很难如愿以偿。为了换取土耳其对减少军费预算案的支持，希腊放弃了以往的立场，转而支持欧盟给予土耳其候选国的资格。于是土耳其顺利地获得了欧盟候选国的资格。这样的结果似乎表明欧盟认同了土耳其的欧洲身份，但实际上土耳其的民族身份依然具有很大模糊性。这种模糊性与身份政治话语分不开，而身份政治话语在很大程度上受国家偏好和利益的影响。一个欧盟成员国是否认同土耳其的欧洲身份，在很大程度上取决于这个国家在土耳其入盟问题上的利益和偏好。

5. 结语

不管是功能主义、新功能主义还是政府间主义或多层治理理论都能从某些层面较好地解释一体化现象。当然，每一种理论也都有自己的缺陷。《马斯特里赫特条约》签订以后，欧盟一方面面临继续深化一体化的任务，另一方面也面临东扩的任务。传统一体化理论难以合理解释欧盟东扩的问题，也不能充分解释土耳其为什么迟迟不被欧盟接受为正式会员国的问题。鉴于建构主义理论对观念、规范和身份等问题的关注，用它来分析土耳其入盟的问题可以帮助我们更深入地了解在土耳其争取加入欧盟的进程中，欧盟的规范、观念和政策法规如何改变了土耳其的民族身份，同时也为我们分析身份政治话语的改变提供了一个有用的工具。但是，我们很难用实证方法去检验身份建构的效果，而且它也不能充分解释在土耳其民族身份发生改变之后为什么欧盟内部依然有很多反对的声音；换句话说，它不能合理解释有关身份的政治话语本身如何被建构的问题。要回答这个问题，我们必须借助理性选择主义来分析欧盟成员国的偏好以及它们在决策过程中所具备的讨价还价的实力。建构主义注重身份研究，但是对于欧盟来说，欧洲身份该如何界定，这本身就是一个复杂的问题，虽然我们可以从规范、观念和公民权等方面去界定它，但这并不表明在现实中普通民众会按这种定义去理解土欧关系中的身份问题。如果我们能跳出欧洲一体化理论的框架，借用相关文化研究的理论来分析土耳其入盟进程中的身份问题，可能会获得更具启发意义的发现。

参考文献：

温特，亚历山大. 国际政治的社会理论［M］. 秦亚青，译. 上海：上海人民出版社，2000.

Checkel, T. Jeffrey. Social Construction and Integration [J]. *Journal of European Public Policy*, 1999, 6 (4): 545 – 560.

Elaine, Sciolino. European Charter Architect Faults Chirac for Its Rejection [N]. *New York Times*, [2005 – 06 – 15].

European Commission, Eurobarometer 63, Public Opinion in the European Union. [EB/OL]. [2011 – 10 – 22]. http://www. europa. eu. int/comm/public_ opinion/index_ en. htm.

Haas, E. B. *The Uniting of Europe: Political, Social, and Economic Forces 1950 – 1957* [M]. Stanford, CA: Stanford University Press, 1958.

Middle East International [N]. [1996 – 11 – 08].

Onar, Nora. Kemalists, Islamist, and Liberals: Shifting Patterns of Confrontation and Consensus, 2002 – 2006 [J]. *Turkish Studies*, 2007, 8 (2): 273 – 288.

Risse-Kappen, T. Explaining the Nature of the Beast: International Relations and Comparative Policy Analysis Meet the EU [J]. *Journal of Common Market Studies*, 1996, 34 (1): 53 – 80.

Rittberger, Berthold and Frank Schimmelfennig. Explaining the Constitutionalization of the European Union [J]. *Journal of European Public Policy*, 2006, 13 (8): 1148 – 1167.

Schimmelfennig, Frank. The Community Trap: Liberal Norms, Rhetorical Action, and the Eastern Enlargement of the European Union [J]. *International Organization*, 2001, 55 (1): 47 – 80.

Schroeder, Gerhard. Policy Statement on the Results of the European Council in Helsinki [R]. Speech delivered German Bundestag on 16 December 1999.

Sciolino, Elaine. European Charter Architect Faults Chirac for Its Rejection [N]. *New York Times*, June 15, 2005.

Transatlantic Trends, Top Line Data 2006. [EB/OL]. [2011 – 10 – 28]. http://www. transatlantictrends. org.

Wendt, Alexander. Anarchy Is What Make of It: The Social Construction of Power Politics [J]. *International Organization*, 1992, 46 (2): 391 – 425.

Wendt, Alexander. *Social Theory of International Politics* [M]. Cambridge: Cambridge University Press, 1999.

Yazıcı, Serap. The Impact of the EU on the Liberalisation and Democratisation Process in Turkey [C] // Peter M. E. Volten, Groningen. *Perceptions and Misperceptions in the EU and Turkey—Stumbling Blocks on the Road to Accession*, The Centre of European Security Studies (CESS), 2009.

Research on Identity Construction of Turkey in It's Becoming a Member of EU

Yan Tianqin

Abstract: Since EU began to open accession negotiations with Turkey on Oct. 3, 2005, its "Europeanness" or European identity has become a controversial topic among the member states of the EU. This thesis aims to investigate how EU norms shape Turkey's national identity by employing sociological constructivism. Resorting to the public opinion poll, it also tests the effectiveness of Turkey's European identity constructed by EU. This study reveals that Turkey's European identity is still questioned in the EU, because to a certain degree, the political discourse about Turkey's national identity is determined by the national interests and preferences of the member states of the EU.

Key words: Turkey; European integration; identification; constructivism

浅析特纳 "边疆学说" 和纳什对其的挑战

靳倩倩

（四川大学外国语学院，成都 610064）

摘　要： 弗莱德瑞克·杰克逊·特纳是美国历史上著名的历史学家，其"边疆学说"在 19 世纪到 20 世纪初的影响尤为深远。"边疆学说"强调了边疆和西进运动在美国历史发展过程中的重要作用，并主张美国研究脱离欧洲影响，是一种全新的研究观点。但这一学说也并不是完美的，一些学者如亨利·纳什·史密斯等提出了对"边疆学说"的质疑。本文阐述了作者对"边疆学说"及其影响的理解，并剖析了纳什对此学说的质疑和挑战。

关键词： 边疆学说；弗莱德瑞克·杰克逊·特纳；亨利·纳什·史密斯

1．背景介绍

"边疆假说"或者"特纳理论"是弗莱德瑞克·杰克逊·特纳于 1893 年提出的。特纳是美国著名的历史学家，其"边疆学说"在 19 世纪到 20 世纪初的影响尤为深远。在 1893 年的芝加哥美国历史协议会议上他提出美国精神和美国的成就应该直接归功于西进运动。特纳的中心议题是"有一片自由之土，它的不断消亡和美国移民的扩张诠释了整个美国的发展"。从那以后，"边疆学说"席卷美国，并且逐渐成为现代美国研究的先锋思想。"边疆学说"强调了边疆和西进运动在美国历史发展过程中的重要作用，并主张美国研究脱离欧洲影响，是一种全新的研究观点。

2．边疆学说

2.1 "边疆"的定义和"西部"的概念

欧洲的历史研究强调用具体的方式定义什么是"边疆"。例如，欧洲研究者心目中的边疆往往是一条边界线，它围绕着一个人口众多的国家或者社区。特纳的看法则截然不同。他认为，美国的边界线是移动的：美国人的性格如乐观、进取、富于冒险精神和骑士精神、随机应变、一专多能，美国人的自由、民主、平等观念，美国文学作品、电影、电视对牛仔强盗格斗的描写等，均被认为与美国西部边疆的不断扩展有关（袁明，2003：21）。另外，特纳也用"西进运动"阐释了什么是边疆。

在美国历史上，"西部"的概念一直都在变化，最初它指的很可能就是纽约和宾夕法尼亚的西部，后来指的也许是俄亥俄州一带，然后它迅速西移，直到太平洋，现在说的西部主要是指加州一带的西海岸（钱满素，2001：52）。西进运动始于18世纪并且持续了一个半世纪，极大地扩展了美国的领土，促进了其经济发展。这场运动在美国历史上的意义是非凡的：第一，领土的扩大。具体而言，据估计美国领土在西进运动之前是八十三万平方公里，而之后跃居到惊人的三百多万平方公里；第二，西进运动促进了农业的发展，比如小麦、棉花的种植和畜牧业的发展；第三，随着农业的发展，越来越多的人向西部移民，带来了更多的劳动力。

美国人为什么会在那段历史时期去西部的原因是多方面的。但总的来说是当时东部把他们推了出来，西部张开双臂无条件地迎接了他们。随着社会的发展和人口的增多，美国东部的领土捉襟见肘。没有什么财产的人只好把眼光投向了广阔的西部，把它作为发展的机遇和希望之土。广阔的西部正好为庄稼的种植提供了肥沃的土地。

2.2 生源论

特纳十分看重边疆和西进运动在美国历史发展中的作用。他这样写道：

> 美国社会的发展就这样在边疆始终不停地，周而复始地进行着。这种不断的再生，这种美国生活的流动性，这种向西扩张带来的新机会以及跟简单的原始社会的不断接触，提供了支配美国性格的力量，只有把视线从大西洋沿岸转向大西部，才能真正理解美国的历史

> （弗雷德里克·特纳，1984：3）。

当时在欧洲普遍流行的"生源论"认为美国历史是由在美国条件下孕育的"生源"组成的，研究美国历史不能脱离欧洲的影响。特纳极力反对这一点。如果说"生源论"在解释美国刚成立时期的史学研究的落后原因上有几分道理，它在其他方面就显得不可行了，这包括美国极力寻求脱离欧洲和宗主国英国的意识形态、研究、文学艺术等。这和美国建国后的领土扩大、经济实力的剧增和文化的成熟是密不可分的。所以特纳拼命强调的是美国的内部因素，西进运动的经历和独立于欧洲影响的美国史学研究。

除此之外，特纳也反对遗忘研究历史把着眼点放在政治上的倾向。他更

看重史学研究的多样性，因而开拓了美国史学研究的领域。特纳之前的美国历史研究多强调政治军事史。特纳则力图把人们的社会生活囊括进来，如文学、经济、政治等。比如，他强调推进历史进程的经济和地理因素，所以大西部显得尤为重要。

最后，特纳通过跨学科研究革新了史学研究的方法论。他指出史学研究与经济、社会、艺术、地理、宗教等的研究密不可分，所以历史学家也要有这些相关知识的储备。

3. 纳什对"边疆学说"的挑战

虽然特纳的史学观点没有持续很长时间，但他的影响无疑是巨大的。如果稍微关注一下"边疆理论"提出的背景，就可以发现它是美国扩张时期的产物，随美国社会发展应运而生。但特纳的理论也不是无懈可击的，它也面对很多挑战，其中以亨利·纳什·史密斯为代表的反对观点尤为突出。

3.1　纳什和他的思想

亨利·纳什·史密斯研究美国文学和文化，他促使"美国研究"成为一门学科。同时，他也是杰出的马克·吐温研究者，马克·吐温论文集委员会研究成员。他在自己的著作《处女地：作为象征和文化的美国西部》中提出与特纳相左的看法。从殖民时期开始，欧洲人把大西洋沿岸的领土看成是新世界的后花园，为了防止旧世界的过度开发而把它作为处女地保护着（丹尼尔·布尔斯廷，1987：277）。

他认为当时存在两种流派的历史学家。一种试图用奴隶制来诠释美国历史，而另一种则通过英国因素甚至追溯到古老的"条顿生源"。特纳在自己的学说中认为西部是研究美国历史的关键，而不是支持奴隶制的南方或者反对奴隶制的北方。他认为正是在边疆开拓过程中才衍生出了新的思想、态度和制度，比如民主观念的深入人心。这些远比继承的欧洲精神在美国社会的形成方面的作用重要。纳什认为特纳的理论是农业传统的延续，很可能是受了像托马斯·杰弗逊这样的开国元勋的影响。

3.2　农业传统

那什么是农业传统呢？它指的是一种珍视农业社会、藐视工业社会的社会哲学或者政治哲学。它认为农民比领工资的工人自由，种植的生活方式可以形成完美的社会价值观。它强调简朴的农业生活方式与纷繁复杂的城市生活的对比。为什么这种农业传统影响这么大呢？我们今天所知道的美国价值观所看重的自立、个人主义、尊重手工劳动等部分是加尔文教的宗旨，认为工作是唯一实现个人救赎的方式，部分是边疆经历的残留，如只有辛勤劳作才能生存，开垦荒地，修路筑桥，自给自足。托马斯·杰弗逊从哲学的角度对这个传统进行了审视。他认为农民是最接近自然的。自然是仁慈和美丽的，我们所用的一切都是自然赋予的，不仅包括有形的食物、水资源、空气、住房，也包括无形的艺术、音乐和诗歌等。种植是最光荣的生活方式，没有欺骗和偷盗，也没有中介和剥削。这种生活方式下的农民也拥有我们羡慕的一系列品质：力量、勇气、勤劳、独立、诚实、对自由的热爱。纳什认为既然特纳如此强调农业传统，那么他应该认为农民是最幸运的，因为他们最接近自然。相比之下，生活在城市的工人是野蛮的、悲惨的和原始的。但纳什在"边疆学说"里看到了特纳对社会进步论的肯定，认为各种社会形式都要经历从低级到高级的发展。社会进步论把农民放在社会底层，其社会阶层低于工人和生意人。这是纳什提出的第一个反对意见。

既然农业传统积极看待辛勤劳动和农民淳朴的生活方式，那么伴随工业化而来的文明应该受到冷遇，或者说，受到严厉的抨击。纳什认为特纳的学说忽略了欧洲殖民者对当地人的剥削，忽略了他们无偿占有当地人的土地和家园，甚至将他们赶尽杀绝的种种行径。马克思的剩余价值理论也对剥削做了相关的说明，虽然这种剥削比起早期赤裸裸的霸占变得相对隐蔽。工业化和城镇化也带来了很多社会问题，如犯罪、贫民窟的兴起、农村缺乏劳动力等。纳什一方面抨击特纳忽略了对剥削的批判，一方面也认为他对工业化的积极影响阐述得不够。

纳什提出的最后一点质疑是对"身份政治"的认识。英语单词"identity"既有"身份"又有"认同"的含义。它的词源是拉丁语"identitas"和古法语"identite"。其词根"iden"的意思是一样。所以，"identity"经常用来表示同质性。认同是基于"我者/他者"的二分法而言的，因为在文化研究中"我者"是指主流的白人盎格鲁—撒克逊清教徒，而"他者"指其他的非主流群体。"身份政治"认为二分法的另一端，"非白人""非欧洲""非男性—女性"开始进入研究的范畴（王晓路，2007：277-278）。所以历史研究不能只限于主流因素，也应该考虑到非主流因素。

4. 结论

总之，特纳的"边疆学说"的革新之处在于勇敢摒弃了欧洲"生源论"对美国史学研究的垄断，并试图结合经济、地理因素解释历史发展进程，是一种跨学科的尝试。纳什并未直接回答美国历史研究是否可以脱离欧洲影响，他只是号召一种新的"智力系统"（new intellectual system）来重新审视美国的文学、文化和新的意识形态。

参考文献：

布尔斯廷，丹尼尔. 美国人：建国历程［M］. 美国驻华大使馆新闻文化处，1987.

钱满素. 美国文明［M］. 北京：中国社会科学出版社，2001.

史密斯，亨利·纳什. 处女地：作为象征和文化的美国西部［M］. 薛番康，费翰章，译. 上海：上海外语教育出版社，1991.

特纳，弗雷德里克. 边疆在美国历史上的重要性［M］. 黄巨兴，译∥杨生茂. 美国历史学家特纳及其学派. 北京：商务印书馆，1984：3.

王晓路，等. 文化批评关键词研究［M］. 北京：北京大学出版社，2007.

袁明. 美国文化与社会十五讲［M］. 北京：北京大学出版社，2003.

Munns, Jessica and Rajan, Gita. *A Cultural Studies Reader: History Theory, Practice*［M］. New York: Longman, 1995.

A Comparison of "Frontier Hypothesis" and Henry Nash Smith's Idea

Jin Qianqian

Abstract: Frederick Jackson Turner is a very influential historian of the United States from the late 19th century to the early 1930s. His unique "frontier theory" stressed the important role of the frontier and the Westward movement in the historical development of the United States. This doctrine reflects Turner's historical thought, proposes new historical research point of view and has a far-reaching impact on American history. But the idea is never all embracing and also faces powerful challenges by other scholars. Among them Henry Nash Smith makes his voice heard. This paper analyzes the author's own understanding of the "frontier hypothesis" and its influences and also lists Smith's doubts cast on the "frontier hypothesis".

Key words: frontier hypothesis; Frederick Jackson Turner; Henry Nash Smith

美国多元化养老的经验及对中国的启示

刘晓梅

（四川大学外国语学院，成都 610064）

摘　要：本论文的研究目的在于通过观察美国多元化养老，借鉴其经验教训，从而为我国步入老龄化社会寻找应对措施。本文开篇简要分析我国面临的现实状况，接下来的正文分为六个部分：美国社区养老的发展，美国的养老院，美国人如何就地养老，美国退休老人的收入和医疗保障，美国政府在养老问题上的作用，中国可以采取的措施。第六部分是本研究的结论，我国可以采取以下措施：建设各种形式的养老社区和养老院；立法规范养老院的建设和运营；充分利用我国人力资源丰富的优势，引导学校开设与老人护理相关的课程；退休老人收入和医疗保障方面可以借鉴的一些具体措施。

关键词：美国养老经验教训；老龄化；养老；退休

虽然在很长的时间里人们都认为中国人口很年轻，但是现实状况却是中国人口正在逐渐地变老。根据中国国家统计局的数据，1982 年中国 65 岁及以上的人口只占全部人口的 4.9%，而 2011 年这一数字已经翻了将近一番，上升到 9.1%（http://www.stats.gov.cn/tjsj/ndsj/2012/indexch.htm，中国国家统计局，2012 年年鉴）。而且，从以下三个关键因素来分析，可以预见，中国的老龄化进程会进一步加快。第一，1962 年到 1973 年是中国的一次人口出生高潮（也叫“婴儿潮”），这个时间段里出生了 3 亿多孩子（胡伟略，1991：27 - 34）。而这些人口将会在未来的 10 到 20 年的时间里进入退休年龄。2011 年中国的总人口数为 13.4735 亿（http://www.stats.gov.cn/tjsj/ndsj/2012/indexch.htm，中国国家统计局，2012 年年鉴）。粗略算来，未来的 10 到 20 年间，当这些在“婴儿潮”期间出生的人口退休的时候，老龄人口加上“婴儿潮”之前 20 世纪 50 年代以及更早出生的人，将占总人口的近 1/3。第二，自从 20 世纪 60 年代的人口出生高潮以来，中国人的平均寿命增加了很多。根据中国国家统计局六次全国人口普查人口基本情况，1981 年中国人口的平均寿命为 67.77，2010 年为 74.83（同上）。第三，计划生育政策实施以来，中国的出生率相比“婴儿潮”期间有所降低。1978 年，中国人口的出生率为 1.825%，2011 年，这一数据降低到

1.193%；1978 年，人口自然增长率为 1.2%，2011 降到 0.479%（同上）。

如何应对老龄化问题？从政府到个人，全社会都在思考，也已经开始采取相应的措施。新修订的《中华人民共和国老年人权益保障法》已经于2013 年 7 月 1 日开始施行。关于养老的方式，新法提出"老年人养老以居家为基础"，同时也指出"地方各级人民政府和有关部门应当采取措施，发展城乡社区养老服务"。新法还指出："国家逐步开展长期护理保障工作，保障老年人的护理需求；对生活长期不能自理、经济困难的老年人，地方各级政府应当根据其失能程度等情况给予护理补贴。"

本文的目的在于通过观察美国人民如何养老，如何解决老年人的居住、生活和照顾等问题，思考中国如何从中借鉴经验，吸取教训，以应对已经出现并将持续的老龄问题。

1. 美国社区养老的发展

美国的"养老社区"（retirement communities）指的是那些为生活能够自理的老人建设的社区。美国第一个"养老社区"叫年轻城（Youngtown），于 1954 年建在亚利桑那州的凤凰城附近（Trolander，2011：952 - 974）。这个社区占地 3.367 平方千米，有不同价位的房子（独立住宅）和公寓供退休老人选择。在这个社区里，有公园、图书馆、消防队、警察局、俱乐部、游泳池，以及其他服务机构或者组织。据年轻城官方网站数据，居住在这里的退休老人人数为 6 000 人（http://youngtownaz. org）。根据年轻城房地产网站数据，2013 年，市场上销售的房子和公寓的价格从 40 000 到 180 000 美元不等（http://www. zillow. com/homes/for_ sale/Youngtown - AZ）。图 1 是年轻城一套有 5 个卧室 3 个洗手间（总面积为 2 345 平方英尺）的房子，2013年 7 月的售价为 149 900 美元。

图 1　亚利桑那州年轻城社区的一套较大、较昂贵的养老房子

　　同在亚利桑那凤凰城郊的太阳城（Sun City）也是一个养老社区，比年轻城更大，更著名。太阳城建于 1960 年，占地 38 平方千米。到 21 世纪初的时候，它和附近较小养老社区的人口大约为96 000 人（Trolander，2011：952 - 974）。太阳城里，除了有和年轻城一样的服务设施以外，还有医疗中心、高尔夫球场、做手工的场地、圆形露天剧场、娱乐中心和购物中心。图 2 是 1965 年拍的太阳城高尔夫球场的照片。

图 2　1965 年的一张明信片上太阳城的高尔夫球场

　　今天，美国有很多和年轻城和太阳城一样的养老社区。尤其是在退休老人蜂拥而入的一些州，例如亚利桑那、佛罗里达、内华达和德克萨斯。这些养老社区的规划、融资、开发和管理等工作主要都是私人运作的，换句话说，是市场行为。年轻城是建在一片农场的土地上，有两个开发商抓住了这个商机，买下了这块地。太阳城是美国有名的房地产商德尔·韦伯（Del Webb）在一个无人居住的被遗弃的镇（"鬼镇"）上建起来的。太阳城是开发养老社区方面做得非常成功的商业典范，德尔·韦伯因此登上了 1960 年《时代》杂志的封面（见图 3）。美国的这些养老社区的开发都是市场驱动的，政府并没有参与。

图3　太阳城的开发商德尔韦伯（Del Webb）在《时代》杂志的封面上

　　人们也许会对养老社区里住宅的价格感兴趣，下面我们来看看。住房和医疗是多数美国人最大的两笔支出。从年轻城房地产网站上列出的公寓和房子等的价格区间来看（40 000—180 000美元），老年社区总体上都是人们买得起的，而且，老人们的选择范围很广。选择一个相对便宜的地段（例如太阳城选在一个被遗弃的镇上）是降低建房成本的有效方法，这使得人们更能买得起老年社区的住宅。另一个因素也极大地降低了老年社区里住宅成本：老年社区里没有学校。这样，这些房子和公寓的财产税（财产税是美国人民为他们购买的住房缴纳的税，每年都要缴纳）就减少了很多。在美国，人们缴纳的财产税的大约一半都用在了当地中小学的开销上。从俄亥俄州政府的官网上我们看到，在这个州，人们缴纳的财产税的68%都用于中小学上面（http://www. tax. ohio. gov/portals/0/research/Property_ Taxation_ School_ Funding_ 2012C. pdf）。

　　换句话说，如果不需要学校的话，财产税就可以降低1/2到2/3。关于退休老人的医疗保险，本文将在后面展开讨论。

2. 养老院

　　老年社区是为生活可以自理的退休老人建设的，与此相对应的是养老院，其服务的人群是在日常生活中需要帮助或者需要照顾的老年人。多数养老院都可以提供24小时的护理帮助，或者有24小时服务的训练有素的护士。根据美国联邦政府疾病预防控制中心的数据，2004年，全美有16 000多家养老院，提供了170万张床位（http://www. cdc. gov/nchs/fastats/nursingh. htm）。也就是说，平均每个养老院有106张床位。

图4　伊利诺伊州皮奥里亚市一家养老院的外面

　　就权属或者运营模式来说，养老院分为三种：营利性质的、非营利性质的，以及政府的养老院。根据"养老院数据大全"（US Centers for Medicare & Medicaid Services, 2010），2009年全美的养老院住了330万老人。这一数据还显示，在他们调查的16 310家养老院中，10 748家是营利性质的，4 562家是非营利性质的，1 000家是政府办的。尽管全美政府办的养老院在养老院总数中只占不到10%，但是，在保证所有养老院正常运营的问题上，美国联邦政府，州政府和地方政府起了非常重要的作用。首先，根据哈佛大学健康医疗服务方面的学者大卫·格拉博夫斯基（David Grabowski）的发现，全美所有养老院的支出的大约50%是由政府的"Medicaid"项目负责的（Grabowski, 2004：5 - 26）。"Medicaid"是美国的一个医疗保障项目，是为低收入的家庭和个人建立的。换句话说，需要住养老院的老人如果没有能力支付相关费用，"Medicaid"项目可以帮助他们支付。美国总共有330万住养老院老人的费用的50%由各州政府通过"Medicaid"支付，这是一个庞大的项目。更多的关于"Medicaid"和其他政府项目的情况本文将在后面介绍。第二，为保证所有养老院健康有效地运转，美国政府颁布了各种指南、标准、法律和规定进行监管，确保老人们从营养、医疗看护到尊严等各方面得到合理充分的服务。图4是伊利诺伊州一家养老院的外观，图5是伊利诺伊州另一家养老院的内部。

图5 伊利诺伊州芝加哥一家养老院的内部

美国还有一些和养老院类似的服务机构，不过它们不叫养老院。例如，加利福尼亚州有一个叫"On Lok"的非营利性组织为老人提供住宿和医疗护理。这里的住宿单位里面有带起居室、卫生间和小厨房的公寓，也有单个房间。和养老院相似的是，这些房屋是特别为老年人居住而设计的。因此，"On Lok"基本上属于养老院的范畴。

3. 就地养老

在养老社区模式和养老院模式中，退休老人都搬离了他们原来的家。区别在于生活在养老社区的老人生活能够自理，生活在养老院的老人需要受到专业的照顾。美国老人的第三个主要的选择是留在他们退休前居住的地方，不管他们能否照顾自己。如果能的话，他们的生活就和住在养老社区的老人类似。如果他们在照顾自己方面需要帮助的话，照顾他们的人可能是他们的配偶、孩子、亲戚、保姆或者专业的护理人员。不难理解配偶、孩子、亲戚或者保姆照顾这些老人，这是中国老人最常见的养老方式。我们需要特别关注的是专业的护理服务。对于这些选择住在家里但是在生活上需要帮助的老人，美国专业的家政公司可以为他们提供以下服务：日常生活的协助，做饭和喂饭，老人需要活动或者出行时提供协助、个人护理（譬如洗澡）、送/取处方药物、医疗器械和设备，在老人接受各种治疗时提供协助等。

以上是美国退休老人生活的三种主要模式。除此之外，还有一些其他选择。如住在休闲型的大型旅行车（RV，一种带卧室、卫生间和厨房的车辆）可以停放的 RV 社区以及依托大学而建的社区里，或是居住在民族社区里（如中国人聚居的社区）。另外，美国还有一个公共住房计划（Public Housing Program），服务对象是既买不起商品房也租不起公寓的低收入人群。这个计划由美国政府的住房与城市发展部，即 "Department of Housing and Urban Development"（HUD）提供。HUD 是联邦内阁层次的政府部门，级别相当于我国的住房与城乡建设部，负责监督公共住房计划的实施。这个计划为穷人，包括老人提供住房。根据 HUD 官方网站的数据，美国有 120 万家庭住在这个计划提供的住房里（http://portal. hud. gov/hudportal/HUD？src =/program_ offices/public_ indian_ housing/programs/ph）。

4. 退休老人的收入和医疗保障

和美国的退休老人有多元化的养老模式一样，他们的收入也是多元化的。他们的收入来源主要包括以下几种形式：退休金（pension），社会保障（social security），401（K），403（B），传统 "IRA"（个人退休账户）和 "Roth IRA"（罗斯个人退休账户）。

退休金是一种比较老的退休收入的形式，由雇主提供。现在，多数私人公司不再向新的雇员提供退休金的福利。但是一些州政府还向新雇员提供退休金。州政府的雇员不仅包括州政府各部门和机构的工作人员，还包括州里的公立学校以及州立大学的雇员。退休金系统的一个大问题是系统里的基金慢慢耗尽，同时人们的平均寿命在增加。只要这些享有退休金福利的退休老人活着，这个系统就必须向他们支付退休金。对雇主来说，这已经成为一个负担，不具有可持续性。2013 年，仅伊利诺伊州就有 9 680 亿美元的退休金债务 （Pearson and Long，2013：1.1）。因此，退休金是过去的一种退休收入形式，越来越少的美国人拥有退休金。

取代传统的退休金系统的是 401 （K），403 （B），传统 "IRA" （个人退休账户） 和 "Roth IRA" （罗斯个人退休账户）。401 （K） 和 403 （B）是雇主和雇员共同出资的一种退休储蓄。两者的区别在于，401 （K） 适用于营利性公司，403 （B） 适用于政府机构和大学、医院和博物馆之类的非营利性组织。通常情况下，雇主配套雇员工资收入的 5% 放入这一账户，雇员可以在这个账户中放入超过他们收入的 5%。401 （K） 和 403 （B） 的好处是放入这个账户里面的钱是推迟交税的 （Opiela，1999：58 - 64）。也就是说，从工资里面取出来的这部分钱不用缴纳个人所得税，不过，人们退休后取出这笔钱时，仍然是需要缴税的。但是这时他们不再工作，收入减少，缴的税也会相应减少。"IRA" 是 "individual retirement account" 的缩写，这个账户完全是雇员自己存的钱，与雇主完全无关。传统 "IRA" 是推迟缴税的，而 "Roth IRA" 是税后储蓄，"Roth IRA" 的好处是其利息免税。在管理这些账户资金的方式上，人们有很多的选择。他们可以将其放进股市，共同基金以及做其他形式的投资。

另外一种形式的退休收入是来自于社会保障 （social security） 的收入。美国的社会保障是联邦政府为老人、遗属和失去劳动能力的残疾人士提供保障的项目。这个项目最初是大萧条之后于 1935 年创立的。人们在有收入的时候缴纳社会保障税，退休以后就可以领取社会保障退休金。如果有人在退休之前死亡，其不满 18 岁的孩子可以领取遗属金。同时，他的配偶如果没有收入的话，也可以领取遗属金。与此类似，如果有人由于疾病或者残疾在退休前就失去了工作能力，他们可以领取残疾保障金。社会保障收入由社会保障局发，其基金则是由美国财政部管理。

在美国，人们的居住地变动，或者工作变动，都不影响他们退休账户里的钱。也就是说，一个人如果搬离原来的地方居住，或者换工作，都可以带走各种形式的退休金。401 （K），403 （B） 和 "IRA" 账户类似于银行账户，是由账户持有人管理的。另一方面，退休金和社会保障金是由雇主或者政府管理的。唯一可能因工作变动而带来的损失是退休金。通常情况下，雇员必须服务满五年才可以带走退休金。

美国的退休医疗保险（Medicare）计划是退休人士的一个主要健康保障系统。这一计划是 1965 年开始实施的。和支付社会保障税类似，美国人从工资收入里支付退休医疗保险税，到 65 岁就有资格享受这项保险利益。一个人如果在 65 岁以前残疾了，也可以享受这项保险利益。如果退休人士在工作的时候没有缴纳足够的医疗保险税，那么他们每月缴纳一定的保费，也可以得到这个保险利益。退休医疗保险之外，还有一个政府的医疗保障计划，叫医疗救助（Medicaid）。这个项目不是专门为退休人士设计的，而是为所有收入不足以支付医疗保险的人提供帮助的。换言之，医疗救助计划适用于没有也买不起常规的健康保障、不够资格享受医疗保险的人。由于医疗救助计划覆盖所有年龄的穷人，低收入的退休人群也被纳入医疗救助计划覆盖的范围。医疗救助和退休医疗保险不同的是，后者由联邦政府实施，前者由州政府或者地方政府实施（Buchanan，1991：67 - 74）。本文"养老院"部分已经提到，哈佛的健康保障学者大卫·格拉博夫斯基发现"Medicaid"项目承担了全美所有养老院支出的大约50%（Grabowski，2004：5 - 26）。

5. 政府的作用

虽然美国人民总的说来不喜欢政府干预他们的生活，但美国联邦、州和地方政府在人民的退休生活中却一直扮演着非常重要的角色。社会保障计划、退休医疗保险计划和医疗救助计划都是政府项目。据《华尔街日报》报道："2011 年，美国政府在退休医疗保险计划、医疗救助计划和社会保障收入上，支出了15 600亿美元——每天超过 40 亿美元，占联邦政府财政总支出的43%。"（Paletta，2012：A4）美国联邦政府财政总支出的43%主要用于社会保障体系、退休医疗保险计划和医疗救助计划中的老人。这还不包括各州政府在医疗救助计划上的支出。这个支出也不包括联邦政府的公共住房计划，该计划为 120 万家低收入的美国家庭提供住房补贴（本文"就地养老"部分的末尾已经提及该内容）。

在老人的生活和照顾方面，美国政府所起的作用并不仅仅是经济上的支持。美国联邦政府和州政府制定了很多法律和法规，对各类组织和机构照顾老人的活动进行规范，其中有一部分就是规范养老院的工作。全国长期看护申诉专员资料中心（The National Long-term Care Ombudsmen Resource Center），是一个为需要长期看护的人在线提供用户信息的网站，这里可以链接到关于养老院规范的上百个联邦和州政府的法律法规：http://www. lteombudsman.org/NORC - library。

在养老的问题上，美国政府所起另外一个作用就是制定政策鼓励人们往退休储蓄账户里存钱。前面介绍的所有的个人退休储蓄账户——401（K），403（B），以及"IRAs"——都是以这样或者那样的方式允许人们少缴税。这些推迟纳税的激励措施使人们更愿意把他们的收入存入退休储蓄账户。

6. 中国可以采取的措施

6.1 建设各种形式的养老社区和养老院

本文第一部分介绍了美国养老社区的情况，可以借鉴的是，为生活能够自理的老人建设养老社区这部分可以交给市场去做。中国的民间资本是非常雄厚的，从人们迫切地寻找一切投资机会可见一斑。由于中国投资渠道相对较少，民间资本涌向国内外楼市、金市、古董收藏、艺术品收藏、民间借贷等领域。政府可以制定一些政策引导民间资本流向养老社区的开发和建设。此外，还可以借鉴的是，亚利桑那州的年轻城和太阳城的选址都选在地价便宜的地方。所以，中国政府也可以帮助开发商选择地价相对便宜的地段，或者给予一些土地方面的优惠政策。另外，美国的老人社区里不需要配套中小学，也就相应减少了业主们需要缴纳的财产税。我们也可以考虑减少一些老人不需要的配套设施来降低建设成本，如大型娱乐或者购物场所、幼儿园、中小学等。重点保证老人生活便利、就医方便，就可以满足对老人来说最重要的需求。

美国养老院的建设，也值得我们借鉴。除了政府投资建设之外，和前面已经讨论过的养老社区的建设类似，我们可以用税收优惠、土地优惠等政策来充分调动社会力量的积极性。在我们向老龄化社会转型的大背景下，需求是巨大的。《中国青年报》2013年1月9日刊载了一篇题为"调查显示：87.6%受访者希望父母住进养老地产"的报道。报道说："2013年，北京将率先把养老设施用地纳入北京市年度国有建设用地供应计划，业界认为，'养老地产元年'已经到来。实际上，随着社会老龄化程度的加深，养老地产在一些地方已有项目开发，它们将老年人作为目标客户，针对老年人的特殊需求提供专门服务。"（http://cd.house.qq.com/a/20130109/000015.htm?
pgv_ref=aio2012&ptlang=2052）实际上，市场已经关注到这一块巨大的蛋糕，这一产业虽然还小，但是发展迅猛。已经有学者指出，中国政府对私营养老院的立法管理的步伐大大落后于私营养老院兴建开业的速度（Feng et al.，2011：738 – 744）。

　　另外，值得指出的是，随着中国人口老龄化的加剧和劳动力的减少，中国居家养老的比重可能会不断减少，养老院养老的比重会相应增加。这样变化的原因是多方面的。一方面，我国的计划生育政策实施以来，绝大多数家庭都只有一个孩子，有的甚至没有孩子。计划生育政策后出生的一代人已经逐步成年。对于这一代人来说，通常情况下，一对夫妻要照顾四个老人。一对夫妻既要工作，又要养育小孩，居家养老的模式可能会越来越难。另一方面，随着经济的发展，中国人口的流动性已经大大加强。以农村为例，大量青壮年外出务工，家里只剩下老人和孩子，他们的孩子都是留给老人照顾。城市里也有类似的情况，有些家庭，子女去了外地甚至国外发展，留下好多"空巢老人"。这些社会变化，都可能会使传统居家养老的一元化养老模式，发展成养老院养老的比重逐渐增加的多元化养老模式。

6.2　立法

　　在调动社会力量建设养老社区和养老院的同时，如本文"政府的作用"一节所分析的那样，政府还可以充分发挥管理的职能，其中之一便是立法。无论是养老社区还是养老院的开发建设，政府都可以通过立法来确定标准，如保证让使用轮椅的行动不便的老人可以无障碍通行，室内地面防滑，各种插头等设施安装到老人方便使用的高度，室内安装可以随时与外界联络的呼叫系统等。同时，在养老院的经营管理上，也制定法律法规来加以规范。如规定养老院的医护人员和设施等软硬件配备要达到一定的标准，护理人员应该有相应的资质，并规定护理人员与入住老人保持在适当的比例，以保证老人都得到充分合理的照顾。

6.3　引导学校设置相应的课程

　　我们在解决老人在哪里住的问题之后，需要思考的是谁来照顾他们。不管老人住在家里还是养老院里，都需要训练有素的护理人员来照顾他们。政府可以引导各级各类学校开设相应的课程来满足这一需求。美国人口相对较少，劳动力成本昂贵。而我国的人口众多，有丰富的劳动力资源，所以人工的价格相对低廉。我们可以基于这样的条件，大力发展这一产业，既可以提供大量就业机会，又能满足日益增加的老龄人口对护理这一服务的需求。这样可以实现社会各方共赢。

6.4 退休老人的收入和医疗保障

本文的第 4 部分介绍了美国"退休老人的收入"，他们多元化的收入模式很值得我国借鉴。我国的养老金，主要包括社保和农保两个体系。基本模式都是由个人和雇主共同往雇员的养老账户里缴纳，或者由没有工作的人自己缴纳。这个和美国的 401（K）和 403（B）类似。他们的社会保障和"IRA"是我们所没有的，对我们很有借鉴意义。如社会保障由联邦政府设立，资金的来源是人们在有收入的时候缴纳的社会保障税。人们在退休以后就可以领取社会保障退休金。这个明确取之于民用之于民的税种可以有效鼓励人们纳税的积极性。另外，"IRA"这种个人退休账户的形式——每个人自己存，自己管理，老了自己支取，也是以政策的方式鼓励人们对自己的未来负责，可以有效地减少政府的负担。

值得借鉴的第二个方面是本文第 4 部分的第 5 段的内容："在美国，人们的居住地变动，或者工作变动，都不影响他们退休账户里的钱。也就是说，一个人如果搬离原来的地方居住，或者换工作，都可以带走各种形式的退休金。"①美国人民的社会保障号是全国统一的。而我国的养老保险不是由中央统一管理的，而是由各省分别管理。所以如果去不同的省工作就有不同的账号，人们的养老保险账户就存在转移之类的问题。尤其是如果跨省变动工作，就得换账号，存在接续的问题。由于各个地方在发展水平上存在差异，各地出于地方利益的保护，不管是转移还是接续，办理程序都比较麻烦，而且劳动者有时会有一些损失。②此外，美国的社会保障是覆盖全国所有劳动者的。而我国党政机关事业单位的人员就没有纳入养老保险的范畴（这一群人，人们通常叫作体制内的人）。他们不缴纳养老保险，他们的雇主也不缴纳。他们的退休金从国家财政支出，而不是由社会保险的资金支出。这个事实的存在一方面对其他劳动者不公平，容易引起其他劳动者的不满。同时，这个群体由于没有纳入养老保险的范畴，他们的养老金账户为零。而他们的退休金是一种身份利益，一旦离开这个体制，失去了这个身份，他们就失去了保障。这使得他们不敢轻易离开这个体制，非常不利于人才流动。③雇主们如果为了确保自己的员工相对稳定，可以规定一个年限，比如工作五年以上可以带走养老保险账户的钱，这样就兼顾了雇主和雇员双方的利益。④美国的遗属金制度和残疾保障制度也非常值得我们借鉴。在这个制度下，缴纳了社会保障税的劳动者如果在退休前死亡，他们的未成年子女或者没有收入的配偶可以享受这个保障。而我国遗属金制度虽然不是绝对没有，但是适用面窄，保障水平低。有些家庭，一旦家中的经济支柱死亡或者残疾，丧失了劳动能力，全家会马上陷入困顿之中。如果建立这样的保障制度，会极大地鼓励劳动者积极筹划将来，购买或者缴纳相关退休保险。

参考文献：

胡伟略. 关于人口老龄化与技术进步的关系问题［J］. 数量经济技术经济研究，1991（11）：27 – 34.

中国国家统计局. 2012 年年鉴. http://www. stats. gov. cn/tjsj/ndsj/2012/indexch. htm.

Buchanan, Robert, Cappelleri, Joseph and Ohsfeldt, Robert. The Social Environment and Medicaid Expenditures: Factors Influencing the Level of State Medicaid Spending［J］. *Public Administration Review*, 1991, 51 (1): 67 – 73.

Feng, Xiaotian, Liu Chang, Sun Mingyue, and Vincent Mor. An Industry in the Making: The Emergence of Institutional Elder Care in Urban China［J］. *Journal of the American Geriatrics Society*, 2011, 59 (4): 738 – 744.

Grabowski, David. A Longitudinal Study of Medicaid Payment, Private-Pay Price and Nursing Home Quality［J］. *International Journal of Health Care Finance and Economics*, 2004, 4 (1): 5 – 26.

Graff, Thomas and Wiseman, Robert. Changing Pattern of Retirement Counties since 1965 ［J］. *Geographical Review*, 1990, 80 (3): 239 – 251.

Manchikanti Laxmaiah. Health Care Reform in the United States: Radical Surgery Needed Now More Than Ever［J］. *Pain Physician*, 2008, 11 (1): 13 – 42.

Ohio Department of Taxation. 2010. Tax Research Series Number One: Property Taxation and School Funding［R/OL］. http: //www. tax. ohio. gov/portals/0/research/Property_ Taxation_ School_ Funding_ 2012C. pdf.

Opiela, Nancy. 401 (K) Education: Planners Responding to Plan Participants' Calls for Help ［J］. *Journal of Financial Planning*, 2008, 12 (6): 58 – 64.

Pacione, Michael. Proprietary Residential Communities in the United States［J］. *Geographical Review*, 2006, 96 (4): 543 – 566.

Paletta, Damian. Budget Ducks Big Benefit Cuts—Administration Wouldn't Tackle Entitlements Outside a Broader Deal on Deficit［N］. *Wall Street Journal*, 2012 – 2 – 10 (A. 4).

Pearson, Rick and Long, Ray. Pension Deal Fizzles Quinn's Last-minute Proposal Rejected as

House Adjourns [N]. *Chicago Tribune*, 2013 - 1 - 9 (1. 1).

The National Long-term Care Ombudsmen Resource Center. 2013. http：//www. ltcombudsman. org/NORC - library.

Trolander, Judith. Age 55 or Better： Active Adult Communities and City Planning [J]. *Journal of Urban History*, 2011, 37 (6)： 952 - 974.

Trolander, Judith. *From Sun Cities to the Villages： A History of Active Adult, Age-restricted Communities* [M]. Gainesville： University Press of Florida, 2011.

US Centers for Disease Control and Prevention. National Nursing Home Survey [R/OL]. http：//www. cdc. gov/nchs/fastats/nursingh. htm, 2004.

US Centers for Medicare & Medicaid Services. Nursing Home Data Compendium [DB/OL], 2010edition. [2013 - 7 - 17]. https：//www. cms. gov/Medicare/Provider - Enrollment - and - Certification/CertificationandComplianc/downloads/nursinghomedatacompendium _ 508. pdf.

US Department of Housing and Urban Development. http：//portal. hud. gov/hudportal/HUD? src =/program_ offices/public_ indian_ housing/programs/ph [2013 - 8 - 20].

American Experience of Treating Retirement in Various Ways and Its Significance to China

Liu Xiaomei

Abstract： This paper discusses how retirement living and senior citizens' care has developed in the U. S. and if China can learn some lessons and experiences from the U. S. in handling the problem of the aging population. It starts with an opening statement on the aging reality in China and is followed by six sections： the development of retirement communities in the U. S., nursing homes in the U. S., living in traditional/original homes in the U. S., income and healthcare of U. S. retirees, the roles of U. S. government, and the possible measures China could take. The measures include： to build various kinds of retirement communities and nursing homes, to strengthen laws and regulations on nursing homes, to educate and develop nursing home personnel by making use of China's strong labor market, and to borrow some practices in retirement income and healthcare.

Key words： U. S. retirement living experiences and lessons； aging； retirement living； senior citizens care

美国汽车露营度假与美国人的三大心理情结

谭玉梅

（四川大学外国语学院，成都 610064）

摘　要：20 世纪初美国汽车工业迅速发展起来，随之带动了汽车露营这种新的度假方式在美国的兴起与流行，从最初使用家用轿车到如今使用房车作为露营的交通工具，汽车露营在美国的发展已经有一百多年的历史。本文试图通过这一流行生活方式来分析这一现象背后所隐含的深层的心理及文化根源，从而得出汽车露营体现了美国人的欧洲情结、边疆情结以及自然主义情结的结论。正是这三大心理情结转化为一种内驱力激发了美国人回到自然中去打开情感纽结，去寻找露营的乐趣。

关键词：汽车露营；欧洲情结；边疆情结；自然主义情结

美国汽车露营度假从 20 世纪初兴起到现在已经有一百多年的历史了，其间美国的汽车露营经历了最初的兴起、20 年代的风行与第二次世界大战以后的成熟发展三大阶段，现如今汽车露营仍然受到美国人的喜爱。那么这一度假方式的流行一定有其发展的根源。本文撇开推动美国汽车露营的经济、社会以及文化因素，把美国人作为研究对象，试图从心理学的角度分析美国汽车露营度假现象背后所体现的美国人的心理需求，从而找出隐藏在美国人心理深处的三大情结，即欧洲情结、边疆情结以及自然情结。这些情结积淀在美国人的内心深处，需要找到一种方式来释放，而亲近自然的汽车露营度假刚好可以满足美国人打开这些情感纽结的需要。因此，美国人走出城市，走进自然，走进露营地露营，从而推动了汽车露营度假在美国的百年发展历史。

情结（complex）是心理学术语，指的是一群重要的无意识组合，或是一种藏在一个人神秘的心理状态中强烈而无意识的冲动。每种心理学理论对情结的详细定义不同，但都认为情结是非常重要的。情结是探索心理的一种方法，也是重要的理论工具。荣格就将"complex"形容为"无意识之中的一个结"，将情结设想成一群无意识感觉与信念形成的结。此结可以间接侦测，而表现的行为则很难理解。1910 年，荣格在此类关联的测试中就找到了情结存在的证明。他注意到受测试者的行为往往暗示他本身的无意识感觉与信念①。早期欧洲清教徒移民美洲大陆，在边疆生活与西部开发的过程中，虽然形成了美国独特的文化，塑造了典型的自由、乐观、冒险、个人主义的美国性格，但是美国人却很难完全脱离欧洲文化，欧洲的文化继续影响着美国人，这种文化长久地积聚在美国人的心灵深处，成为一个难以解开的情感纽结。而三百年的西部开发与边疆生活让美国人在美洲这片富饶的土地上扎根下来。19世纪后期边疆开发与西进运动结束，工业革命让许许多多的美国人离开乡村走进城市，城市的喧嚣让美国人对边疆和西部充满怀旧的情结，他们希望重新踏上通往西部之路。而城市化与工业化带来的现代文明也让生活在城市的美国人对城市感到失望，乡村生活成为人们的向往。美国人的自然主义情结生动地反映在当时的自然主义以及文学作品中。这三个情结是美国人的情感倾向与心理需求，他们需要把这些情感释放出来。为了满足这种心理需要，他们走出城市生活，回到田园，回到自然。像露营这样的户外活动正好迎合了人们的心理需求。欧洲情结、边疆情结以及自然情结转化为一种内在驱动力激发人们回到自然中去发现露营的兴趣，人们可以选择短暂地或者长时间地停留在大自然中，而汽车使这一回归变得更加触手可及，人们不仅可以到较近的地方亲近自然，还可以到更远的地方与自然交流。

1. 欧洲情结

1620年冬，102名英国的清教徒为了逃离本国的宗教迫害，乘坐"五月花号"轮船抵达北美大陆，成为这片土地上的移民祖先。他们在印第安人的帮助下，战胜各种困难，在这块广袤的土地上定居下来。后来更多的欧洲移民加入，他们要在这里建立一个以清教思想为基础的单一社会。当这些早期的欧洲移民来到美洲以后，他们并没有与欧洲的传统与价值观完全脱离。欧洲的文化传统深深地植入到美国的文化中。"这个新世界被植入了欧洲的生活形态。16和17世纪的政治、科学、宗教和经济改革为投机与社会导向提供了肥沃的土壤……民主的时代已经被开启，真正产生了大西洋文明。"②

尽管独立战争使美国人终于摆脱了英国的殖民统治，建立了美利坚合众

---

① 参见霍尔等：《荣格心理学入门》，冯川译，生活·读书·新知三联书店，1987年，第35－44页。

② Michael Kraus：《The Atlantic Civilization: 18ᵗʰ Century Origin》，Ithaca, NY: Cornell University Press, 1949, p. 3.

国，但是美国人仍然有着强烈的欧洲情结。这种情结一方面体现在早期美国富人们西部旅游的行为动机上。他们当时希望能够在西部寻找到欧洲的影子。"加利福尼亚就如美国境内的意大利、里维埃拉或是巴勒斯坦。蒙特利湾就如那不勒斯，圣克鲁兹这个太平洋海岸的一个新港也在炫耀其气候如同'希腊诸岛宜人的气候，就连莎孚（古希腊一位女神——笔者注）也会为之歌唱'……蒙特利的柏树让一位雷蒙特的游客忆起了罗马平原上的香柏。"① 对于一小部分富有的美国人来说，他们有能力重新游历欧洲，但是对于绝大部分的美国人来说，欧洲暂时保留在记忆中，因为他们要想在这片新的土地上定居下来也非易事。"对于热爱森林的人们来说都熟悉夏多布里昂②在《阿拉达》中对原始森林的恢宏描写，当人们看见内华达山脉中的松林时就可以意识到书中所描绘的景色。"③ 既然对于大部分美国人来说无法回到欧洲，他们只有去发现美国这个新世界，在游历美国的过程中，他们自然而然地把欧洲的景与物和美国的拿来作对比，目的是为了勾起一种对欧洲的怀旧情结。

美国早期的富人和上层中产阶级选择到有温泉的度假地露营也体现了他们的欧洲情结。"Spa"（温泉浴）一词源自窝龙语中的"espa"，意为泉水。也有人认为"Spa"一词来自于比利时的一个叫作"Spa"的小镇。这个小镇发现了有治疗效果的温泉，罗马士兵们每天都会用温泉来舒缓疼痛的肌肉，治疗战争中受到的创伤。"Spa"在欧洲有着悠久的历史与传统，早在罗马帝国时期，在温泉还没有被发现之前，饮泉水就已经成为治疗大量疾病的一种流行方法。而希腊人更喜欢在自然界的淡水中沐浴。受希腊人的影响，罗马人也开始每天沐浴。到公元 43 年，罗马人开始把沐浴看作一种可以为所有人提供休闲、放松和慰藉的方法。到公元 70 年，罗马人在巴斯附近的温泉建起了第一个公共的温泉浴场。到公元 300 年，整个罗马帝国有大约900 多个温泉浴场。罗马的温泉浴场已经不是单纯的浴场，而是一个集娱乐休闲为一体的度假地。浴场为人们提供花园、图书馆、阅览室、饭店、酒

---

① Earl Pomeroy：*In Search of the Golden West*，New York：Alfred A. Knopf，1957，p. 32.

② 夏多布里昂（1768 年 9 月 4 日 – 1848 年 7 月 4 日）是法国 18 至 19 世纪的作家，政治家，外交家，法兰西学院院士。出生于法国布列塔尼伊勒 – 维莱讷省的圣马洛市。拿破仑时期曾任驻罗马使馆秘书，波旁王朝复辟后成为贵族院议员，先后担任驻瑞典和德国的外交官及驻英国大使，并于 1823 年出任外交大臣。著有小说《阿拉达》《勒内》《基督教真谛》，长篇自传《墓畔回忆录》等，是法国早期浪漫主义的代表作家。

③ Earl Pomeroy：*In Search of the Golden West*，New York：Alfred A. Knopf，1957，p. 34.

吧、集市、博物馆和剧院等休闲场所。人们在这里可以放松自己，也可以和其他人愉快地交流。欧洲人非常喜欢这种集保健与度假为一体的休闲放松方式。在伊丽莎白时代，巴斯的温泉最为有名。那时候，温泉度假地吸引了很多前来寻求治疗各种疾病的人们。到 17 和 18 世纪，温泉度假地继续得到发展，通常这些温泉度假地建在风景迷人的深山里①。不过当时的温泉度假仍然是上层人士的生活方式，是身份与权力的象征。

而在美洲大陆，印第安人也用温泉来帮助改善身体的健康状况，同时印第安人还认为温泉可以让他们的精神得到升华。后来欧洲人移民美洲以后陆续在西部发现了很多的温泉，其中以萨拉托加温泉最为悠久和著名，当时萨拉托加温泉一度成为上层美国人的度假胜地。尤其是在 19 世纪上半叶，在美国境内蔓延的黄热病和霍乱更是促使有钱的美国人到气候宜人、风景优美的温泉地度假，既可以治疗疾病，又可以在大自然中免遭炎炎夏日带来的痛苦。温泉让移民美洲的欧洲人可以延续欧洲的生活方式，找到曾经属于他们的身份。上层美国人在 19 世纪纷纷加入到这种流行的度假生活中来，并且推动了露营度假在美国的早期发展，为后来的汽车露营的发展打下了基础。

2. 边疆情结与西部精神

一般而言，美国边疆史始于第一批欧洲移民于 1620 年冬登上北美大陆之日起，因为正是这第一批移民在北美东海岸的拓荒活动揭开了美国边疆史的序幕。然后，美国的边疆一步一步地由东向西伸展，直至 1890 年，北美大陆才结束它的拓荒历史，美国的边疆也就此慢慢消失。这三百年间，边疆为美国的发展提供了丰富的资源以及边疆价值，也为美国留下了一个重要的文化遗产，也就是它的边疆传统，因为美国历史本身就是疆土不断扩大与延伸的历史。而美国人对这段边疆土地上的经历念念不忘、情有独钟，形成了他们对边疆的一种特殊情感倾向——边疆情结。

三百年的边疆拓殖史让美国人意识到边疆对美国的经济发展、民主国家的形成以及美国人的独特性格塑造起到重要的作用。美国边疆的独特地理环境和气候塑造了美国人、美国社会以及美国国家的性格（Ray Allan Billington，1971）。美国近代边疆学派的创立人弗雷德里克·特纳（1861 - 1932）在《边疆在美国历史中的重要性》一文中也指出，美国社会的发展

---

① 参见 The history of Spa，http://www. stone - waters. com/clinicalwork/historyofspas. html.

一次又一次在边疆从头开始。这种不断的复兴再生，这种美国生活的流动性，这种开发西部带来的新契机，这种与纯朴的原始社会形态的不断接触交往，为美国特性提供了主要动力。他认为欧洲的传统只能解释美国社会与欧洲社会的相似点，而它们之间的差异性必须从美国独特的地理环境中寻找答案。特纳认为是美国边疆的自由土地吸引了希望改变自己的经济条件和寻求冒险的欧洲人和东部的人们。他们带着现代文明社会的经济活动、政治体制以及社会习俗到达西部，但是发现在西部原始的自然环境中这些都一无所用。旧的传统习俗被打破，代之以适应新的原始环境的新习俗。成熟的政治体制让位于定居者们形成的基本的代表团体，复杂的社会活动也被放弃了，取而代之的是简单的剥玉米、盖木屋、伐木等这些解决基本的吃、穿、住的生活要求（Frederick J. Turner，1894）。美国边疆是美国平等、乐观和自立的发源地（Ray Allan Billington，1971）。在与西部的环境和人的不断接触和适应下，美国人形成了积极向上、乐观豁达、民主自由、勇敢、喜欢冒险、独立的性格特征。戈德金（Godkin）认为边疆生活让美国人区别于昔日的欧洲人，边疆推动了民主的进程，边疆广袤的土地使得聚在一起的人群彼此分离，促成了美国个人主义价值的形成以及对物质财富的追求（Ray Allan Billington，1971）。另外，边疆拓殖与西部开发培养了美国人喜欢迁徙与流动的性格。西部被描绘成浪漫与自由的土地，到处充满着机会与梦想，在那里只要通过自己的努力就可以实现自己的理想，因此人们怀着对未来的憧憬纷纷从东部踏上西进的道路。从城市到乡村，从乡村再到城镇，在一次次的迁移过程中，人们对家的固有依恋情结被削弱了，而迁移的观念逐渐融入美国人的民族性格当中。美国人喜爱迁移与流动也可以解释为什么美国人热衷于汽车露营。

随着西部广阔无垠的土地被开发以及被最终圈定，到1890年，边疆拓殖开始关闭，美国的边疆也开始慢慢消失。边疆时代的结束又意味着城市化的开始，对大多数自由不羁的美国人来说，城市化可能让他们产生一种被束缚的感觉，边疆拓殖时代的结束让美国人失落。虽然边疆开发已经成为历史，但是人们仍然向往那种艰苦与单调的创业生活，他们把这种精神寄托渐渐演变成浪漫的记忆，使之成为一种值得怀念的生活方式。当一个历史时期永远成为历史的时候，人们很容易对它产生怀旧情结。而这种情结所产生的回到西部去的心理倾向就促使人们暂时离开生活的城市，寻求自由自在的简单的生活状态，从而使自己的情感得以释放，情感纽结得以打开。

美国人的边疆情结也表现在西部开发的时代大潮中涌现出来的一批西部文学作家及其文学作品中。例如华盛顿·欧文、沃尔特·惠特曼、西部文学之父詹姆斯·库柏、薇拉·凯瑟、马克·吐温等。他们的文学作品不仅反映了作者本人对边疆以及西部的热爱与向往，而且充分歌颂了西部开发中的开拓进取、粗犷冒险、自由民主的西部精神。这些边疆题材的散文、诗歌和小说影响了一代代的美国人，作品中所体现的民族精神也深刻地影响了美国社会。

提到美国边疆小说家，不得不提及詹姆斯·库伯和薇拉·凯瑟。詹姆斯·费尼莫尔·库柏（1789－1851）是19世纪美国著名小说家。库柏儿时居住在库伯镇，周围的荒蛮地区还住着一些印第安人，因此他从小就了解关于印第安人的习俗和传说。库柏的边疆题材小说"皮袜子"五部曲奠定了他在美国文学史上的重要地位。这一系列小说是以一名叫"班波"的猎人为中心人物展开的。这五部小说按故事发生顺序分别为《打鹿将》（1841）、《最后的莫希干人》（1826）、《探路者》（1840）、《拓荒者》和《大草原》（1827）。小说描写的是早期移民的艰苦生活和印第安各部落怎样在白人的挑拨下互相残杀。小说的主人公班波被作者描绘成一位热爱森林生活，心地善良，但又精明果断的理想人物。他身上体现了边疆印第安人高尚的品格，淳朴善良、机智勇敢的特征。《最后的莫西干人》中对印第安人邓干是这样描写的："几位旅行者神情紧张地注视着年轻的莫希干人柔软挺拔的身躯以及他那优雅自然的神态和举动。虽说他和白人侦察员一样套着件很大的绿色镶边猎装，将其身体遮盖得比较严实，但人们可以看见他漆黑的双眼闪闪发亮，无所畏惧，威武而平静。他的面庞轮廓分明，五官端正，皮肤是很纯的天然的红色。他微向后削的前额高高隆起，高贵匀称的头颅顶上梳着一个很大方的发髻。"[①] 库柏的整个故事重点描写的是自然环境和印第安人的习俗，全书充满着传奇色彩。

薇拉·凯瑟（1873－1947）是美国边疆文学著名的女作家，她也是第一位潜心描写美国西部拓荒的女作家。《啊，拓荒者!》和《我的安东妮亚》是其两部代表性的边疆小说。小说描述的是欧洲移民到美国西部开荒过程中与大自然搏斗的艰苦生活，小说中洋溢着人们开拓进取的西部精神。作者本

---

① 詹姆斯·费尼莫尔·库柏：《最后的莫西干人》，陈兵译，合肥：安徽文艺出版社，1995，p. 31.

人也是一位自然的崇拜者，因此自由与和谐的自然状态正是作者所追求的理想世界。她的小说中体现的是强烈的回归自然的倾向，这一点尤其体现在边疆女性身上。她小说中的女性都是独立自主、自由而又富有人格魅力的新女性。在凯瑟的笔下，衡量一个女性的标准既不是她的美貌、她的学识、她的家庭出身背景，也不是她的财富，而是她的内心，是她的毅力、能力、自信与道德品质。凯瑟唤起了人们对拓荒岁月中美好精神的回忆，开始对现实问题进行思考，更重要的是，她让读者感受到一种生活的活力与精神的魅力，这也是美国精神的所在。

诗人惠特曼在他的诗歌集《草叶集》中充分歌颂了美国劳动人民的乐观进取精神，字里行间渗透着诗人对大自然、物质文明以及个人理想的讴歌。他的诗歌《开拓者！啊，开拓者哟》和《阔斧之歌》歌颂了西部的开拓精神。"我们砍伐原始的森林，/我们填塞河川，深深挖掘地里的宝藏，/我们测量广阔的地面，掀起荒山的泥土。"[1] 小说家马克·吐温用幽默的笔法描写了美国的乡土生活。他是土生土长的美国小说家，他的小说《哈克贝利·费恩历险记》不论从内容、题材还是语言上都是一部伟大的小说，小说中体现了 19 世纪美国两大历史潮流——"西进运动"和"废奴运动"。这部小说可以被称为美国早期历史的浓缩。书中也体现了那个时代追求自由的呼声。

这些边疆文学作品的问世很快受到人们的欢迎和喜爱。书中描写的边疆冒险、开拓的生活正是现代人所缺少的，而书中所体现的西部人积极进取、开拓创新、乐观向上、坚忍不拔、自由民主和个人主义的精神也是人们所追求与向往的。特别是小说中对印第安人的描写具有神秘主义色彩，也让生活在东部的人们憧憬着印第安人的浪漫和神秘生活。随着现代文明的进步，人们对都市生活的不满情绪蔓延，急剧恶劣的城市环境和气候让人们厌倦了文明的生活，此时边疆文学给人们提供了精神家园。他们开始怀念西部，边疆文学作品成为他们忘却现实的一种方法。但是他们已经不满足在作品中重温早期人们的美好生活和体会西部开发给人带来的积极与乐观向上的民族精神，他们希望回到西部去，走进自然中去亲身感受文学作品中所描写的神秘浪漫的生活和开拓进取、不畏困难的精神。正是在这些文学作品的影响下，

---

[1]　光盘：*English Classic 300*（*poems*）[《英文世界名著300 部》（诗歌）]，山东省出版总社发行，上海联合光盘有限公司复制。

美国人踏上了露营度假的道路，带着家人，带着朋友，乘坐简单的交通工具到西部、到荒野、到山区、到湖边去寻找内心深处的一片净土。"这个夏季从东边踏上人们常走的通往西部的路，到西部去探寻'新人新景''大自然的杰作'，寻找'那些没有被到访或是没有被人们描绘出来的壮丽的新美景'，这些美景给人耳目一新的感觉。"①

美国人到边疆与西部旅游还受到另外一个人物的影响，他就是乔治·凯特林（1796－1872）。他是美国著名的画家、作家和旅行家。因为受母亲的影响，乔治从小就对印第安人的故事着迷，表现出对印第安民族及其文化的浓厚兴趣。1830年乔治开始踏上寻访印第安人的旅途，他沿密西西比河上游进入印第安人区域。乔治用了将近八年的时间走访了几十个印第安部落，创作了五百多幅印第安人的画像和绘画作品，并且收集了大量的印第安人的手工艺品。1838年回到东部以后，乔治把这些绘画作品和手工艺品收藏在自己的印第安人画廊里，并为人们做公开的讲座，讲述自己亲历的印第安见闻。他还带着自己的画作到匹茨堡、辛辛那提和纽约等地办画展②。在游历印第安人部落的过程中，乔治写了58封书信，记录了他对北美印第安人的风俗与生活的观察，这些信在《纽约时报》刊载，后来有31封信被收录在他的《北美印第安人》一书中。这些书信集的出版引起了美国人对西部以及印第安人的生活和文化的好奇。可以说乔治·凯特林对美国早期的露营发展起到了引导和推动的作用。同时这些书信反映出乔治对保护边疆以及自然资源的重视。他认为如果不对它们加以保护的话，那么这些资源会很快消失。因此乔治也是一位积极倡导建立国家公园的艺术家。

3. 自然主义情结与回归自然

3.1 自然主义情结

北美大陆是一片资源与物种极其丰富的地区，北美印第安人在欧洲移民到来之前就一直在这片土地上过着田园与狩猎的生活。印第安人相信"万物有灵"，他们崇拜自然，敬畏自然，自然在他们眼中是他们的衣食父母，他们世世代代与自然和谐相处，对自然的一草一木怀有特殊的感情。因此在

---

① Earl Pomeroy: *In Search of the Golden West: The Tourist in Western America*, New York: Alfred A. Knopf, 1957, p. 47.

② 参见 http://en. wikipedia. org/wiki/George_ Catlin。

印第安人的情感倾向里已经形成了对自然的情结。然而欧洲移民的到来以及随后的边疆拓殖和西部开发打破了印第安人长久以来与自然和谐相处的状态。美国三百年的边疆开发虽然帮助了整个国家的建立和社会的向前发展，但是这个过程也是建立在对西部环境的破坏的基础上的。正是西部广袤的土地和富饶的自然资源，让那些寄希望于西部为其带来财富的人们不懂得珍惜，反而对环境恶意地进行破坏。他们带着战胜荒野、征服自然、把土地变为自己的战利品的心态，砍伐森林为东部提供木材，捕杀野兽，贩卖动物皮毛来牟取暴利，他们疯狂采矿淘金，对一个地方破坏完了以后，又转战到另外一个地方继续破坏。这些恶劣的行为最终导致大面积的森林消失。随着森林一起消失的还有生活在森林里的野生动物，有的动物甚至濒临灭绝。另外还出现了水土流失、土壤盐碱化以及草原沙漠化等环境问题。正是西部环境的破坏以及生态系统的改变让美国人开始重新审视人与自然的关系。随着边疆的消失，美国人认识到西部的资源不是无限的，他们开始重视对自然的保护。

正是在这样的特殊时代背景下，以爱默森和梭罗等为代表的"超验主义"思潮指导着美国人去认识人与自然的关系，唤醒他们内心对自然的情感。超验主义的主要思想观点有三个方面。首先，超验主义者强调精神或超灵，认为这是宇宙至为重要的存在因素。超灵是一种无所不容、无所不在、扬善抑恶的力量，是万物之本，万物之所属，它存在于人和自然界内。其次，超验主义者强调个人的重要性。他们认为个人是社会最重要的组成部分，社会的革新只能通过个人的修养和完善才能实现。因此，人的首要责任就是自我完善，而不是刻意追求金玉富贵。理想的人是依靠自己的人。第三，超验主义者以全新的目光看待自然，认为自然界是超灵或上帝的象征。在他们看来，自然界不只是物质而已，它有生命，上帝的精神充溢其中，它是超灵的外衣。因此，它对人的思想具有一种健康的滋补作用。超验主义主张回归自然，接受它的影响以在精神上成为完人。这种观点的自然内涵是，自然界万物具象征意义，外部世界是精神世界的体现①。超验主义提出了人与自然的关系，爱默生一生都崇尚自然，他认为人和自然之间有一种精神对应关系。"除了对自然使用价值的关注，爱默生更以独特的眼光看到了自然的精神价值。在他眼里，自然是赐予人类的一剂灵丹妙药，它不仅医治人类

---

① 参见 http://baike.baidu.com/view/49990.htm。

被苦闷的工作所束缚的肉体和精神，还挽救人类的灵魂，使人摆脱束缚，摒弃一切欲望。这是一种自然之美。在这里，人们看到了像他的本性一样的东西。"①

作为爱默生的信徒，梭罗是一个彻底的超验主义的实践者。为了领会生活的本质，富于激情和勇气的他跑到瓦尔登湖边住了两年，写出了著名的《瓦尔登湖》，影响了一代代的美国人。他强调自然与人类和谐统一的关系，唤醒人类重新认识荒野的价值，从而成为现代环境运动的先驱。梭罗坚信，在大自然中能寻觅到无穷无尽的精神财富。梭罗的自然观比爱默生的更贴近生活，对他人和社会更具有启发性和可行性。梭罗自然观的另一贡献是他对荒野的关注。他认为荒野具有文明不具备的充满生气和活力的野性，能给高度发达而趋向衰退的文明带来新的希望和前途。梭罗呼吁人们走向荒野，而不是去开发荒野和摧残荒野，他们呼吁人们要保护荒野，学会吸取荒野的生命和灵性，给人类精神增添更多真善美，使人类重新充满进取和冒险精神。梭罗对荒野的认识与阐述后来成为美国兴起的荒野保护运动和建立国家公园的重要思想基础。他甚至提出了一些具体的计划。例如，他认为每个城镇都应有一个公园，每一处原始森林要有 500 到 1000 英亩大小，不能砍里面的一根树枝做柴火，而应永远作为一块公地，用作教育和娱乐。他的观点得到了当时生态伦理学的支持和响应（苏贤贵，2002）。

梭罗的思想以及自然观对当时处于工业革命的美国具有深远的影响，美国的工业革命使社会物质极大丰富的同时也使人的精神世界变得越来越空虚。在梭罗等哲学家的引导下人们开始重视自然，尊重自然，重新找到失去已久的对自然的那份情结。

3.2　回归自然

既然自然主义情结已经在人们的情感倾向中形成，那么人们释放这种情感的方法只有回到自然中去。所以在 19 世纪末到 20 世纪初，美国掀起了一场大众的"回归自然"的运动。越来越多的美国人在《瓦尔登湖》的指引下回归自然，走进荒野，寻求心灵的慰藉和内心的安宁。他们驾着篷车，搭起帐篷，生起篝火，像梭罗一样亲近自然，感受与自然的精神交流，体会自然的真正价值与人生的真谛。

这种回归首先从孩子们开始。一些心理学家、社会学家以及教育家们认

---

① 张晓玲：《爱默生的自然观》，载《时代文学》2008 年第 20 期，第 50 页。

为没有自然的话社会将不会发展下去。当时很多的教育家认可遗传心理学家
G. 斯坦利·霍尔（G. Stanley Hall）的观点，他认为儿童在成长过程中要经
历从原始的乡村到复杂的城市这一过程，如果城市生活缺少这一过程的话，
那么会产生社会的不成熟以及犯罪和混乱。因此 1880 年以后，美国清新空
气基金会（Fresh Air Fund）和夏令营迅速发展起来。其他组织，如营火少
女团（Campfire Girls）和童子军（Boy Scouts）也为城市的孩子们提供接触
自然以及参与户外活动的机会。到 19 世纪末期，越来越多的教育家们意识
到学校也必须为那些缺少机会接触自然的城市孩子提供回归自然的机会
（Peter J. Schmitt，1990）。他们认为回归自然应先从孩子做起，继而发展到
整个社会。成人也意识到自然在个人身心发展以及社会发展中的重要作用。
大自然可以让人的精神得以恢复，当时大峡谷被认定为是最佳的冥思与祷告
的地方。曾经有位游客写道："在大峡谷似乎可以近距离地感受到伟大的神
祇的存在，让人有种被赐福的感觉。"[1] 走进自然可以让身体充满活力。查
尔斯·芬格（Charles Finger）曾经这样描绘他到梅萨维德公园时的感受：
"雄伟的山脉和蔚蓝的天空带给我一种怎样的快乐！整个身体恢复了活力，
全身的肌肉都充满生机。"[2] 大自然给人一种令人敬畏的感觉，人在大自然
中显得那么渺小。人们认识到人类不可能与自然抗衡，也不可能战胜自然，
人类只有与自然和谐相处才能使整个社会持续发展。在大自然中，人的内心
变得非常平和，人们忘掉喧嚣世界的烦恼，真正去思考自己想要什么样的生
活与人生。在自然中，人们可以放慢脚步与家人、朋友真心地交流，家庭成
员之间会变得更加团结，朋友之间的关系也会更加亲密。在自然中的短暂调
整，让人内心愉悦，充满生机，虽然不能完全摆脱现代文明带来的束缚和压
力，但是在自然中经历调整之后，人们又可以积极、愉快地投入到城市的工
作和生活当中去。当在城市生活一段时间以后，人们可以选择再次回归到自
然当中。美国人喜欢汽车露营正是这种"回归自然—返回城市—再回归自
然"的诠释。

4. 结论

美国汽车露营的发展经历了兴起到流行再到成熟一百年的历史过程，至

---

[1]　John A. Jakle：*The Tourist：Travel in Twentieth-Century North America*，Lincoln and London：University of Nebraska Press，1987，p. 65.

[2]　同上。

今它在美国仍受到人们的喜爱。如今汽车露营给美国经济做出每年近364亿美元的贡献，创造并支撑了233.4万个工作岗位，这些工作分布在所有的露营产业中（OIF, 2006）。抛开经济、社会以及文化的原因，从心理学角度来分析，汽车露营体现了美国人对欧洲、边疆以及自然的特殊情感，他们在内心深处已经形成了一种情结，而这种情结转化为内在的驱动力，美国人对汽车露营的偏爱正是他们内心情感的一种释放。这正是美国汽车露营得以长久发展的根本原因。

参考文献：

霍尔，等. 荣格心理学入门 [M]. 冯川，译. 北京：生活·读书·新知三联书店，1987.

库柏，詹姆斯·费尼莫尔. 最后的莫西干人 [M]. 陈兵，译. 合肥：安徽文艺出版，1995.

苏贤贵. 梭罗的自然思想及其生态伦理意蕴 [J]. 北京大学学报：哲学社会科学版，2002，39 (2).

张晓玲. 爱默生的自然观 [J]. 时代文学，2008 (20).

Billington, Ray Allen. *The Genesis of the Frontier Thesis: A Study in Historical Creativity* [M]. Kingsport Press, 1971.

Earl Pomeroy. *In Search of the Golden West: The Tourist in Western America* [M]. New York: Alfred A. Knopf, 1957.

Http://baike. baidu. com/view/49990. htm.

Http://en. wikipedia. org/wiki/George_ Catlin.

Http://www. stone-waters. com/clinicalwork/historyofspas. html.

Jakle, John A. *The Tourist: Travel in Twentieth-Century North America* [M]. Lincoln and London: University of Nebraska Press, 1987.

Kraus, Michael. *The Atlantic Civilization: 18th Century Origin* [M]. Ithaca, NY: Cornell University Press, 1949.

Outdoor Industry Foundation. *The Active Outdoor Recreation Economy* [R]. 2006.

Schmitt, Peter J. *Back to Nature: The Arcadian Myth in Urban America* [M]. New York: Oxford University Press, 1990.

Turner, Frederick J. *The Early Writings of Frederic Jackson Turner* [M]. Madison, 1938.

American Autocamping Vacation and American People's Three Psychological Complexes

Tan Yumei

Abstract: The fast development of automobile industry in the early 20th century promoted the rise and popularity of auto camping vacation in America. From the use of car to the use of RV as the camping gear, auto camping has developed for more than 100 years in America. The paper analyzes the psychological and cultural roots behind this popular way of life, and then concludes that autocamping embodies three complexes of American people, i. e., the complex of Europe, frontier and nature. These three psychological complexes have become the inner driving force that stimulates American people to go back to nature to release their emotion and to find the fun of camping.

Key words: auto camping; Europe complex; frontier complex; nature complex

世界三大宗教在现代社会政治生活中的人文关怀倾向[①]

苏德华　张贵芳

（四川大学外国语学院，成都 610064）

摘　要：人类社会发展到现代社会之后，随着现代科技的快速发展，人对自然的改造能力大大增加，但伴随着现代性出现了新的危机，出现了反自然的一面，比如贫富不均、精神危机、环境污染等。面对人类社会在现代社会政治生活中的这些危机，各种世俗的机构（包括政治机构）似乎感到力不从心，而宗教在面对这些危机时则从超世俗的角度则提出了自己的见解。世界三大宗教都分别提出了自己的策略以应对这些世俗的危机，充分显示了它们对现代社会政治生活的人文关怀倾向，这也为各种世俗的机构提供了可资借鉴的思想。

关键词：宗教；现代社会；社会危机；政治生活；人文关怀

宗教与政治从来不可分割，世界三大宗教（佛教、基督教、伊斯兰教）在各个历史阶段均与政治存在着千丝万缕的联系。即使是到了现代社会，虽然政教分离是大势所趋，而且绝大多数国家都实行了政教分离，但宗教仍在很多方面对社会政治生活产生一定的影响。虽然宗教不像中世纪那样直接与国家政权发生关系，但它仍然对人类社会中的其他政治生活层面起着不可忽视的作用，直接或间接地影响着现代人的思想和行为。

现代人在物质生活方面发展到了前所未有的高度，但在精神生活方面则面临着前所未有的危机，同时，现代性也带来了自身所固有的矛盾（如环境破坏、人口激增、殖民主义等）。这些危机和矛盾都给现代人提出了新的挑战。但遗憾的是，现代人在应对这些危机和矛盾时似乎显得束手无策。在这样的背景下，宗教则从超世俗的层面提出了可资借鉴的思想，这些思想也为世俗机构（如国家、政府等）提供了参考。

1. 宗教与政治的关系

宗教作为人类特有的现象，是人类在对现实世界进行认知的过程中感到

---

① 本文受到四川大学中央高校基本科研业务费研究专项项目"加拿大差会在四川的传教活动及影响"（skqy201315）资助。

无能为力时求助于超自然、超人间的力量来力图克服自身有限性的一种精神现象。作为一个自然人，人具有有限性，但作为一个有高级精神活动的主体，人的思维又具有一定的想象力，这种想象力可能会对某些超过自然人的有限性的某些事物进行思考。这就出现了人的有限性与无限性之间的矛盾，而宗教正是这种矛盾的产物，它不仅反映了人的有限性，同时也反映了人对无限性的追求。

政治作为一种人类群体的社会现象，它是在人类作为一个群体而不是一个个体进行活动时，为了调节群体中每个个体的人际关系而形成的一套制度或行为原则。人类在开始群体生活后，特别是在克服了最基础的生存需求而进入文明时代以后，就需要一种原则来调节个体之间的利益，以便达到对整个群体最为有利的实际效果。人类个体之间的人际关系就是广义上的政治，它不仅限于统治阶级与被统治阶级之间的阶级关系，同时还包括非阶级性的人际关系（吕大吉，1998：707）。这里的个体是个相对的概念，指的是比上一个层级小一个单位的群体或个体。比如，对于整个世界来说，每个国家是一个个体；对于一个国家来说，其中的各个阶层是一个个体；对于某一个阶层来说，其中的每个人就是个体。

宗教与政治之间的关系，有时是政治服从于宗教，如中世纪时期的天主教国家，有时是宗教服从于政治，如中国历史上的神权服从于君权，有时是互不隶属的关系，如实行政教分离的国家。如某些基督宗教神学家所言，（上帝）不但为人与神之间的行为立了法度，而且也为人与人之间的行为定立了法度（霍布斯，1985：88），这就是我们通常所谓的"人神之道"与"人际之道"。实际上，宗教伦理与世俗伦理之间在规范人们的行为方面并不能完全隔离开，虽然它们之间存在着本质上的差异，但它们之间同时也是相互关联的。宗教中关于人们行为规范的教义或信条就是宗教伦理或宗教道德，它包括处理神与人关系的"人神之道"和处理人与人关系的"人际之道"（罗秉祥，2003：40－43），这里的"人际之道"即是宗教对广义上的政治生活的调节机制。为了保证社会生活秩序不致受到破坏，就要求对各种阶级性的和非阶级性的社会关系进行调节，这可以通过伦理规范、法律制度等来进行，但这些规范和制度要得到社会的认可，有赖于宗教对它们的神圣化，因为只有当人们从精神上认可了被神圣化了的规范和制度后才能自觉而不是被迫地谨守（吕大吉，1998：717）。卡尔·巴特甚至提出，精神权力应当高于世俗权力，他认为德国纳粹的灾难就是他们过分强调世俗权力的后果（徐大同，2003：387），所以他认为应当通过宗教的精神来指导世俗的政治生活。

2. 体现了人文关怀的各种现代神学观点

人类社会进入到现代社会以后，一方面，生产力水平得到极大的提高，但另一方面，高度发达的生产力所带来的并不都是正面的东西，如贫富不均、环境污染、精神危机、民族危机、殖民主义、强权政治等各种对人类发展极为不利的因素，两次世界大战更如两根闷棍敲在现代人的头上。

由于现代社会充满了各种各样的矛盾和冲突，而这些矛盾和冲突似乎又是人类自身很难克服的。那么，宗教也许能够发挥一定的作用。宗教在调剂、制约、维护非阶级的公共关系方面所发挥的社会政治作用是不能视而不见的（吕大吉，1998：708）。宗教作为人的有限性的延伸，其无限性特征似乎为人类克服这方面的困难提供了一条道路。因此，世界各主流宗教都对人类在现代社会中的困境提供了相应的道路和方向。为了主持公道，宗教提出了自己的方法，力图在世上建立"上帝之国"（徐大同，2003：373），否则就只能是"公道毁则信仰绝"（霍布斯，1985：90）。世界三大宗教针对现代社会政治生活中的困惑和种种弊端，都提出了自己的神学观点。

2.1 佛教

到了现代社会，人类社会的物质生活相当丰富，但这并不意味着每个人都能平等地享受到现代化的果实，现代化的发展也带来了相应的恶果。基于这样的现实，佛教界提出了"人间佛教"，认为人人都应享受现代化的果实。人间佛教是近代佛教运动的一种，于 20 世纪 10 年代开始因应儒家伦理、基督教慈善、科学思潮的一种佛教运动。"人间佛教"注重入世而非出世，重视利他而非自利，更注重度生（照顾活着的人）而非度亡（超度已去世的人）（转引自《维基百科》网页，2013－3－19）。使近代佛教人间化、革命化的先导们，首先不认为佛教是无为的、消极隐退的宗教，而认为它是救国救民的、入世致用的宗教，不是隐遁自修、息隐山林的"死的佛教"，不是超度亡灵的"鬼的佛教"，也不是个人祈福的工具，而是与近代中国政治、经济、文化息息相关的大有作为的部分，其包含的思想价值和精神潜能是不可替代的（参见韩凤鸣，2013）。现代佛教界的"人间佛教"，十分重视人们现实生活的改善和人类社会的建设，要求处理好入世与出世、做人与成佛、世俗生活与宗教生活的关系，对促进人类社会的和平与可持续发展无疑会起到积极的作用。

"人间佛教"提出的神学观点对现代人类社会的可持续发展有着十分重要的意义。就在 2013 年 3 月初，成都的空气污染 PM 2.5 值屡创新高，这与成都的现代化建设不无关系。在这种情况下，如何处理好经济发展和环境保护的关系显得尤为迫切。3 月中旬，成都市政府组织环保、城管、公安、国土、房产等部门联合开展打击运渣车扬尘的活动，一晚上查处了 50 余辆运渣车。但这只能治其标，不能治其本。如何保护环境、重新认识环境的重要性已成为与我们生命息息相关的事情。有学者认为，今天出现的环境问题，其内在原因是人和自然的分离，即人类背离了佛教的"依正不二"法则。应当看到，环境问题是人类自己所造成的人类危机，而宗教的目的又在于拯救人类，所以从宗教特别是佛教的角度对环境问题加以积极的、认真的思考是极为必要的（参见何劲松，2013）。"人间佛教"认为人类只有与自然和谐相处，才能保证人类社会的可持续发展。

2.2　基督宗教①

在某些基督宗教神学家看来，人有善恶两重性。他们认为，人作为自然人，要在世俗世界追求物质享受，他为自己的利益可以像动物一样伤害别人，有一种"作恶"的倾向。尼布尔认为这可以体现在基督宗教的"原罪"观上，因为人类有先天的罪孽（参见徐大同，2003：389）。但作为一个精神人，他要在精神世界追求完善，有一种"行善"的倾向，这可以体现在人对"上帝"的信靠上。

针对现代社会的发展给人类社会带来的累累伤痕，为了趋利避害，克制人的"作恶"动机，某些基督宗教神学家提出了他们的神学观点来克服现代社会政治生活中某些弊病。从实践上来看，自第二次梵蒂冈大公会议开始，天主教神学实现了从中世纪的"神本论"到现代的"人本论"的转变，开始以人为本，关注世俗，有的神学家致力于倡导"普世神学"和"全球伦理"（徐大同，2003：374 - 375）。神学理论也开始与现实相结合，反映社会的呼声，出现了希望神学、革命神学、解放神学、女权神学、黑人神

---

① 我国传统上把基督教中的新教称为基督教，而基督教中的天主教则维持原来的称呼。所以，我们在讨论包括天主教和新教在内的整个基督教时，称其为基督宗教，以与基督教（即新教）区分开。

学、新政治神学等回应现代社会顽疾的神学思想。

希望神学：它反映了人在世俗方面的希望和要求。其代表人物莫尔特曼认为，人类的希望不在于彼世的乐土，而在于全人类的新的未来。因此，基督徒肩负社会政治义务，应该是在"神的应许"下改变现实社会的战士（参见徐大同，2003：392）。

革命神学：它作为一种社会政治运动，主要是北美和拉丁美洲天主教基层的政治解放运动。其代表人物戈尔维策尔将革命表述为"民主、权利平等和权利保障、摆脱贫困和对国家权力的恐惧、教育机会的平等、对少数民族的保护"。其神学基础是"上帝的统治是革命"（参见徐大同，2003：394）。他呼吁教会应该站在"穷苦的、不幸的人们和被弃的人们"的立场上，以便从福音中得到社会革命的目标和相应的策略。

解放神学：它针对的是殖民主义在南亚、拉美等地区留下的殖民后遗症，开始于20世纪70年代，发源于帝国主义殖民地的南美，首先是秘鲁（陈麟书、陈霞，2003：371）。在解放神学那里，上帝被打扮成革命者的上帝。解放神学强调为人民服务的理念，认为在上帝面前人人平等，这些国家也应当与西方资本主义国家一样获得独立。

女权神学：它针对的是长期以来妇女在职场、家庭等场合受到的不平等待遇，兴起于20世纪70年代的美国，后来传到欧洲。它表达了妇女心声，上帝被打扮成女性的上帝，并试图从《圣经》中寻找男女平等的词句，以期对男女平等进行论证。比如，她们解释说，神那无所不包的无条件的爱，体现的正是母系社会的爱。在希伯来文中，上帝的慈爱意味着"子宫"。"圣灵"一词在希伯来文中本是阴性的，到希腊文中成了中性的，只是到了拉丁文中，才演变成阳性。为此，她们主张用"it"这个中性词来指称上帝，有人甚至主张用"she"来取代"he"（参见徐大同，2003：398）。

黑人神学：它针对的是黑人受到的不公正待遇，反映的是黑人的愿望，由马丁·路德于20世纪60年代在美国创立。黑人神学甚至认为，上帝并不是白人。在黑人神学那里，上帝有时甚至被打扮成黑人。

新政治神学：它针对的是现代人重世俗而轻信仰的趋势，出现于20世纪50年代。其代表人物默茨"力图寻求一种既能参与公共知识领域的批判，又能保有基督教思想的独特语式的神学范式"。这里的"政治"并不是狭义的政治，而是广义上的社会共同事务。他举出奥斯维辛集中营这一例子，认为这一惨景给现代文明的发展及其理想蒙上了深深的阴影，"人们已不能无视那场大屠杀的场景，也不能无视第三世界中穷人和被压迫者那无言的苦难"（参见徐大同，2003：399）。

这些神学思想的一个共同特点就是，他们都旨在克服伴随着现代社会而出现的各种社会顽疾，力图从宗教的角度来协调人类社会的现代政治生活，它们都体现了基督宗教对现代社会发展的深深的以人为本的人文关切。

2.3 伊斯兰教

伊斯兰教认为，伊斯兰教徒不但要追求精神的真善美，也可以追求世俗世界的物质享受。世界上一般宗教都宣扬后世幸福论，伊斯兰教则有所不同，它主张"两世吉庆"，既重视今世的生活，又重视追求后世的幸福，并鼓励穆斯林为获得两世的幸福而奋斗不息。但是，伊斯兰教也认为，"邻居饿着肚子而自己饱食的人，不是正信士"。这一教义为解决日益严重的贫富不均问题提供了参考，同时也从宗教的角度为现代福利社会提供了有力的佐证。

伊斯兰教社会主义思潮出现于 20 世纪 20 年代初的现代社会。叙利亚穆斯林兄弟会的领导人穆斯塔法·赛巴伊明确指出，社会主义源于伊斯兰教义。他之所以得出这种结论，是由于对伊斯兰教义中关于财富、社会公正、平等和伦理的"社会主义"的理解和诠释（参见陈麟书、陈霞，2003：453）。伊斯兰教的社会主义思潮把伊斯兰教的教义思想、道德规范、社会理想与社会主义的原则等同起来。他们宣称伊斯兰教有关建立公正、平等社会，合理分配财富，禁止高利贷，反对收取利息，鼓励施舍，救济贫孤等主张同社会主义原则相一致，甚至是一回事。有人以《古兰经》的若干经文作为社会主义反对剥削、主张国家资源国有化的根据，认为"伊斯兰社会主义精神的核心"是"施舍"，这是平均财富、防止社会两极分化的好办法；称颂伊斯兰教"穆斯林皆兄弟"的教诲是社会主义平等与民主思想的最高体现（参见云在春天，2013）。这种思想不仅仅是在宣扬社会主义要发挥穆斯林睦邻友好的精神，同时对包括资本主义国家在内的贫富不均现象也有借鉴意义。

3. 对宗教人文关怀的评价

宗教在现代社会政治生活中为解决各种社会矛盾和社会危机对其教义进行了重新阐释，其目的是解决世俗问题，但其根本出发点却是宗教的、非世俗的。所以对于宗教的这种人文关怀，我们不能视而不见，无视其重要的参考价值，但也不能盲目乐观，认为它就是解决一切问题的万能药。

3.1 宗教人文关怀的立足点仍是"出世的"

宗教对现代社会政治关系的调节，从根本上来说还是从神圣的角度来规定人与人之间的处事准则，虽然它规定的是世俗的"人际之道"，但它仍旧居于从属于"人神之道"的地位，是非主导的、被决定的方面。所以，从根本上来说，宗教在这方面所做出的努力的出发点还是宗教的、非世俗的，它也很难完全解决属于世俗世界的政治生活问题，其有效性受到一定的限制。就基督教政治哲学而言，无论它有多么强的实践性，它仍然把人类的政治行为视为有限的而非终极性的和神圣的，人类最终还需求助于神的恩典和拯救（徐大同，2003：379）。

3.2 宗教人文关怀体现了宗教"与时俱进"的"入世性"

在当今世界和平与发展成为两大主题的大背景下，宗教对现代社会政治生活的人文关怀解决了部分问题，有其积极的一面。在现代世界的繁荣和冲突双重背景下，和平与发展可以说是绝大多数人普遍追求的目标。在这样的历史环境中，世界三大宗教所做出的上述努力都显示了它们"与时俱进"的"入世性"，它们的种种努力也是基于对人类的爱，在实际效果上也解决了部分现实问题，在一定程度上调和了现代社会的矛盾和冲突，这表明宗教并非一定就是马克思所说的"人民的鸦片"（参见吕大吉，1998：701）。它们在这方面所做出的努力在客观上无疑对人类社会是有益的，有着一定的积极意义。在人类还找不到十分奏效的方法来应对现代社会的种种矛盾和冲突时，宗教无疑给我们提供了一个有价值的思考空间。这些神学思潮也体现了当代宗教对当代政治的"自觉适应"（熊坤新，2008：290），而不是"强制适应"，实际上这对政治生活既有正面的意义，对宗教自身来说也可以说是一种自保的行为，避免了其被历史淘汰的厄运。

参考文献：

陈麟书，陈霞. 宗教学原理［M］. 北京：宗教文化出版社，2003.

韩凤鸣."人间佛教"的历史逻辑. http：//foz. xuefo. net/show1_ 24956. htm，2013 - 3 - 20.

何劲松. 关于"人间佛教"的几点思考. 佛教在线：http：//iwr. cass. cn/zj/zjxz/hjs/zxwz/200911/t20091126_ 1218. htm,2013 - 3 - 22.

霍布斯. 利维坦［M］. 黎思复，黎廷弼，译. 北京：商务印书馆，1985.

吕大吉. 宗教学通论新编［M］. 北京：中国社会科学出版社，1998.

罗秉祥，万俊人. 宗教与道德之关系［M］. 北京：清华大学出版社，2003.

维基百科，http：//zh. wikipedia. org/wiki/% E4% BA% BA% E9% 96% 93% E4% BD%
9B% E6% 95% 99，2013 - 3 - 19.

熊坤新. 宗教理论与宗教政策［M］. 北京：中央民族大学出版社，2008.

徐大同. 现代西方政治思想［M］. 北京：人民出版社，2003.

云在春天. 近代伊斯兰教运动与现代性. http://www. islambook. net/xueshu/list. asp?id =
1957，2013 - 3 - 25.

Humanistic Concern of the World's Three Major Religions in Modern Political Life

Su Dehua　Zhang Guifang

Abstract: Modern science and technology have enabled humans to have a greater control over nature and the society, but they have also brought about some unprecedented crises such as wealth polarity, spiritual crisis, environmental pollution, etc. Confronted with such crises in modern political life, the secular organizations (including political institutions) seem powerless, but religious institutions have proposed their respective supra-secular approaches to these problems. The religious approaches to these crises proposed by the world's three major religions explicitly indicate their humanistic concern in modern political life, which might serve as a reference for the secular organizations.

Key words: religion; modern society; social crisis; political life; humanistic concern

伊迪丝·华顿、老纽约小说与棕石建筑
——一种基于建筑的文化思考

孙 薇
（四川大学外国语学院，成都 610064）

摘 要：作为纽约上流社会的"淑女作家"，伊迪丝·华顿以对待"巴比伦古墓"一样的热情，客观而细致地考察了老纽约的生活。棕石建筑作为其社会构成的一个细节被纳入她的小说创作。在《欢乐之家》《纯真年代》等老纽约作品中，她赋予了该建筑形式细微且深刻的文化内涵。本文拟采用文化符号学和文化地理学的观点对作家、上述文本及其附带的社会背景的超文本进行解读，以发掘建筑在沉默中宣讲的历史与文化。

关键词：建筑；棕石建筑；老纽约小说；文化符号

建筑是人类创造的有形空间，是个人肉体的栖息地和精神的庇护所，它交织渗透着"人类对世界和自身生命的体悟"，是"人类自觉的生命意识"（荀志效，2003：58，59），因此被视为思想和文明的物质体现。此外，由于建筑本身存在的时间性，人们将其当作抵御肉体消亡的一种手段，所以在某种意义上，建筑成为"永恒""永生"的代名词；反之，房屋拥有者的地位越低，住宅就越难保存，因此建筑也被引申为富足与权力的隐喻。

单体（独立）的建筑往往寄托着设计者或拥有者的个性表述，人们期望通过垒起石头的史诗来表明自己的存在，把建立起花岗岩的丰碑看作精神世界的物化形式。因为与建筑物本身相联系的是个人身份的确立。它是一种功能性的手段，它能把个体的业绩——物质的或精神的——固化下来，并一直流传下去。

建筑群落所能代表的符号意义则更为丰富。因为大量建筑单体的建成意味着金钱的流向和财富的剩余，也就意味着权力和中心的形成。城市就是在一大片单体的建筑中逐渐露出雏形并形成各种复杂交错的社会生活空间。相似的建筑群落标志着传统的形成，那些建筑符号的物化形式，如砖石、土木和玻璃等以某些相同的序列组合到一起，形成了教堂的哥特式穹顶、明清式的私家宅院……而在其背后的是一股强大的力量，它们是相似文化背景当中被广泛认同的观念，以及拥有相似观念的人群。

　　文学中的建筑通常都借用了比上述所言更为复杂和深刻的象征意义，它们不仅是事件发生的环境、场所与背景，也是敦促事件发生的社会、文化和心理空间。可以说，一些特定的故事一定要在特定的建筑中发生，否则，失去了特定环境和空间的故事就会失去自己独特的形态，比如神秘、诡异的哥特式小说。而没有了巴黎圣母院的钟楼怪人的故事，一定会像用塑料袋装盛的美酒，会失去它的形致和香气。

　　很多文学大家都有自己偏好的建筑风格和形式，或者，仅仅因为生活在某一个时代，某种特定的建筑就成为他们写作时不可或缺的素材。他们要么让故事发生在那些如雷贯耳的著名庄园中 ［如《简·爱》中的桑菲尔德庄园 （Thornfield Hall）］，要么创造出建筑师也难以企及的宏大建筑群（如《红楼梦》中的大观园）。他们以文字为载体，设计出建筑结构与文本、视觉印象与思想的交流与互动，于是建筑术与文学艺术的互文性从房屋的外部形态以及内部装帧中被一一传递出来，破解、讲述和展示一种文化、一种心境、一个故事。这些驰骋的想象让文学作品成为标志性的经典，也让巴别塔（the Tower of Babel）、呼啸山庄 （the Wuthering Heights）和厄舍大厦（the House of Usher）一类的名字与它们隐藏的所指一起长久地流传开来，沉淀为文明的一部分。

1. 摩登城市的兴起和棕石建筑的衰落

　　"文学将杀死建筑"（董豫赣，2007：62）[①]——这一来自维克多·雨果（Victor Hugo）的论断似乎在作家伊迪丝·华顿（Edith Wharton，1862－1937）身上找到了最好的印证。伊迪丝·华顿以老纽约小说闻名。1897 年，她与建筑师奥格登·科德曼（Ogden Codman, Jr.）合作完成了一本有关欧洲建筑和装潢的手册——《室内装饰》（*The Decoration of House*，1897）以后便将对建筑艺术的热爱和对美的欣赏贯穿到了小说创作当中。在她的老纽约小说里，她"让房屋成为展示小说精神特质和社会象征"（Montgomery，

---

① 雨果在《巴黎圣母院》中第五卷第二章的原文是"Printing will kill architecture"（L'imprimerie tuera l'architecture），直译为"印刷要杀死建筑"。其寓意是在中世纪作为艺术总和、集思想大成于一体的建筑艺术，自文艺复兴以后逐渐衰落，文学将成为新时代占主导地位的艺术形式。造成这一局面的是印刷术的兴起，因为书籍以更便捷的方式集中、记录和传播了人类智慧。宏大的石头的圣经最终让位于轻巧的纸质的圣经。董豫赣的译法尽管不甚准确，但却抓住了雨果表达的核心，因为取代建筑艺术承载人类思想的并不是印刷术；在小说中，与建筑艺术对等的是语言文字的艺术，与有史以来宏伟建筑相对应的则是经典文学作品。

1998：68）的手段，让家居装饰成为品位和社会典仪的重要诠释，让建筑与社会精神、空间与个人想象密切相关。她独特的审美视角和视觉记忆在一定程度上影响并造就了纽约城市历史的文化意象。

同醉心于哥特式艺术，写下《巴黎圣母院》（*Notre-Dame de Paris*）的雨果一样，华顿也把对建筑艺术的热爱和对美的欣赏贯穿到了小说创作当中。她挥动起缪斯女神赐予的文学之剑毫不留情地斩向了彼时纽约的城市标识：第五大道上一幢幢棕色石头垒起来的房子，或称棕石建筑（the Brownstone）。这些千篇一律、色彩灰暗的房屋是华顿童年最深刻的记忆之一，它们仿佛是镀金时代所有缺憾的代言。

在她的自传《回眸》（*Backward Glance*，1934）的开篇中有这么一段："老的第五大道排列着双行、低矮的棕色的石头房子，有着令人绝望的统一风格。只有两个同样出人意料的特征——奇怪地——打破了这一格局：老肯尼迪小姐圈牛围起来的一块地和用作纽约自来水供应蓄水池的一座微缩的埃及金字塔……"（Wharton，1964：2）在经历了八年的欧洲游历以后，纽约呈现的是一个正在成长的、丑陋的世界。对华顿来说，在这个日益膨胀的城市里，欣欣向荣的工商业、交易、金融和市场吸引着怀揣"淘金梦"的人们，艺术的匮乏成为日常生活的常态，缺乏美国自身风格和品位的建筑也成为当时时代的一大特征：没有出色的博物馆，没有宏大的歌剧院，没有杰出的设计师，没有伟大的艺术家……

在华顿看来，棕石建筑是缺乏艺术和思想的城市建筑，身处其中也容易让人品味单调，认知贫乏。她的姑母伊丽莎白·琼斯（Elizabeth Jones）曾继承了一栋名为"莱茵克里夫"（Rhinecliff）的棕石大宅，它的硕大威严让幼年的伊迪丝总是感到害怕，她的情感也传递到了她的小说人物心中。《纯真年代》（*The Age of Innocence*，1920）中纽兰·阿切尔对那些1830年建在第五大道南部的清一色的住宅肃然起敬；而《欢乐之家》（*The House of Mirth*，1905）里寄宿在姑母佩尼斯顿太太家的莉莉·巴特则对棕色石头房子和黑色胡桃木家具深恶痛绝，因为它们代表的是令人窒息的生活方式：永远躲在百叶窗的后面，靠回忆和家族荣誉过日子。

和伊丽莎白姑母的大宅一样，在佩尼斯顿太太像坟墓一样沉闷的屋子里有黑色的特大衣橱和床架，有擦拭光亮的瓷器、银器，有存储细致的麻织衣物、毛毯和皮草，有擦光油和肥皂水的气味，却没有属于生命的激情。这位生命力和想象力都极度匮乏的贵妇永远无法发现她"紫色的客厅窗帘"和

"窗口那尊垂死的格斗者的塑像"相映衬出的诡异画面，也从来不肯承认她低俗的艺术品位（华顿，1993：103）。她所忧心的只是挂钟有没有擦拭干净，家具有没有摆放整齐，财产有没有遗失……她是家族博物馆历史沉积物的保管者，她的义务便是守卫着存放家族遗产的（物质的和精神的）老宅，防止有人进入、盗窃和掠夺——她的担心不无必要，罗斯戴尔一类的投机商仿佛总是觊觎着老纽约的一切，伺机买下历史，买下任何有价值的东西。

也许，随着摩登城市的兴起，如此平庸的棕石建筑是该被淘汰了。然而，杀死棕石建筑的却不是华顿。她说："我猜想不到，这个全被巧克力色覆盖的、被丑陋石头所诅咒的纽约，小小的、装扮低俗的、四四方方的城市，没有城堡，没有门廊，没有喷泉或者景观，在其简陋死板的统一中狭窄、水平格子般的城市在五十年以后会如同亚特兰蒂斯或者施利曼（Heinrich Schliemann）的特洛伊底层一样消失掉，我也没料到由那个枯燥无味的环境缓慢、隐秘构成的社会会和其他东西一样被席卷而走。"（Wharton，1964：55）

出乎作家意料的是，当过去成为泡影，那些代表了时代缺陷的棕石建筑却逐渐浮现出特殊的历史价值。它们代表了维多利亚时期美国的建筑风格，在19世纪中早期东海岸的弗吉尼亚、宾夕法尼亚、纽约、马里兰和特拉华州等地异常流行。与具有艺术气息的、古老的欧洲建筑相比，这些用三叠纪、侏罗纪砂石垒起来的巧克力色小型城堡尽管缺乏构成美的要素，但它们结实、稳固而气派，与那个时代的气质相吻合。它们与黑色大理石装饰的圆拱形壁炉、锃亮的红木书橱、尖顶的哥特式椅子一起筑成的庄重与威严，演变成旧时代与传统的一种令人生畏的象征。它们目睹了纽约成长为巨型城市的过程，见证了那个巨变年代的历史，凸显了清教伦理与商业精神结合而成的一种态势。整个时代的思想就写在它们之上。不管华顿敬畏还是鄙视，老纽约小说中的主要人物——塞尔登、纽兰、莉莉·巴特、梅·韦兰都在这一空间中生活，在其中出生、成长、经历他们辉煌的"贵族"时期，再渐渐地老去……

纽约是资本之源。在这个遍地似乎都是机会的城市里，人们渴望用石头垒砌的不朽帮助他人记住自己创造的辉煌。筑起自己的产业，然后像恺撒（Julius Caesar）一般宣布"我来、我看、我占有"（Vini, Vidi, Vici）无疑是最激动人心的个人成就之一，它意味着个人被城市的接纳和个人身份的确立。如果足够幸运，这种由棕石建筑所代表的地位便能够得以持续，个人的生活便可以朝纵深发展，家族的历史便可以在宅院中代代传续。在这样生活延续性的假想中，个人最终将与人类文明相接，赢得一种历史关注和非物质的传承。

不过到 19 世纪后期，棕石建筑逐渐让位于以明显浪费和炫耀为基本特征的建筑，以及更实用化的摩天大楼——其实那时候最多也不过十层。多层建筑作为酒店、宾馆和商场，为新时代提供了以拜物教为核心的资本社会准则和价值观；那些新式的豪宅则主动迎合了上流社会吸引媒体和公众关注的需求；而老纽约试图用棕色石头垒起的不朽在大规模生产和消费所创造的浮华面前黯然失色，棕石房屋所代表的传统的凝固性和稳定性也逐渐让位于现代的瞬时性和流动性。古老的房子再也不能容纳那么多的富人和他们拥有的社会财富，"空间成为了新的稀有物中的一种"（勒菲弗，2008：133）。在新的空间开辟新的中心成为阶级财富扩展的必要之举。"1870 年到 1920 年间或许是美国精英历史上最丰饶的年代，在纽约及其周边建起的为数众多的别墅生动地证实了这些社会荣耀。"（Montgomery，1998：65）不仅是富翁们，"他们的孩子也不想住在父辈的房子里，因为时尚变得如此之快，所以每个人都要建自己的乡村别墅"（约翰逊，2010：166）。在罗德岛和长岛，新建的别墅星罗棋布。作为纽约上流社会的一员，就连并不热爱社交生活的华顿也将婚后独立安顿的寓所选在了时髦的度假胜地纽波特。

这一时期的第五大道摒弃了住宅与传统之间的长久联系，主要将其与名誉连在一起，把它当作炫耀财富和权力的另一种形式。小说中，最典型的例子要数银行家博福特的住宅："博福特的家是纽约人乐于向外国人炫耀的一处住宅"，除了有"挂着西班牙皮革、用工艺品和孔雀石镶嵌的书房"以及栽满山茶、杪椤的温室以外，"还有一个不作他用的舞厅，一年 365 天把它关闭在黑暗中，镀金的椅子堆在角落里，枝形吊灯装在袋子里——人们觉得，这种毋庸置疑的优越性足以补偿博福特历史上任何令人遗憾的事情"（华顿，2002：17，18）。对于浸泡在金钱文化中的老纽约，这座气派的石头宫殿——以明显的浪费和炫耀为基本特征——吸引了包括阿切尔家族在内的保守势力。人们在一年一度的舞会上接受主人的殷勤招待既是为了宣布他们与这所宅子相当的重要性，也是为了重申主人的一切活动（包括商业活动）的合法性。

在 19 世纪的最后几十年，承载着维多利亚传统的棕石房屋被逐渐取代，现代风格的建筑悄然兴起。在新的街区，"房子是用灰蒙蒙的黄绿色石头建的，这种色调是年轻一代的建筑师刚开始启用的，用以对抗像冷巧克力酱一般覆盖着纽约的清一色的棕石"（华顿，2002：61）。除此以外，新的宅邸还标榜着屋子的主人有着不同的阅历和品位，他们"希望暗示（自己）到过欧洲，并且有自己的准则"（华顿，1993：163）。

> ……我敢肯定，布赖太太以为她的宅子是特里阿农的翻版。在美国，每一所带镀金家具的大理石住宅都被看作特里阿农的翻版。不过，那位建筑师可真够聪明，他对顾客的标准多有眼力啊！他的混合柱式设计完全体现了布赖太太的风格。好，再说特莱纳家，你记得他选择了科林斯式的：富丽堂皇，却有最好的先例可循。
>
> （华顿，1993：163）

在房屋外装风格变化的基础上，房子的内部也为新的时代要求做了改动，有了完备的管道和新的设备——电灯、中央加热系统和空调系统、冷冻室、为花园提供活水的电力水车……尽管老式的棕石建筑并不讨华顿喜欢，但蓦然插入生活的新生事物也让她感到不安。华顿在《室内装饰》中提到，并不是所有的"现代改良"都能够适用于私人生活的方方面面，比如"在走廊和办公室，电力能提供好的服务"，但它也能"让沙龙看起来像火车站，让餐厅像饭馆"（Wharton，2007：126）。对她而言，这些不快是滥用科技的结果，也是新富起来的阔佬们缺乏品位的直接表现。她对他们毫无节制地改变传统感到不满，却也为他们所创造的俗丽和浮华而惊叹。在《欢乐之家》中，代表了老纽约眼光的劳伦斯·塞尔登发现新闯入社交圈的布赖夫妇具有无可指责的与上流社会的沟通技巧，他们用金钱堆积的建筑艺术来吸引他们的猎物。

> 他们（布赖夫妇）新近建成的住宅，作为家庭生活的结构无论有何欠缺，对于展示欢乐的集会，其设计之美，可以与意大利建筑师为了显示亲王们的热情好客而即兴设计的通风娱乐厅相比。即兴之作的气派确实十分显眼，全部道具和布景如此之新，如此神秘地召集起来，致使人们不得不用手触摸一下大理石的圆柱，以便确定那不是硬纸片做的，亲身坐到一把红黄间色的扶手椅中，以断定那椅子不是画在墙壁上。
>
> （华顿，2002：134）

和塞尔登一样，多数老纽约人是不会主动拒绝引诱的——特别是当这种引诱并不会带来利益和名誉的损失。因此，不愿错过壮观场面的众多看客也成为构成这一场面的一景。

> 客人们遵循着美的环境要求、美的穿着的艺术本能，着眼于布赖太太的背景——而不是她本人——打扮起来。就座的人群充满了宽敞的舞厅，却不显得过分拥挤，望去是一片艳丽的薄纱与挂满珠宝的肩膀，与镀金结彩的墙壁和光芒四射的威尼斯天花板十分相称。

（华顿，2002：134）

意大利式的通风娱乐厅是布赖夫妇招徕猎物的物质基础，也是金钱与美的大胆结合，其设计违背住宅作为私人空间为家庭生活需求而设的初衷，却符合公共生活来者不拒的需求。从文化的角度来看，这种空间的布置满足了纽约上流社会中富有家庭日益扩大的社交需要，传达了以拜物教为核心的资本社会的准则和价值观。它代表了以家庭为核心的维多利亚美国价值观的瓦解，象征着以都市集群为特征的现代美国的形成。

从建筑学的角度来看，19世纪末新建的富人住宅具有开放性和展示性的功能，在很大程度上融合和混淆了私人空间与公共空间。它们遵照娱乐厅（gala rooms）——一般包括舞厅（ball-room）、沙龙（saloon）、音乐室（music-room）和艺术品陈列室（gallery）——的规则打造出来，通常都"很大，装饰高雅，陈设很少，只是墙壁和天花板（在一个拥挤的房间里能被看到的唯一的部分）必须比其他房间有更令人愉悦的、恰当的细节装饰"（Wharton，2007：135）。这些房间都只为了接待大批的客人而设，其目的都是为了吸引更多的人参与和见证一场"私人"性质的活动，因此"除了在很多人的时候，娱乐厅不打算开放"（同上）。这样的设计在20世纪来临的时候显得格外恰当。纽约上流社会的扩容早已成为一个不争的事实。美国经济发展催生出的百万富翁们早已迫不及待地踏了进来——从南北战争前为数不多的几个姓氏和家族到1880年代的"四百名流"，再到新世纪金融巨头J. P. 摩根的女儿婚礼上的2 400名宾客（Allen，1952：4），老纽约狭小的建筑空间里曾堆砌起的棕色的石头再也无法阻挡拥挤的人流，它所象征的经济、社会和文化的壁垒也被打破和摒弃。

2. 家、女性世界和客厅政治

老纽约对住宅的选择是具有文化意义的。因为他们多是英国和荷兰移民的后代，通过祖辈的经营和财富积累才成为金字塔尖的权贵人物。同时，作为深受清教伦理影响的商人，他们缺乏对美的感知，崇尚俭朴体面的生活。因此，建立起丑陋、实用、堡垒式的棕石建筑群既是历史的偶然，也是选择的必然。

除此以外，他们对住宅的选择还暗含着一种文化地理学的理解。在什么样的街区建起什么样的房子是他们价值观念的外化，也是他们对自我身份的界定，其中隐藏着对权力、财富的炫耀，坚定的排他情结以及一种显要的自我表达。然而，不管纽约上层社会的住宅有多少符号价值——它们如何在当时的文化框架下代表传统、财富和权力，说到底，它们也还是"家"的载体，是为此目的而兴建的。华顿所熟悉的第五大道两旁连排而砌的棕色石头房子也好，后来新建的黄绿色石头房子也好，都是富有的资产阶级为自己的社会归属所搭建的空间，标示着人们一直遵守的、基本的社会秩序。总的来说，维多利亚时代的美国是一个以家庭为单位组织起来的社会结构，奉行传统的、以男性为主导的家庭观念，而"直到第一次世界大战以后为止，家庭和礼仪都是构成纽约社会的根基"（O'Meara，2002：66）。在华顿的老纽约小说中，"上流社会的主要活动都是围绕家来进行的"（Montgomery，1998：64），但"家"的定义在作者对不同住宅的具体描述中一直显现着细微的差别。

历史学家丹尼尔·J. 布尔斯廷（Daniel J. Boorstin）认为，"'家'在英国是个亲切和富有感情色彩的字眼，而在美国它却变成了几乎是与所住的'房子'相等的东西"（布尔斯廷，1993：174）。的确，和传统家庭所重视的个人幸福指数相比而言，新的纽约上流社会越来越看重的是金钱，是"家"在社交活动中所体现的意义。莉莉·巴特的母亲巴特太太鄙视她那些富有的、守财奴似的亲戚，对他们"昏暗肮脏的房子"和客厅四壁上"'人生航程'的版画"充满了厌恶之情，因此她所统帅的"家"是个与此截然不同的屋子："一所除非有客人谁也不在家用餐的住宅；一个丁零零响个不停的门铃；门厅里的桌子上，信件像雪片般纷至沓来——**方形**的信封被匆匆打开，长方形的则给扔到一个铜罐子底上去聚集灰尘……"（华顿，1993：30）巴特太太对家的误解导致她把家装扮成为一个豪华显赫却又混乱不堪的"待客厅"，一个提供享乐的寓所。由于缺乏对家的正确认识，金钱成为维持家庭生活的唯一纽带。当家庭生活基金无法维持"待客"需求时，巴特太太的家便不得不面临瓦解的危险。

实际上，巴特太太并不是唯一具有"家＝房子＝金钱"观念的人，她分享着纽约社交界对"家"的新解，得到了颇多赞许。相比而言，徘徊在社交界之外的纽约上层才算是真正挑战了家庭观念的底线。他们有着更为新颖的生活方式——由酒店构成的"家"成为家庭概念的延伸。在美国，"酒店"（hotel）一词是从法文里借用来的。和英国传统的旅店（inn）、饭馆（restaurant）不同，它并不仅仅是指吃饭和过夜的地方，而是一个方便、豪华的"公众宫殿"——只要你肯付钱，它就为你提供你能想象的、准家庭式的服务。它也为四处游徙、寻找机遇的人们提供了一种自由、广阔的生活背景。很多年轻的夫妇选择长期在此居住，将其视为"家外之家"。因为在这个相对宽松的环境里面，礼俗成为一种负累，人们可以打破阶级的界限，随意、频繁地与陌生人谈话与交往。这开启了一种崭新的具有美国城市特色的生活方式，也传达了资本社会的新的准则和价值观，它在"打破了等级壁垒"的同时也"松弛了家庭联系"，是新时代美国流动性的象征（布尔斯廷，1993：178）。

在《欢乐之家》中，诺马·哈奇太太所居住的"商场酒店"（1993年赵兴国译版译为"商场旅馆"）就是这样一个地方。尽管该场所有莉莉·巴特所熟悉的氛围——宽敞的房间、豪华的装饰和舒适的设备，但它只是酝酿社交阴谋的温床。在这里，"来自西部"、一掷千金的哈奇太太成为勾引小佛莱迪·范奥斯勃的罪魁祸首，连暂居此地为哈奇太太担任秘书工作的莉莉也因此声名尽毁。所谓"爱（恨）屋及乌"，也许正是因为怀揣着对美国式酒店的疑惑和反感，华顿才塑造了这个在老纽约人眼中年轻、漂亮，但缺乏道德准绳的女性——寡妇哈奇太太。她是女性，轻佻而且无聊，因此她是威胁男权社会的祸害；她代表了社交界外围那些寡廉鲜耻的暴发户，因此她是家庭准则的破坏者，是新兴物质文化介入下的一股力量，缓慢但持久地蚕食着维多利亚时代美国人的家庭观念。

反观老纽约的传统家庭，女性始终在其中占据着中心位置——如果我们把华尔街和外部世界划分给了男性，那么女性一定占据了第五大道棕石建筑内的大部分空间。"家可以被看作有性别区分的文化地理景观的一部分，它代表了……家是女人'领域'的观念"（克朗，2007：26），英国学者迈克·克朗（Mike Crang）如是说。由于被严格地限制了活动的范围，家对女性来说便显得尤为重要，因为她"需要一个正式行使权力的空间"（Montgomery，1998：67），还需要在这一狭隘的领域里获得男性在外部世界中努力付出所争取到的一切——成功、权力、荣誉……

在枯燥的家庭生活中，女性行使权力的方式相当有限，相夫教子、安排家庭生活就是她最大的权力，也是她的义务与负累。不过对于生活在"镀金时代"的美国中上层阶级女性来讲，烦琐的家务在金钱与众多仆从的帮助下显得轻而易举，家务之余她们更喜欢随心所欲布置自己可以"行使权力的空间"。因为这种为空间打上自我标记的做法有一箭双雕的作用，它既是她的品位、金钱和有限权力的具体体现，也是她获得社会认可的手段。

> 在 19 世纪末 20 世纪初，中产阶级的美国人一般将家庭的室内布置看作居住于此的主妇们的自我表达。正如一本 1913 年装修手册的作者所言："第一次造访一位女士的住宅，我们一定会以周围的一切来量度她。从她家的室内布置来看她的性情、她的习惯、她的爱好。"被这一逻辑所激发，有钱的美国女性都致力于用房屋来定义自己。

> （Hoganson，2007：13）

华顿精于此道，因为这也是她在广义艺术领域的自我表达。她投入了大量的心血和精力，亲力亲为设计并监督建造了她在美国的居所——"薨台"（the Mount），把它当作一项真正的艺术实践。在她的小说里，和她一样拥有独特艺术品位的奥兰斯卡伯爵夫人同样以灵敏的心智和巧手博得了上流社会的一致赞誉。她通过小小的几件道具将梅多拉·曼森寒碜的住宅"改造成一个具有'异国'风味的亲切场所，令人联想起古老的浪漫情调与场面"（华顿，2002：61）。只有寄人篱下的莉莉·巴特连实现梦想的机会都没有，缺乏金钱支持的她丧失了对空间的主宰能力，尽管她明确表达了自己小小的权力野心，想要重新装饰姑妈家的客厅，想让"住房充分具备她自以为优越的艺术感，超过她的朋友们各种各样的奢侈环境"（华顿，1993：112），遗憾的是，她重新布置别人家客厅的打算从来都没有实现过，就连她的婚姻也受到了这个念头的威胁。从与塞尔登的第一次交谈中，我们了解到害怕丧失家庭主导权的未来婆婆——迪尔沃斯的妈妈被莉莉隐藏在家装布置后的动机吓坏了，于是赶紧把儿子打发到印度，阻止了这桩令人不安的婚姻。

通过对华顿的小说进行细致观察，我们可以发现老纽约的女性都试图在"家"这一并不纯粹的物理空间中构筑精神空间和社会空间的统一。深受尊敬的曼森·明戈特老太太在第三十四街以外（当时的非商业区，纽约上流社会生活范围以外）建起的宅子既符合她特立独行的精神，也符合她对纽约城市发展的判断。她深谙"那些伤风败俗行径的建筑学诱因"（华顿，2002：24），却公然违背所有的行为规范，将卧室建在一楼，把客厅设在楼上，然后在起居室里"安详地等候着社交活动与时尚的潮流滚滚北上"（同上，23）。这不仅是对老纽约的挑战也是对其走势的把握①。她的外孙女纽兰·阿切尔太太则没有那么自信。她的客厅布置是她为捍卫婚姻进行战斗的一部分。高高的落地灯、漂亮的银制容器、浅色锦缎沙发、镀金的竹制花架和兰花都是她应对表姐的武器——她要震慑她的社交对手，让她看到她家庭生活的成功。

在家居生活当中，客厅是家庭私人空间当中的公众空间，因此女人对家的操控都集中在了客厅。她们在这里随意地（往往也是刻意地）布置与装潢，接纳圈内的成员，驱逐"他者"，将女性有限的权力运用到极致。不过这种极致反映的不是她们自身思想、行为的解放与自由，相反，这种权力的应用是男性社会对女性的巧妙控制。可以说，这种"客厅政治"最终并未动摇男性的权力基础，它是男权社会有力的支持和补充。

在老纽约的家庭里面，光鲜亮丽的客厅是上流社会小小的缩影。从表面上看，客厅是女性世界的中心，在这里她们遵照繁复的礼俗待客接物，表现自己的学识教养，炫耀家庭/族的财富权力，把自己当作整个家庭/族的代理；但实际上，女性的客厅社交模式都是从男性社交模式演变而来，里面弥漫着女性对男性社会基本秩序的认同与维护、妥协与顺从。通过一个又一个各种规模的聚会、一次又一次的拜访和回访，女性组织起了一个严密的上流社会的网络结构。不过，舞会或晚宴上最惹人注目的女性并不是这个结构中最主要的组成。她们仅仅"帮助巩固了亲缘关系的网络，促进了男人们在商业领域开始的联系"（Montgomery，1998：66）；而对男性而言，把"小小"的客厅留给女性不仅是绅士风度的展示，也是男性策略的一部分。容许女性"控制"客厅，把家庭/族意志当作自己的意志来实现，既可以将女性拉拢到既定的社会结构当中，又可以限定她们的权力边界，对男性可谓有百利而无一害。它保证了社会一如既往地贯彻着夫妻、父母、子女的伦理常态，让女性心甘情愿为家庭/家族服务，成为其存续的附庸。

---

① 曼森·明戈特太太对住宅的布置，即将客厅放到二楼而将卧室搬到一楼是对自己行动不便的一种补偿。但鉴于当时把卧室直接敞露给客人是法国腐败生活的做派，惹人联想，有诱人犯禁的嫌疑，因此该决定不得不说是前卫、大胆，违反社会习俗的。

3. 结语

伊迪丝·华顿的老纽约小说清楚地表现了作者对建筑文化内涵的把握。在翔实的文本描写中，小说人物性格与建筑风格的对称性、小说情节与建筑艺术的关联性都得到了细致的体现。棕石建筑外部硬质的权威感和内部逼仄的空间感都为老纽约的人物及故事刻画提供了生动的对应。不过，华顿对建筑细致的勾勒只是一种文学的手法，其重点并不在于建筑本身而在于它背后的留白。只有当社会文化和历史的背景将其中的空白填满，我们才能够真正理解小说的文本构图。

参考文献：

布尔斯廷，丹尼尔. 美国人：建国历程 [M]. 中国对外翻译出版公司，译. 北京：三联书店，1993.

董豫赣. 文学将杀死建筑 [M]. 北京：中国电力出版社，2007.

苟志效，陈创生. 从符号的观点看——一种关于社会文化现象的符号学阐释 [M]. 广州：广东人民出版社，2003.

华顿，伊迪丝. 纯真年代 [M]. 赵兴国，译. 南京：译林出版社，2002.

华顿，伊迪丝. 欢乐之家 [M]. 赵兴国，译. 南京：译林出版社，1993.

克朗，迈克. 文化地理学 [M]. 杨淑华，宋慧敏，译. 南京：南京大学出版社，2007.

勒菲弗，亨利. 空间与政治 [M]. 李春，译. 上海：上海人民出版社，2008.

约翰逊，保罗. 美国人的历史：中 [M]. 秦传安，译. 北京：中央编译出版社，2010.

Allen, F. L. *The Big Change: America Transforms Itself 1900 - 1950* [M]. New York: Harper & Row, Publishers Inc., 1952.

Hoganson, K. L. *Consumers' Imperium: The Global Production of American Domesticity, 1865 - 1920* [M]. Chapel Hill: The University of North Carolina Press, 2007.

Montgomery, M. E. *Displaying Women: Spectacles of Leisure in Edith Wharton's New York* [M]. New York and London: Routledge, 1998.

O'meara, L. *Lost City: Fitzgerald's New York* [M]. New York and London: Routledge, 2002.

Wharton, E. *A Backward Glance* [M]. New York and London: Charles Scribner's Sons, 1964.

Wharton, E. *The Decoration of Houses* [M]. New York: Rizzoli and the Mount Press, 2007.

Edith Wharton, Old New York Novel and Brownstone Building
—A Cultural Thinking Based on Architecture

Sun Wei

Abstract: As a "lady writer" in the New York society, Edith Wharton carefully and objectively observes the life of her peers with her "archeological passion for the ancient Babylon Tombs". She makes the Brownstone an architectural language with connotations, and treats it as a substance which constructs the real and the fictional world in the Old New York novels. An idea inspired by cultural semeiotics and cultural geography will be employed in this essay to analyze the text of such novels as *The House of Mirth* and *The Age of Innocence*, and to further discover the social context as well as the cultural subtext silently imprinted by the Brownstone which the author depicts.

Key words: architecture; the Brownstone; Old New York novels; cultural semeiotics

早期来华美国传教士出版翻译活动研究

刘丽华

（四川大学外国语学院，成都 610064）

摘 要：本文对 19 世纪末来华美国传教士在中国的出版翻译活动进行研究，包括出版发行对外介绍中国和向中国介绍西方的中英文报纸，汉译西方社会科学和自然科学著作。本文旨在说明早期来华美国传教士为推动中西交流，促进西学渐进做出了不可否定的贡献。

关键词：美国传教士；出版；翻译；中西交流

自 19 世纪美国传教士裨治文来华以来，美国传教士就开始了在中国的基督教传教活动。为了将传教事业更为迅速和顺利地进行下去，同时也为了向美国政府提供有关中国的历史和当时的政治经济情报，传教士们积极投入到了创办报纸和译介西学的活动中。在这批传教士中，裨治文和林乐知所办的报纸影响力较大。

1. 向西方介绍中国：裨治文与《中国丛报》

裨治文（Elijah Coleman Bridgman，1801 - 1861）是美国派遣来中国的第一个新教传教士，1830 年抵达中国广州。他在中国不仅传教，还参与签订中美《望厦条约》，主编英文的《中国丛报》，随美国公使搜集情报。因此，裨治文在早期的中美关系史上具有一定的地位。

裨治文于 1830 年途经澳门，受到英国传教士马礼逊（Robert Marrison，1792 - 1834）的接待，然后来到广州，由美国商人将其接进了美国商馆。为了能更好地传教和掌握中国各方面的情况，裨治文在马礼逊的指导下学习中文。由于裨治文的到来，美国公理会送来了一部印刷机和一套英文活字，因此马礼逊提议由美国人在广州办一份英文期刊，以便向欧美介绍中国的历史和现状。当时的中国是一个封建保守、闭关落后的独立国家。人民饱受地主阶级和清朝皇帝的残酷压迫和剥削，封建专制制约着中国的进步。在广州，洋人仍被限制在十三行进行贸易，鸦片走私大幅增加。因此马理逊的办报提议得到了美国商人奥立芬的积极响应，除了答应他们可以免费使用公理会送来的印刷机外，还表示愿意承担出版方面的亏损。他们还决定聘请裨治文为编辑，并把刊物名字定为《中国丛报》（*Chinese Repository*）。

　　《中国丛报》从创始之日起，传教士们希望它能促进基督教在中国的传播。当《中国丛报》的创刊号于 1832 年 5 月在广州出版后，裨治文在其当天写的"日记"中说："今天开始编辑《中国丛报》，愿它从开始起以及在前进的过程中，全部成为上帝的工作；愿它所有的印页都充满真理，将能促进上帝的荣耀，和他所造人类的幸福。"（转引自顾长声，2005：23）同时，裨治文亲自撰写《中国丛报》的创刊词，向读者阐明了此刊物的主要任务就是"要对外国人出版的有关中国的书籍进行评论……关于博物方面，最适宜和有利的是，调查下列情报：气象、土地，还包括江、河、海中的出产；……关于商业方面，特别要考察当前商业状况的利弊；……关于社会关系方面，必须对社会结构详细调查……"（转引自顾长声，2005：24）因此，《中国丛报》详细记载了鸦片战争前后中国社会发生急剧变化的二十年，搜集了涉及中国各方面的情报，提供给西方国家参考。同时，该刊物还刊登了有关鸦片贸易、鸦片战争的全过程，提出了各种政治主张，包括侵华主张，为资本主义的入侵出谋划策，成为研究中国近代史和对外关系史的重要资料。与此同时，《中国丛报》还翻译介绍了有关中国历史、宗教、农业、儒家经典和文学艺术方面的作品，对中外文化交流起到了一定的作用。

　　在对华关系方面，《中国丛报》长期鼓吹对清政府采用强硬措施，煽动使用武力入侵中国。从 1834 年开始，《中国丛报》就不断出现好战言论，裨治文还公开在《中国丛报》上支持英国政府要求增加厦门、宁波、舟山为商埠。1836 年，《中国丛报》发表了《与中国订约——一个巨大的迫切要求》（"Treaty with the Chinese, A Great Desideratum"）一文，明确主张使用武力强迫中国订立一项不平等条约。裨治文为该文撰写了编者按语，他写道："我们完全同意我们的通讯员所说的，我们还是应该学会怎样对付一个高傲、半开化、专横的政府。……我们是主张采用有利的和果断的措施的鼓吹者，我们认为应该把全权代表直接派到北京，这样才能确保各国代表们应有的尊重和安全。"（Elijah Coleman Bridgman，1836：44）这里他所说的有利和果断的措施就是"武力"。

　　鸦片战争爆发后，裨治文不仅在《中国丛报》上及时报道战况，还编写了每月重大事件的报道。他公开叫嚣"时间已到，中国必须屈服或挫败"（转引自顾长声，2005：26）。

　　在《中国丛报》于 1851 年停刊之前的数十年中，这份刊物继续向欧美报道中外关系和中国社会变迁的情况。后来，由于裨治文主要在上海活动，《中国丛报》便改为由另一个美国传教士卫三畏（Samuel Wells Williams）负责，直至停刊。

作为早期来华的美国传教士，裨治文怀着强烈的宗教信仰来到中国，坚持办报二十多年。这份英文报刊有二十多卷，厚达一米，向后人提供了研究当时的中国社会，尤其是鸦片战争的第一手资料。当时的办报条件很不成熟，没有经费保障，时局动荡，但是裨治文能够坚持下来，除了他的宗教信仰支撑着他，与他强烈的事业心、为宗教服务和为当时的美国政府提供有价值的情报也不无关系。因此，这份英文报纸是早期美国传教士传教与服务政府相结合的一个很好的证明。

2. 向中国介绍西方：林乐知与《万国公报》

林乐知（Young John Allen，1836－1907）于 1836 年生于美国佐治亚州，为基督教美国监理会传教士。1860 年来到中国，开始其在中国的传教生涯。他不仅参加了江南制造局翻译馆的译书工作，后又受聘担任英文教习，直到 1881 年。其间，他上午教书，下午译书，16 年中译述了《中东战纪本末》《文学兴国策》《治安新策》《欧罗巴史》《万国史》《格致启蒙化学》《格致启蒙天文》《列国陆国制》等十余本有关外国历史、地理及自然科学的著作。通过这些著作的翻译，他把西方的一些人文和自然科学知识引入了中国。但是林乐知在中国影响最大的是他创办的《万国公报》，因此他享有"教会报人"之称。

《万国公报》的前身是《教会新报》（*The Church News*），由林乐知创办于 1868 年。其内容不仅包括讨论基督教教义，报道教会消息，还介绍科学知识、外国史地等。1874 年，《教会新报》更名为《万国公报》（*A Review of the Times*），更名的目的在于跳出教会的圈子，扩大读者的范围。由于林乐知忙于其他活动而无暇顾及《万国公报》的管理，加上该报的销路不好，1883 年 7 月《万国公报》停刊。1887 年由英国传教士在上海创办的广学会推选林乐知为协理，决定恢复《万国公报》的出版和发行。复刊后的《万国公报》虽然很少提及宗教，但并非放弃了宗教说教，而是改变了宣教方式。它不再单纯地宣讲教义，而是寓教于学，以政论教，企图干涉中国政治。在介绍西学、评论史实的文章中，鼓吹基督教为西学之源，借传播知识来达到传播基督教的目的。因此《万国公报》的性质仍以传播基督教、干涉中国政治为目的，对当时的社会产生了较大的影响，也是研究当时社会的重要历史文献。

《万国公报》之所以对当时的社会产生了重要的影响，主要是它对向中国介绍、传播西学颇为积极。《万国公报》涉及的西学内容颇为丰富，不但有介绍西学的连载，就连它的时事评论和报道中也有西学内容。国内对《万国公报》已经展开了研究，有学者认为《万国公报》是 19 世纪后期介绍西学"最为集中，最有影响"的刊物。19 世纪末介绍的多为西方自然科学，涉及天文地理、医药卫生、声光化电等多种学科，而 20 世纪初介绍的西学则以社会科学为主。由于《万国公报》传播的西学较早，内容也比较全面、系统、详细、准确，所以它是近代西学东渐的重要媒体。尽管对《万国公报》在介绍西学方面所起的作用有着不同的看法，但是对西学的介绍乃是这个刊物最有价值的部分，也是它在近代中国产生重大影响的原因之一，这一观点得到普遍认可。《万国公报》不仅是当时许多有志之士的西学知识的来源，也是大多数维新运动参与者在当时所能积累的西学储备。例如，维新派领袖康有为、梁启超等都受到《万国公报》的影响。康有为在1882 年经过上海市，曾订阅《万国公报》。梁启超 1885 年在北京市也曾阅读过《万国公报》。后来梁启超在《实务报》发表的争论，有不少是《万国公报》宣传过的言论。因此，《万国公报》的西学曾经是晚清学者文士认识世界的媒介，尤其是了解近代西方世界的媒介。尽管《万国公报》在近代介绍西学，为中国知识分子了解西方发挥了作用，但是其创办目的仍与传教有关。同时，《万国公报》上发表的许多文章都与当时的政治密切相关。

在甲午战争爆发前，《万国公报》并不畅销。甲午战争爆发后，《万国公报》刊登了大量有关中日战争的消息和评论，是当时报道、评论甲午战争最有影响力的刊物。这些报道使得该杂志的销量逐年增加。《万国公报》关于甲午战争的报道与评论，"是非参半，真伪互见"。"此种是非真伪的互见，也决定了《万国公报》宣传的得失两分。"（参见郑师渠，2001：168 - 196）

林乐知亲自撰写了三十多篇干涉中国政治的评论文章，如《中日朝兵祸穷本推源说》《中日两国进止互歧论》《防俄杂论》《俄国新筑西伯里亚铁路说》《中美关系略论》《广学兴国说》《险语对中》等。顾长声在其专著《从马礼逊到司徒雷登》中认为：林乐知这些争论文章的目的归纳起来就是"降日本、亲英美、共拒俄"，其目的是要使中国变为英国的殖民地，像英国占领和统治印度那样。他还认为在这些文章中最露骨的就是《印度隶英十二益说》。在这篇文章中，林乐知列举了印度成为英国殖民地的十二条好处，其目的是把中国也变成英国的殖民地，"本昔之治印者，一一移而治华"，完全暴露了殖民主义者的险恶用心。

《万国公报》的出名，不仅在于它向中国介绍西学，还在于它向中国鼓吹变法。因此《万国公报》刊载了许多有关变法的文章，尤其是有关中国政治、经济、教育以及社会习俗等方面的改革主张的文章。早期的《万国公报》对当时的清政府提出的改革主张主要是要求通商和传教，而后期却提出了"不改革不能救中国"的警世危言。这些改革主张吸引了"正在向西方学习的资产阶级改革派康有为、梁启超等人"，"在资产阶级改良派发动的戊戌变法运动中，客观上却起到了鼓动的作用"（参见丁守和，1982：608－654）。而它鼓吹变法归根结底还是为他们的传教目的服务。

戊戌变法失败后，《万国公报》的销量大幅下滑。义和团运动兴起时，《万国公报》又刊登对义和团运动进行大肆攻击的文章，在 1899 年第 132 期发表了山东庞庄公理会传教士所写的《山东义和拳匪论》一文，公然为西方列强侵略中国大造声势，并呼吁西方列强出兵镇压中国人民的反帝爱国运动。不仅如此，1840 年，林乐知还在《万国公报》上发表《总论中华时局》一文，鼓吹西方列强在中国重新分配利益，重新划分势力范围，为西方列强侵略中国呐喊助威。

林乐知通过《万国公报》向中国介绍西学，但其根本目的是为了基督教在中国的传播。虽然为当时的国人引入了西方自然科学和社会科学的理念，但是也为西方列强侵略和瓜分中国摇旗呐喊。因此《万国公报》反映了美国第一批来华传教士的心路历程：意志坚定的基督教传教士，积极的在华活动家，勤奋的"教会报人"。

3. 通过翻译著作介绍西学

传教士们除了办报，还通过翻译、著书向中国传播西方的科学和文化，虽然他们的翻译和著作主观上是为了传教，但是客观上向中国传播了一些先进的西学知识。他们的翻译和著作的大部分内容都是向中国介绍西方的自然科学和社会科学知识，而较少将中国的历史、文化向西方介绍，这就是中国近代史上的"西学东渐"的开始。

美国来华的第一个传教士裨治文曾担任"在华实用知识传播会"的秘

书。该组织由来华的外国人于 1834 年 11 月在广州成立，其标榜的宗旨是
"出版能启迪中国人民智力的一类书籍，把西方的学艺和科学传授给他们"
（转引自顾长声，2005：25）。

为了配合该组织的出版计划，裨治文翻译了《美利哥合省国志略》。这
套书可以算是一套比较有价值的书，初次向中国人介绍了美国的历史、地理
等一般性的知识，合起来一共出了七种书。该书初版于 1838 年，在新加坡
出版，署名却是"高里文"。1861 年书名又改为《大美联邦志略》，在上海
出版。后来于 1884 年在香港再版时，书名改为《亚墨理格合省国志略》。
这部书对近代知识分子产生了一定的影响。魏源的《海国图志》和徐继畬
的《瀛环志略》都曾参考过该书的早期版本。从那以后，许多美国来华传
教士都开始通过翻译介绍西学，从而达到传教和为政府服务的目的。

另一位重要人物是丁韪良（W. A. P. Martin，1827－1916），美国北长
老会牧师。在其来华之前的神学院毕业典礼上，他曾发表了题为《传教士
应利用自然科学》的演讲，表明了他准备将传教与传播自然科学结合在一
起。1850 年 4 月丁韪良来到中国后，曾参与了将《圣经》译成宁波话的工
作，后来又出版了用中文编写的《天道溯源》一书。此书曾再版多次，广
为流传，还被译成日语和朝鲜语。在这本书中，他融会基督精神与中国本土
文化之间的异同，如将儒家的性善与耶稣的精神，儒家的"天即理"与基
督的上帝观点相协调等。这本书还试图劝说人们阅读该书，信奉基督教，这
也奠定了其一生努力的方向。从其传教士的角度来说，这些观点的融合都产
生了效果，深受当地儒家士绅喜爱，并广为流传。

1862 年丁韪良从美国度假归来，来到上海，开始翻译惠顿的《万国公
法》。最早介绍近代国际法到中国的是美国传教士医生伯驾（Peter Parker，
1804－1888）。他受钦差大臣林则徐的委托将滑达尔（又译瓦特尔，E. De
Vattel，1714－1767）所著的《国际法》（Le Drot Des Gens）中的几段译成
中文供林则徐参考。但是丁韪良认为此书已经不能满足时代的要求，于是选
取了美国著名法学家亨利·惠顿（Henry Wheaton，1785－1848）所著的并
于 1836 年出版的《万国公法》（*Elements of International Law*）来翻译。该书
的翻译得到了总理各国事务衙门的资助，并于 1864 年发行。《万国公法》
的翻译出版，对中国来说无疑是一个非常重大的事件。它是在中国正式出版
发行的第一本系统完整的西方国际法著作，从框架体系、结构内容、制度原
则、概念术语乃至思想观念等各个方面，将西方的国际法移植进了中国，从

而对中国法律界产生了巨大的影响。从《万国公法》一书来看，丁韪良创造的汉语法律术语有：万国公法、刑法、公师、法师、主权、权利、责任、法院、人民、国体、赔偿、自治、限制、章程、邦国、政治、选举、司法、争端、国会、制宪、领事、利益、管辖等。这些词语中的很大一部分都成了今天我国司法制度的重要术语，也成为汉语词汇的一部分。

从实践角度看，当时中国外交官员曾运用《万国公法》中阐述的国际法原理成功地处理了一件纠纷，即"普丹大沽口船舶事件"。这对鼓舞当时中国政府引进西方国际法起了很大的作用。事实上，当时的中国被西方列强用枪炮打开了国门，被迫与西方列强签订了许多不平等条约，因此他们希望借助一部国际公认的法律来与各国政府讨价还价，更多地保住其统治利益。这部法律在这次事件中的运用，证明了引进国际法的重要性和正确性。

《万国公法》出版后，丁韪良又在他担任同文馆工作期间，与他人合作陆续翻译出版了其他国际法的书籍。顾长声在其《从马礼逊到司徒雷登》中对此有说明：

> 《星轺指掌》四卷，1876 年出版，是根据德国人马顿斯的《外交指南》翻译的。
>
> 《公法便览》六卷，1877 年出版，是根据美国人吴尔玺的《国际法导论》改编的。
>
> 《公法会通》十卷，1880 年出版，是根据瑞士人布伦执礼的《国际法法典》改编的。
>
> 《陆地战役新选》，1899 年出版，是根据国际法学会 1880 年编辑的《陆战法规手册》选译的。

（转引自顾长声，2005：192）

在传播西医知识方面，美国传教士嘉约翰（John Glasgow Kerr, 1824 - 1901）医生对医学的最伟大贡献是他翻译了许多医学方面的书籍。1859 年他编写了他的第一本中文医学书籍《种牛痘书》。之后，他又陆续编写了其他医学方面的专业书籍，如在 1871 年编写的《西药略释》（*Materia Medica*）两卷、《眼科撮要》（*Treatise on Diseases of the Eye*）、《割症全书》（*Manual of Operative Surgery*）、《炎症》（*Treatise on Inflammation*）和在 1883 年编写的《内科全书》（*Theory and Practice of Medicine* 1883）六卷。1884 年，嘉约翰翻译了《体用十章》（*Manual of Physiology*）一书，共四卷。

1898 年，嘉约翰医生还翻译了《里迪尔氏实用化学——医学学生用》（*Rideal's Practical Chemistry for Medical Students*）。早在 1868 年，嘉约翰就在广州编辑和发行中文周刊《广州新报》。1884 年，这份刊物更名为《西医新报》（*The Western Healing News*）月刊。这是西洋人在中国最早出版和发行的传播西医科学的刊物（参见嘉惠霖，琼斯，2009：270 - 274）。此外，在广州博济医院（由早期美国传教士建立的医院）工作的其他传教士医生们也陆续翻译和编著了许多医学著作，为西医在中国的传播发挥了重要作用。

从以上传教士们所出版的书籍和发行的刊物的内容来看，这些出版物大部分与西方的科学、医学及法律等知识密切相关。传教士们向中国输入西方的科学知识，主要是为了将西方的思想理念介绍到中国，从而扫除他们所认为的中国人所持有的偏见等障碍，同时又可为西方的科学和发明打开通往中国之路，最终为他们在中国的传教铺平道路。通过这些出版物，传教士们也希望将中国的地理、历史和现实状况介绍给西方，其目的无非是为政府提供一些必要的情报，从而得到政府对他们在华传教的肯定与支持，以便进一步开放在中国传教的地区。当然，我们必须肯定的是，这些早期来华的美国传教士们在中国所翻译、出版的书籍和刊物，是中国近代"西学东渐"的一个重要组成部分，为中国近代打开了通向西方科学和文明的大门，为中国带来了西方的新思想和新知识。这些西方思想和知识也影响了中国的思想、政治、学术和社会经济，同时也在客观上为当时中国社会随后所产生的一系列变革打下了一定的基础。

参考文献：

丁守和. 辛亥革命时期期刊介绍［M］. 北京：人民出版社，1982.

顾长声. 从马礼逊到司徒雷登——来华新教传教士评传［M］. 上海：上海书店出版社，2005.

顾卫民. 基督教与近代中国社会［M］. 上海：上海人民出版社，1996.

嘉惠霖，琼斯. 博济医院百年［M］. 沈正邦，译. 广州：广东人民出版社，2009.

郑师渠.《万国公报》与中日甲午战争［J］. 近代史研究，2001（4）.

Bridgman, Elijah Coleman. Treaty with the Chinese, A Great Desideratum［J］. *Chinese Repository*, 1836（2）.

Research on Translating and Publishing Activities
of the Early American Missionaries in China

Liu Lihua

Abstract: This paper attempts to make a study of the American missionaries to China in late 19th century with its focus on their activities in the fields of publication and translation of Western works to China. The conclusion of this study is that the missionaries' activities not only promote the exchange between China and the West, but also lead to the introduction of Western works to China.

Key words: American missionaries; publication; translation; China and West exchange

翻 译
TRANSLATION

从"龙"飞船命名谈商业化时代的文化翻译

杜昌国 黄 敏

（四川大学外国语学院，成都 610064；成都航空职业技术学院英语教研室，成都 610100）

摘 要：在全球化时代对外文化交流商业化和产业化的进程中，文化披上了浓厚的商业色彩。商业全球化时代的读者，对于异域文化，往往是先睹其物，后知其意，因此，更加期待原汁原味的源语文化信息。论文从美国"龙"飞船的命名入手，通过分析商业时代读者的特点，试图探讨商业全球化时代文化翻译的策略。

关键词："龙"飞船；商业全球化；文化翻译；宁信而不顺

1. 引言

自 20 世纪末以来，人类逐步进入全球化时代——经济全球化、政治全球化、信息全球化、社会生活全球化等。作为经济全球化核心内容的商业全球化，其本质是实现商品和服务在全世界范围内的自由流通。商业全球化在推动世界经济迅速发展的同时，也空前地推动着全球文化交流。在某种程度上，甚至可以说，商业是 21 世纪促进不同民族间文化交流的原动力。

全球化时代是商业交流的时代，也是文化交流的时代。近些年来，尤其是自中国正式加入世界贸易组织和成功举办奥运会以来，我国的对外文化交流取得了长足的进步。文化交流的形式已从传统的学术范畴逐步延伸到了经济、政治以及社会生活的各个领域。在很大程度上，对外文化交流已经商业化、产业化。中国文化在西方得到了空前的传播，这其中，商业的发展起到了不可或缺的推动作用。

2. "龙"飞船带来的思考

当地时间 2012 年 5 月 22 日，美国民营企业制造的"龙"宇宙飞船顺利升空，开启了商业太空探索的新时代。此次飞船命名为"龙"，听起来似乎令国人甚感欣慰，认为如此尖端的美国科技项目居然搭载了浓厚的中国文化元素，顿时觉得中国"龙"已经在西方腾飞，可庆可贺。然而，稍作考证，此"美国龙"并非中华民族为之骄傲的"中国龙"。

据介绍，"龙"飞船的命名来自于 1963 年的一首美国歌曲"Puff, the

Magic Dragon"（《魔法龙帕夫》）。美国太空探索技术公司（SpaceX）首席执行官埃隆·马斯克（Elon Musk）将飞船命名为"龙"，是对那些批评其飞船项目，认为其飞船不可能实现的人的回应。另外，龙飞船的外形也不像"龙"，而是一个传统的钝锥形弹道胶囊与一个锥形帽①。大不列颠在线百科全书称之为"钟形"（a bell-shaped forward compartment）②。因此，"龙"飞船在充分展示商业航天科技进步的同时，也给我们带来了商业全球化时代文化翻译的思考。

近几年来，关于汉语"龙"的翻译，国内有较为激烈的争论。不少人反对将中国文化中的"龙"翻译成传统的"dragon"。原因很简单，在西方读者的眼里，"龙"是传说中那只会喷火的邪恶怪物，这样翻译有损中国文化。为此，仁者见仁，提出了不同的英文翻译。

众所周知，在中国文化中，"龙"是地位崇高、内涵丰富的象征物，有着不可替代的形象。然而，不知源于何时何人，经济领域里早为世界所熟知的"亚洲四小龙"被译成了"亚洲四小虎"（Four Asian Tigers）。这种由"龙"到"虎"的嬗变，笔者认为，虽不能说对与错，但恐难成佳译。普通西方读者很难将"虎"与经济发达国家的意象联系起来，或许他们首先会想到的就是生活在亚洲的"四种老虎"——东北虎、华南虎、孟加拉虎、苏门答腊虎。这种一味迎合西方读者口味而不惜牺牲源语文化内涵的翻译，实质上不仅损害了源语文化，也没有向译语读者忠实地传达源语文化信息；不仅没有实现文化交流中的"双赢"，反而造成了文化交流中的"双失"。在翻译中，我们往往只强调用读者熟悉的形象去调动读者的联想，结果就用"班门弄斧""情人眼里出西施"等过分民族化的词语去解释国外相应的成语。这样做的结果，译文是民族化了，但是与此同时也把人家民族的东西"化"掉了（谢天振，1999：191 - 192）。

2008 年北京奥运会的顺利召开，史无前例地促进了中国文化在全球的传播。从申请到闭幕的漫长过程中，相信中国文化已随着奥运火种传遍了世界的每一个角落，西方读者对中国"龙"已不再陌生。

当然，中国"龙"最终无缘成为 2008 年北京奥运会的吉祥物，这不能不说是一件憾事。其实，纵览世界各国的国徽就不难发现，世界上许多国家

---

① http://en.wikipedia.org/wiki/Dragon_（spacecraft）.

② http://www.britannica.com/EBchecked/topic/1719556/Dragon.

都有将特定的动物作为该民族崇拜的图腾的传统，其中不乏狮、虎、狼、鳄鱼、蛇等众多凶猛的动物，读者对此并没有讳莫如深。中国人对"龙"的传统观念与西方迥然不同，西方对"狗"的看法也与中国大相径庭。难道因此在汉译英中就应该把出现"龙"的地方（龙舟、龙灯、舞龙等）都改成另一种西方人"感到愉快"的形象，以求得对等的功能吗？（许崇信，2000：84）

3. 商业全球化时代的读者有别于传统的读者

首先，商业化时代的读者思想更开放。商业全球化推动了世界经济的迅速发展。随着国民收入不断增加，生活水平不断提高，各民族对教育的重视程度越来越高，国民受教育的水平越来越高，思想越来越开放，包容性越来越强，对外来文化的兴趣越来越浓，往往积极、主动地去了解和接受异域文化。因此，就商业全球化时代的读者而言，过去许多属于"天方夜谭"的事物，现在早已习以为常，见怪不怪了。而传统的读者，由于受到多方面的影响或制约，思想较为保守，对外来文化或多或少带有一定的抵制或排斥情绪，往往被动了解和接受异域文化。

其次，商业化时代的读者消化能力更强。商业全球化促进了各个国家及地区经济的快速发展和科技的巨大进步。传统的读者，由于受经济、地域等因素的制约，对源语文化知之甚少，对源语文化的一切信息只能通过翻译的桥梁获得，因而，译者往往被视为"马太福音"的传播者。对源语文化内容感到晦涩的地方，顶多也只能通过译者的注释增加了解。今天的读者拥有各种便利的信息渠道，尤其是进入互联网时代，迅速发展的信息高速公路，催生了各种在线工具，天涯咫尺，足不出户，借助"online.com"便可畅游世界，领略世界各地的风土人情。很多时候，读者甚至比译者对源语文化了解更多、更深。在这些场合，译者的翻译、注释有时候或许还只能作读者的参考而已。

最后，商业化时代的读者也是消费者。商业与文化密不可分，文化是商业的一部分，商业本身也散发出文化韵味（余秋雨，2009）。随着商业全球化时代对外文化交流的商业化和产业化，源语文化不断地"化"作具体的实物，即"商品"。受其影响，读者往往重"物"而轻"文"。先睹其物，后知其文，在商业全球化时代，译语读者既是源语文化的读者，也是源语文化的消费者，具有双重身份。他们往往从商品的角度去了解和接受异域文化。也就是说，读者首先接触的是与源语文化有关的商品，通过商品，进一步了解和接受源语文化的内涵。有时候，虽然外来文化商品已成为读者生活的一部分，但读者对蕴含在其中的外来文化信息却一无所知。例如，风靡全球的儿童玩具熊"Teddy Bear"，中文直接翻译成"泰迪熊"，深受中国儿童，甚至是成人的青睐，但很少有人了解隐藏在其背后的文化元素。事实上，"泰迪熊"涉及前美国总统罗斯福的狩熊轶事，后因其小名"Teddy"而命名。泰迪熊是一种玩具，不是动物"熊"的种类。中文直接译成"泰迪"而非"绒毛熊"，也并未给中国读者带来任何歧义或不适。

4. 商业化全球化时代文化翻译的策略——宁信而不顺

"宁信而不顺"是鲁迅在 20 世纪 30 年代提出的一种翻译主张。虽然时间上过去了近一个世纪，鲁迅的翻译思想对当今商业化时代的文化翻译仍具有直接的指导和借鉴作用。

受商业全球化的影响，各个民族的文化都被打上了商业的烙印。因此，商业时代的文化翻译不能避开"商业"，相反，应该突出商业的因素。众所周知，在商业领域，国际上一贯主张平等，即各民族、国家，不分大小一律平等贸易。商业的进一步发展，必然会推动和促进各民族间更加频繁的文化交流，蕴含在商品中的民族文化也应随之进行平等交流。不同的文化之间应该是平等的，因此不同文化之间的交流也应该是平等的（王东风，2000：253）。自中国加入世贸组织，尤其是成功举办 2008 年奥运会以来，中国文化已传遍世界各地，并成为世界文化舞台上的一朵奇葩，日益被西方读者所接受。

传统的翻译，过多地照顾了读者的文化背景，即译入语文化，往往把读者的"反应"视为检验翻译好坏的标准，其结果是，源语文化信息的传递大打折扣。

翻译家周秀凤、张启荣在谈及列宁著作中典故的翻译时有过一段精辟的论述："在翻译外国典故时，是大可不必换上中国牌号，改装成'国货'的。否则，把'朱庇特'译成'玉皇大帝'，把'农夫和蛇'改写为'东郭先生与狼'，岂不是帮了倒忙！这样的民族化实际上成了化民族——把人家的东西都给化掉了。"（1983：12 - 18）

韦努蒂在提出"阻抗式"翻译策略的同时还主张，文化翻译要"存异"，而不是"求同"（Venuti，1992）。"存异"就是要尊重其他民族的文化，就是要保留源语文化的"丰姿"，将源语文化"原汁原味"地介绍给译语读者。不同文化之间的文化差异的存在是一个不争的事实（王东风，2000：216）。由于历史背景、地理环境、宗教信仰、风俗习惯、思维方式、价值观念等方面的差异，不同的民族之间客观上存在文化差异，这是毋庸置疑的。也正是因为有差异，彼此之间才产生好奇心，才渴望相互了解，从而才有文化交流的必要。通过交流，彼此在相互了解的基础上，不断丰富和充实各自的语言文化。相反，一味地"求同"只能蒙蔽文化差异的客观存在，造成文化交流中的不平等现象。

麦当劳在中国乃至全世界都是一个家喻户晓的名字。1987年，麦当劳首次进入中国国门时，并没有将其"中国化"以迎合中国人的口味。如今，麦当劳已遍及中国大江南北，当之无愧地成了中国第一大洋品牌快餐。事实上，当人们对麦当劳趋之如鹜时，很少有人仔细去研究其历史的来龙去脉，去关注麦当劳背后的文化元素，但潜意识里，几乎所有的人都知道这是外国快餐。

同样的例子就是中国的"饺子""粽子"等。除中国人外，世界上还有一些民族也有吃饺子和粽子的习惯。当然，原料和做法不尽相同，更重要的是蕴含其中的文化信息不同。如果一味地照顾西方读者的"反应"，将中国的"饺子"和"粽子"分别翻译成"dumpling"和"rice dumpling"，则会失去二者所包含的中国文化元素，难免出现"虽译未译"的情况。相反，如果直接译成"Jiao-zi"及"Zong-zi"，汉语文化的气息会更浓。在很多场合，甚至还可以借助图片加注释的方法予以介绍，图文并茂，可能会起到事半功倍的效果。以川菜中的"夫妻肺片"为例，维基百科提供了一个可以借鉴的模式，将"夫妻肺片"直接翻译成汉语拼音"Fuqi Feipian"：

Fuqi feipian

From Wikipedia, the free encyclopedia

Fuqi feipian (Chinese: 夫妻肺片; pinyin: fūqī fèipiàn; literally "sliced lung by the married couple") is a popular Sichuan dish, served cold or at room temperature, which is made of thinly sliced beef and beef offal. Common ingredients in the modern version include beef heart, tongue and tripe, and a generous amount of various spices, including Szechuan peppercorns. True to its Sichuan roots, the desired taste should be both spicy and mouth-numbing. Despite its name, actual lung is rarely used.

History   [edit]

Fuqi feipian

As early as the late Qing Dynasty, many vendors were already selling beef slices served cold in the streets of Chengdu, using beef offal because they were relatively inexpensive. Because of its low cost, the dish was popular among rickshaw pullers and poor students.

In the 1930s, a married couple in Chengdu became famous for making beef slices. The husband, Guo Zhaohua (郭朝华), and wife, Zhang Tianzheng (张田政), were particular about the beef slices they made, and often experimented with new ingredients. As a result, their beef slices had a distinct taste from the other beef slice vendors, and their business boomed. Often though, mischievous children would pull a prank on the couple, and stick paper notes that read *fuqi feipian* (married couple's offal slices) on their backs, and sometimes people would yell the words out. Later on, a merchant tried the married couple's beef slices and was so satisfied, he gave them a gold-lettered plaque that read *fuqi feipian*, and the name has stuck ever since.

To suit their customers' tastes, the couple made many improvements on the dish, and offal slices were eventually replaced by various beef or lamb slices. Many people still preferred calling the dish *fuqi feipian*, thus the name is still used today.

The meaning of *fei* is waste parts or offal. The lung could be a part of this offal, but *fei* is not lung by itself in this dish's meaning.

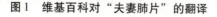

图1　维基百科对"夫妻肺片"的翻译

初次接触"夫妻肺片"的西方读者，通过上述图文并茂的解释，定能准确地了解中国饮食文化中"夫妻肺片"为何物。吃一道地道的中国菜，了解一个关于中国文化的故事，可谓一举两得。笔者认为，将"夫妻肺片"直接翻译成"Fuqi Feipian"比翻译成"Beef and Ox Tripe in Chili Sauce"（"泡在辣椒酱里的牛肉和黄牛肚"）更为可取。因为后者不仅在形式上不太符合汉语菜名的表达，而且源语文化的信息也不复存在。借助菜谱所配的图片，加之聆听服务员的讲解，顾客/读者在品味美食的同时也领略到了源语文化的韵味。若担心译文读者误解或看不懂，加个注释言明个中究竟，一回生，二回熟，久而久之，既可让读者更多地了解异族的文化，又可丰富目标语的表达方式（王东风，2000：217）。

当然，人们对类似维基百科这类网络工具的权威性可能会表示怀疑，尤其是翻译严肃、高雅的东西，有人甚至是嗤之以鼻，认为登不了大雅之堂。但笔者认为，这种开放性的工具，更贴近当今读者的日常生活，更为当今广大读者喜闻乐见，雅俗共赏，恰恰是开放性和商业化时代的体现。对于所谓高雅的东西的翻译，鲁迅同样是主张"宁信而不顺"的。他指出："至于供给甲类的读者的译本，无论什么，我是至今主张'宁信而不顺'的。"[1]（《鲁迅全集》，1982：553）

仔细思考，将"McDonald's"翻译成"麦当劳"，将"Teddy Bear"翻译成"泰迪熊"，其实无异于将"夫妻肺片"翻译成"Fuqi Feipian"，其功能就等同于"麦当劳"和"泰迪熊"。西方读者，吃多了，听惯了，也就逐渐接受了。德国大文豪歌德指出："凡事总有个开始，读者终究会从不习惯（不喜闻乐见）到习惯（喜闻乐见）。"（刘宓庆，1999：76）

传统的翻译中，涉及源语文化元素时，注释恐怕是唯一能帮助译语读者"认知"的渠道。远隔千山万水，缺乏当今便利的信息渠道，因此，那个时候的读者对于异域文化往往是"无知"的，更是"无助"的。翻译是唯一帮助他们逾越鸿沟的桥梁，译者则是当之无愧的架桥人，读者对其拥有百分之百的期待。今天的读者借助于各种便利的信息渠道，甚至比译者更为"博学"，更为"灵通"。不少读者自己就是译者，同时，借助各种便利的工具，很多时候，他们完全可以"自主"获取所需信息。在这种情况下，对

---

[1] 参考《关于翻译的通信》，载《鲁迅全集·杂文集·二心集》，人民文学出版社，1982年，第381页。

译者的期待会有所降低。

通过注释对源语文化背景的解释，中国读者早已逐步接受了"阿喀琉斯的脚跟""潘多拉的盒子""掉鳄鱼泪"等；西方读者也早已对"面子""纸老虎"等不再陌生。"维纳斯""邱庇特""缪斯""特洛伊木马""阿拉丁神灯"，不都是经过从移植到落地生根，从不熟悉到熟悉，大量进入我们的文学语言，甚至进入汉语词典了吗?!（刘英凯，1999：277）

一个典型的例子就是成语"雨后春笋"中"笋"的翻译。在很多场合，"笋"往往被换成了"蘑菇"。原因很简单，"笋"是中国文化中特有的成分，在英伦列岛见不到，而英语中的"mushroom"（蘑菇）和"笋"的比喻义基本一致。因此，在许多场合，"竹笋"也就自然而然地变成了"蘑菇"。汉英文化翻译中类似牺牲源语文化的例子举不胜举。比如，"龙"变"虎"，"红"变"绿"，"牛"变"猪"等。如果仅仅从便于西方读者理解的角度来考虑，似乎也并无不妥之处。然而，21世纪的文化翻译是否依然只需要考虑读者的习惯，是否依然将"读者接受"作为检验翻译的唯一标准，还是值得商榷的。"不同文化具有不同的思想基础、不同的价值观和世界观，因此，不同文化间的翻译，如果任意拿自己的东西去代替别人的东西，把一种异质的文化'血液'输入到另一种文化的'血液'中去，这无异往人身上输羊血，得到的不是文化交流，而是文化'凝血'。"（许崇信，2000：89-90）

5. 结论

21世纪也是信息全球化的时代，互联网使当今的读者拥有前所未有的信息渠道。足不出户，可知天下，与传统翻译相比，应该说当今译者的任务要轻松多了。在过去，可以说，翻译往往是读者了解异域文化的唯一渠道。而今天，他们可以通过频繁的商务和文化交流活动、便利的互联网等，轻松地了解异域文化，甚至可以通过旅游，身临其境地考察和体验源语文化。原来很多一知半解、晦涩的源语文化成分，今天也可以"眼见为实"了。所以，在信息便利的商业化时代，译者应该更加相信读者的"能力"。"译者应该相信读者随着民族间文化交流的日益频繁，随着读者接触到的外来文化的日益增多，今日的读者有能力接受带有外来文化印记的各种文化意象。不仅如此，他们对外来文化意象还表现出越来越浓厚的兴趣。因此，译者大可不必越俎代庖，徒费心力地把面包改做馒头塞给读者。"（谢天振，1999：

192）

因此，在商业全球化时代的今天，对于文化翻译，有必要重提鲁迅先生的译学思想，正视差异，相信并尊重读者，更要尊重源语文化，否则，随着商业和文化交流的日益频繁，越来越多的中国文化成分将会流失。仅从目标文化出发，置出发文化的实际于不顾，一味迎合目标语读者的接受方便，以至用目标文化的价值观强行归化出发文化，这是一种不尊重出发文化的行为，从某种意义上讲也是不尊重读者的行为，因为这种译法掩盖了原文的文化与艺术事实，实际上是对译文读者的蒙骗（王东风，2000：253）。因此，面对商业全球化时代的读者，我们呼唤"宁信而不顺"的文化翻译，让众多的西方读者体验和品尝"原汁原味"的中国文化。

参考文献：

郭建中. 文化与翻译 [C]. 北京：中国对外翻译出版公司，2000.

刘宓庆. 文化翻译论纲 [M]. 武汉：湖北教育出版社，1999.

谢天振. 译介学 [M]. 上海：上海外语教育出版社，1999.

杨自俭，刘学云. 翻译新论 [C]. 武汉：湖北教育出版社，1999.

周秀凤，张启荣. 谈列宁著作中典故的翻译 [J]. 翻译通讯，1983（12）.

Http://en. wikipedia. org [OL].

Http://www. britannica. com [OL].

Venuti, Lawrence. *Rethinking Translation* [M]. London：Routledge，1992.

Cultural Translation Strategy in Commercial Age: From the Naming of the American Dragon Spacecraft

Du Changguo   Huang Min

Abstract：In the process of commercialization and industrialization of cultural exchange, culture has been more commercialized than ever. For an alien culture, the readership in the age of commercial globalization, who tends to "see" its products before knowing its message, expects more original message from the source language culture. Based on the characteristics of the readership in the commercial age, as well as the naming of the American Dragon Spacecraft, the present paper attempts to discuss cultural translation approach in the commercial globalization era.

Key words：dragon spacecraft; commercial age; cultural translation; faithful than smooth

翻译与文化身份认同

刘 佳

（四川大学外国语学院，成都 610064）

摘 要：在全球化语境下，文化身份认同成为各民族文化在世界文化格局中定位自己，寻求自身文化精神和信念重塑的途径。文化身份认同需要发生在与其他文化的关系网络中，既包括其他文化对待自己的态度，也包括自己对自身的认识。本论文主要探讨在后殖民状况下翻译对构建民族文化身份认同的重要影响：一方面，文化要获得发展不可避免地要通过翻译向异质文化中的差异性开放，并接受其不断的冲击和影响；另一方面，它又必须不断对文化他者的异质性进行必要的去殖民化，进而维护和彰显本土文化身份的差异性。

关键词：翻译；文化身份认同；后殖民主义译论

文化身份认同（cultural identity）是西方文化研究的一个重要概念，指特定的文化主体（个人或群体）对自己的文化归属和文化本质特征的确认，带有鲜明的文化差异性。我国文化研究学者陶东风将身份认同的不同内涵分为四类，即个体身份认同、集体身份认同、自我身份认同以及社会身份认同（参见赵一凡等，2006：465）。而民族文化认同是一个文化群体在与其他的文化群体或亚群体的接触中，确定自我与他者的关系选择，以文化的差异性显示在全球文化的多元结构中。这种文化身份认同的研究通常建立在以现代国家或民族为基础的论述框架中。在全球化不断深化的过程中，"多元文化主义、文化认同以及差异政治成了当今世界人文与社会科学领域的热门话题"（陈定家，2004：200）。在翻译研究的领域，对民族文化身份的研究通常也取其第一层含义，也就是以具有共同的价值观、伦理和习俗的、某一个特定文化群体的文化身份以及其确立和诉求的过程为整体研究对象。在后殖民主义翻译研究中，对民族文化身份的关注涉及译者所代表的个人或赞助者的文化立场、翻译中的文化策略、文化翻译的去殖功能、民族文化差异性在译本中的显现、译本在异域的传播和接受对文化身份的构建等方面。

1. 后殖民状况下的文化身份认同

当代美国译论家罗宾逊在《翻译与帝国》中阐述了后殖民语境下文化

间的状态和关系。狭义上来讲，这种文化间的状态包括在 20 世纪下半叶欧洲殖民结束后，各前殖民地怎样适应、抵抗和超越殖民主义的文化残余；在广义上，还包括 20 世纪末所有国家、社会和民族之间的文化权力关系，特别是弱势文化对强势文化的态度。这是后殖民文化状况的当下意义。强势文化在东方主义的参照下树立起了东方"他者"，借以构建毋庸置疑的"自我"身份认同；而后殖民主义是以对弱势文化或第三世界的人文关怀为意识取向的，认为无论在殖民状况还是在当今的后殖民状况下，弱势文化或第三世界的文化身份都缺乏应有的自主性，无法强调自我的心理和身体体验。文化的自主性与民族国家主权的独立行使不可分离，却不完全等同，而是与强势文化国家对其所实行的文化帝国主义和文化支配密切相关。

然而，这些民族和文化的身份认同也并不像中心和边缘的二元对立那样简单。当代后殖民主义学者霍米·巴巴在一次访谈中曾经谈道："后殖民主义强调，曾经被殖民过的国家……虽然受到富国或强国的剥削，但剥削并不仅仅来自外部力量的剥削，还有内部的精英分子在剥削自己国家的过程中与外来势力的共谋。"（生安锋，2002：57）他还明确指出，从文化的角度来讲，被殖民者面对外来文化的态度是一个悖论。一方面，他们意识到外来文化是对自身民族文化的侵袭，另一方面，在被迫对外开放的同时，他们的文化视野也得到了扩展。所以，他认为后殖民主义是一种"复杂得多"的看待事物的方式，并不仅仅是解构文化霸权主义那样简单。

在后殖民主义文化理论中，差异意识是一个重要的核心概念。强调差异并不是为了简单地颠覆二元对立论，来强调第三世界相对于第一世界的特殊性（这样只会仍然被禁锢于殖民话语的逻辑控制之中）。强调差异是指第一世界和第三世界的关系上有差异，并存在于多种生存领域。只有意识到文化差异的普遍性，才能产生对文化普遍性的批判和对抗意识。此外，在后殖民语境中，文化间的关系与各文化群体在政治、经济、甚至军事上的综合国力密切相关。有了权力的参与，文化间的关系和接触的基础也是不平等的。强势文化与弱势文化被长期锁定为边缘与中心的不对称关系。在殖民状况下，这种关系被显形或隐形的权力所控制；在后殖民状况下，这种关系的维护更多的是依靠权力的经济化和文化化。发达国家和发展中国家在经济上形成了新殖民关系，文化殖民或后殖民主义却经过文化的渗透表现在身份认同的模糊和失落。

在全球化语境下，文化身份认同成为各民族文化在世界文化格局中定位自己，寻求重塑自身文化精神和信念的途径。任何文化身份的构建，无论是西方的还是东方的，都需要确立"他者"，从而构建"自我"，并且随着社会的发展和时代的变迁不断变化。所谓的某一个民族的文化身份认同绝不是固定不变的，而是具有流动性的。与此同时，文化身份认同需要发生在与其他文化的关系网络中，既包括其他文化对待自己的态度，也包括自己对自身的认识。一种文化在与其他文化的接触中不可避免地表现出杂合性，这在文化交流与传播空前加剧的全球化时代尤为突出。在这种时代状况下，几乎不存在任何纯粹的、本真性的身份或认同，而是在与"他者"文化的接触中不断杂合和发展，并在具体的语境和历史文化处境中表现出具体的现实状态。

2. 翻译与文化身份认同

在翻译中，民族文化身份也是一个关于文化立场和身份诉求的重要议题。美国译论家韦努蒂在《翻译与文化身份的塑造》中提出，翻译以巨大的力量构建着对异域文化的本土再现，也同时参与了本土身份的塑造过程。原因是"翻译能够有助于本土文学话语的建构，它就不可避免地用来支持雄心勃勃的文化建设，特别是本土语言与文化的发展。而这些项目总是导致了与特定社会集团、阶级和民族相一致的文化身份的塑造"（许宝强，2001：372）。

美国译论家罗宾逊也在《翻译与帝国》中指出，从文化的角度来讲，被殖民者面对外来文化的态度是一个悖论：一方面，他们意识到外来文化是对自身民族文化的侵袭；另一方面，在被迫对外开放的同时，他们的文化视野也得到了扩展。所以，他认为后殖民主义是一种"复杂得多"的看待事物的方式，并不仅仅像解构文化霸权主义那样简单。在全球化语境下，文化身份认同成为各民族文化在世界文化格局中定位自己，寻求自身文化精神和信念的途径。文化身份认同需要发生在与其他文化的关系网络中，既包括其他文化对待自己的态度，也包括自己对自身的认识。当然，这两个方面是互为因果的。但明确的一点是，对身份的认同既是一个文化的诉求，也是新的世界文化格局的时代诉求。

2006 年，爱尔兰译论家克罗宁的专著《翻译与身份》也将关注点投向全球化时代最为重要的政治和文化问题——身份认同，考察翻译在过去和现在有关身份、语言和文化生存的种种争论中所起到的关键作用。克罗宁认为，身份已经代替意识形态成为构建政治和文化交往的首要途径，而翻译则是人类社会试图考虑身份问题的关键。身份的种种话语被越来越多地用来调解诸如边缘化、强占以及弱势化等问题。身份的认同不仅仅表现在人们与自己特定的民族、历史、文化的关系中，更重要的是，在当今全球化时代参与经济和社会事务的过程中，他们如何表现出自己的身份。在全球化的世界里，许多国际事务和冲突所体现的是越来越多的极端民族主义。在这样的语境中，翻译可以用来描述身份的某种特定形式是如何形成和被塑造成那样的；同样重要的是，翻译理论和实践可以指出共存所体现的种种进步性和授权性的形式。

2006 年，德国译论家霍恩比在《翻译研究的多重转向：新范式还是视点转换?》中描述，20 世纪 90 年代以来的时代特征表现为"部族主义"和"全球主义/全球化"的共存模式，从而催生了第三种更具建构意义的概念——"文化身份认同"。她认为，这种"文化身份认同"不同于韦努蒂所说的"由翻译建构的对外来文化的再现"的文化认同，而是一种自我意识——一方面具有自身不可误解的特点，另一方面，又能使自己与世界上其他相邻文化相互交流、和谐共存（参见 Snell-Hornby, 2006：129）。拉丁美洲的文化身份认同就是一个很有力的证明，它的形成是在北美帝国主义文化控制和本土文化对其顽强抵抗的共同作用下完成的。而现在，这种文化认同又受到全球化的威胁。这样的情况在语言和翻译领域也有相似反映，表现为翻译与民族主义、文化身份认同和全球化的紧密联系。

2008 年，当代美国译论家根茨勒也在其研究新著《美洲的翻译与身份认同：翻译理论的新方向》中提出，翻译在美洲不是一种次要的、派生的和边缘的语际转换活动，而更多的是构建美洲各具特色的民族文化的主要力量之一，美洲的翻译历史就是美洲多元的文化身份形成的历史。翻译对美洲各国的社会政治、文化身份和精神心理等方面产生了重要影响，并在上述各方面体现出鲜明的异质性和杂合性。

作为一种以杂合性为特征的交流活动，翻译对文化身份的塑造和重塑都具有重要作用。一方面，翻译可以被权力集团所操控，通过译本构造一系列具有连续性和同一性的外来文化形象，并通过隐匿的文化手段塑造出外来文化的"本真性"；而另一方面，翻译又可以成为弱势文化反抗强势文化对其肆意扭曲和再现的手段之一。它可以通过特定的阅读实践、翻译策略和文化定位完成对以往形象的抗争和革新。

3. 后殖民主义译论对文化身份的研究策略

当代后殖民主义译论家的研究多以一个特定的文化实体和历史作为研究基础，如斯皮瓦克和尼南贾纳以印度文化，提莫志克和克罗宁以爱尔兰文学，维埃拉和冈波斯以巴西翻译等。这些研究以第三世界或前殖民文化的文本材料为基础，在翻译历史中发掘强势文化对弱势文化的扭曲和"他者"的建构，试图通过异化的翻译彰显弱势文化的差异性，重新书写民族文化的历史，在现实语境下构建本真性的民族文化身份。

在世界文化格局的塑形中，文化的全球化与本土化是这个过程中两股并置的力量。其合力最终体现为全球化在各文化中不同的本土表现。孙艺风在《文化翻译与全球本土化》中提出，"全球本土化"（glocalization）指涉在后殖民的状况下，旨在推行同一化和普遍主义的强势文化与旨在彰显本土异质化的弱势文化之间的对抗和势力角逐所造成的文化状况。在全球化和本土化的两股合力之下，应当如何在文化差异和不平等的现状下制定翻译策略，成为翻译研究的时代课题。"翻译之于全球化和本土化的关键推动作用在于其呼唤对文化他者的价值以及本土文化局限的认识。"［孙艺风，2008（1）：5］一方面，全球化已经成为不可逆转的现在进行时，对文化他者的拒绝显然是不可能的；另一方面，在思考他者价值的同时，反思自身文化认同形成的历史和现状也是本土文化走向发展的必由之路。因此，民族文化身份往往以"全球本土化"的杂合形式出现，用以显示受全球化影响的本土文化的存在状态。作为译者，保持文化身份的本土性可以克服全球化可能带来的文化一元化弊端。翻译作为文化沟通和交流的手段，在客观上打破了不同语言和文化之间的障碍，从而推动同一化和全球化；但翻译的本质是以体现差异为特征，以体现多元文化为时代使命的。翻译一方面向异质文化中的差异性开放并接受其不断的冲击和影响，另一方面又不断对文化他者的异质性进行去殖民化，进而彰显自己的身份。

参考文献：

生安锋. 后殖民主义、身份认同和少数人化——霍米·巴巴访谈录［J］. 外国文学，2002（6）.

孙艺风. 文化翻译与全球本土化［J］. 中国翻译，2008（1）.

陶东风. 全球化、文化认同与后殖民批评［M］//陈定家. 全球化与身份危机. 开封：河南大学出版社，2004.

陶东风. 身份认同［M］∥赵一凡，等. 西方文论关键词. 北京：外语教学与研究出版社，2006.

韦努蒂，劳伦斯. 翻译与文化身份的塑造［M］∥许宝强，袁伟. 语言与翻译的政治. 北京：中央编译出版社，2001.

Hornby, Snell. *The Turns of Translation Studies: New Paradigms or Shifting Viewpoints?* Amsterdam, Philadelphia: John Benjamins Publishing Co., 2006.

Robinson, Douglas. *Translation and Empire: Postcolonial Theories Explained* ［M］. Beijing: Foreign Language Teaching and Research Press, 2007.

Translation and Cultural Identity

Liu Jia

Abstract: At present, cultural identity has become a significant approach for an ethnic group to survive and develop its own cultural spirit and position within the global cultural network. It has to be identified in its relation to other cultures but also its sensible recognition about itself. This paper explores the important role translation plays on constructing cultural identity in this postcolonial era—in translation, a local culture is always undergoing the possible threat of "foreignness" from alien culture, while it has to decolonize that "foreignness" to such an extent that its own cultural difference can be sustainable and valued.

Key words: translation; cultural identity; postcolonial translation theories

功能、目的、语用

——语言学翻译理论中的社会文化考量

段 峰

（四川大学外国语学院，成都 610064）

摘 要：功能、目的和语用研究是继以索绪尔结构主义语言学和乔姆斯基生成转换语法为基础的语言学翻译理论的新的发展，其主要内容是将翻译的研究置于译入语的语境中，进而将译入语文化的社会历史因素纳入语言层面的对比分析中，从而使原文与译文之间的差异性得到合理的解释。

关键词：功能；目的；语用；社会；历史；文化

1. 序言

起始于 20 世纪 90 年代初期的翻译研究的文化转向并不为翻译研究所专有，而是在整个西方人文社会科学文化转向的大背景下发生的。

> 20 世纪曾经经历了一系列的转向，从语言转向、解释转向、后现代转向，直至文化转向……人类的物质条件达到相当水平时，更需要精神道德和审美价值来维系一种平衡，因而对文化的渴求便成为人类的必然需要。当 20 世纪六七十年代的后工业热情让位于 90 年代和新千年的后现代焦虑时，当经济和政治的乐观主义让位于环境和人文的悲观主义时，对文化的认知已经开始深化，文化转向已经悄然发生。
>
> （萧俊明，2004：2）

文化转向带来文化问题重要性的提升，促进了各个学科研究事业的扩展，人文社会科学的许多问题都归结到文化问题，而由于文化问题成为各个学科注目的焦点，又反过来使得学科之间的打通得以实现。翻译研究的文化转向从外部来讲源于整个人文社会科学研究文化转向的影响，从内部来讲，则是翻译研究原有的理论和方法的局限妨碍了翻译研究学科的发展。从语言学和比较文学所吸收来的理论和方法已表现出狭窄和过于规定性的弊端，翻译研究需要在文化转向中扩大自己的研究视野，需要从文化理论、文化史和文化研究的理论和方法中寻求帮助，20 世纪 90 年代翻译研究领域中开始的文化转向已表明在翻译研究领域中以上观点已达到相当程度的共识。同时，特别值得一提的是，当今人文社会科学研究中的文化转向给翻译研究带来了前所未有的发展契机。它拓宽了翻译研究的学科视野，催生了一系列与翻译有关的研究课题，从而使翻译研究的学科影响逐渐为相关学科所感受。翻译涉及两种不同的语言的转换，但这只是翻译的工具性作用，翻译的最终目的和使命则是两种不同文化的交流，跨文化交流是翻译的根本任务。从这个意义上来讲，翻译问题就是文化问题，这就是许多学科领域都讨论到翻译问题的原因。在后现代和后结构的语境下和话语中，翻译问题更是其中的关键问题，如文化研究、民族志研究、后殖民研究、性属研究等学科领域都将翻译问题作为一个重要的议题。在这种多学科领域交叉和汇合的界面上，翻译研究既受到挑战也被许以期待。

2. 语言学翻译中的文化转向

2.1　语言学翻译理论中的功能取向

翻译研究的文化转向是翻译研究学科发展的自我选择，即使是在人文社会科学的文化转向浪潮影响到翻译研究之前，翻译研究已开始自觉地将文化的考量纳入到翻译实践和翻译理论中，如奈达在他的著作中所涉及的语境与文化等。虽然这种语言层面上的文化翻译研究和将翻译置于文化视野中的研究有很大的不同，但与之前关注形式对等的理论取向已有了很大的进步。翻译研究中语文学范式到语言学范式以及文化范式的变化，不应被理解成颠覆性的替代，而应被看作是研究中心的位移。在这种位移中，我们同样可以在之前的范式中找到文化的痕迹。巴斯内特认为，语言学翻译理论同样经历了文化转换（cultural shift）。罗宾逊认为语言学从述事性（constative）语言学转向行事性（performative）语言学，话语分析（discourse analysis）由此在翻译研究中出现，此为迹象之一。另一迹象是贝克（Mona Baker）所倡导的在翻译研究中开展语料库（corpus analysis）分析（Kuhiwczak & Littau，2007：15）。语言的行事性是语用学的核心概念，奥斯丁关于怎样以言行事的论述将语言仅仅具有表述的功能转向语言具有做事的功能，这种将语言行动化的讨论，涉及任何一个行动，必须有具体的时间、地点，参加的人员，人员之间的互相配合等。由此，行事性语言学涉及一个相当大的具体语境，而这个语境显然是历史的、社会的和文化的。同理，话语分析也是一种对话式的互动，语言和副语言的因素都是话语分析的重要因素，没有语境，便没有话语分析。尤其是政治话语分析，历史话语分析以及批判性话语分析等，它们和具体的历史社会文化因素紧密相连。语料库语言学分析则不是从演绎和规定的角度，如乔姆斯基的普遍语法及其具体规则，而是从归纳描述的角度对语言材料进行收集、分类和分析。语料库翻译研究则是以语料库语言学理论和方法为指导，利用现代化信息技术，对翻译文本资料收集、整理和分析，这样的一个过程同样需要将所有的文本材料都重置回发生时的语境。这和传统翻译理论只关注文本本身的形式主义观点和方法大相径庭。

巴斯内特的观点表明翻译研究中的文化转向实为翻译研究的角度和方法转变，即从一种多元、立体、包容的视角审视我们所研究的对象。文本的因素固然是最本质和重要的因素，但文本外的因素也是影响翻译过程的重要原因。以此观点检查后期的语言学翻译理论、语言学翻译理论从形式对等转向功能对等、功能语言学和语用学的相关理论在翻译研究中的运用，为翻译研究的文化转向在一定程度上铺平了道路。韩礼德（M. A. K. Holliday）的功能语言学认为，语言具有表意（ideational）、人际交流（interpersonal）和语篇（textual）三个元功能。这三个元功能的实现由话语范围（field）、话语方式（mode）和话语关系（tenor）三个语境因素来决定，即语言的功能是在具体的语言情景中表现出来的。功能语言学强调了语言研究与社会文化之间的相关性，对后来的语言学研究产生了极大的影响，对翻译研究也不例外。在以功能语言学理论为基础的翻译理论中，如卡特福德（J. C. Catford）的"翻译转换"（Catford, 1965）、哈提（Basil Hatim）和梅森（Ian Mason）的"语境和话语的符号化"（Hatim & Mason, 2004）理论中，尽管他们以语言功能的概念去冲击语言形式的概念，以此否定绝对意义上的对等存在，在他们的研究以及整个语言学翻译理论的研究中，研究的范围已从词、短语、句子、语篇扩大到话语的层面，并将社会文化的因素纳入考量之中。但他们的研究方法亦是高度形式化的，在他们的研究中，社会和文化的内容被抽象成整个研究图示中的若干参数，与真正意义上的语境相脱离，成为零语境（null context），即一种理想化的、脱离现实的所谓语境。形式语言学将超语言的因素纳入研究范围中，并用形式化的手段将其去语境化，这大有点换汤不换药的意思。这可以理解为以文化来拉动相关的人文社会科学是大势所趋，翻译研究中的文化研究方式是主要的研究范式，语言学要在翻译研究的学科理论发展中占有一席之地，必须面对这个学科当下普遍公认的主要议题，才能推进翻译学科各种研究方法的共同发展，至于形式化和认知化的手段和方式，它们对丰富翻译研究方法也具有积极的意义。

2.2 文本类型与目的决定手段：翻译过程中的重心转移

赖斯（C. Reiss）、曼陀瑞（J. Holz-Manttari）、洛德（C. Nord）和弗米尔（H. Vermeer）等一批德国翻译理论家将功能的概念引入翻译研究，在翻译研究中形成一个具有影响的翻译理论流派和翻译研究方法——功能主义翻译理论。在功能主义翻译理论中，翻译的单位不是一个词或一句话，而是一个语篇。翻译研究的目的不是词与句的跨语言转换，而是研究译文如何传达了原文语篇的交际功能。谈到翻译的功能，不同的语篇期待实现的功能是不同的，诗歌、散文、政论文章、广告等不同体裁的文体具有不同的交际功能。赖斯在 1977 年撰写的《文本类型、翻译类型和翻译评价》（Text Type, Translation Type and Translation Assessment）一文中，提出了翻译的文本类型学的文体。不同的文体具有不同的交际目的，如注重信息传达的告知性文本、注重表现的创作性文本、注重互动交流的劝说性文本等，翻译要根据原文不同的文本类型采取不同的策略和技巧，以实现不同文类的原文的目的功能，对译文的评价也要根据译文是否实现原文的目的功能来决定。赖斯的翻译文本类型学区分了不同文本的功能，将翻译如何实现原文的功能具体化。原文功能和译文功能的比较研究使翻译的评价具有可操作性。尽管赖斯的文本类型学也引起不同的看法，如文本的分类的完全性问题、不同文类的功能具有交叉的问题，甚至是否真正具有文本分类的必要的问题等（Munday, 2010：76）。尽管如此，赖斯将翻译的单位从词句的层面提升到语篇的层面，将语篇的非文本因素作为语篇功能实现的重要因素，对翻译研究视野的扩延具有重要的意义。另一位德国功能学派的代表人物曼陀瑞基于交际理论和行动理论提出翻译行动模式（translational action theory）。曼陀瑞认为翻译是一场涉及方方面面的行动，如翻译的发起人、与译者联系的人、译者、作者、译文使用者、译文接受者等。在翻译行动中，每个人的目的可能都不一样，每个人的目的都可能在整体目标的实现中起到或促进或阻碍的作用，翻译过程就是各方目的的协调过程。协调的结果应是原文如何在功能上完成在译文文化中的交际目的。曼陀瑞翻译行动模式的价值在于将影响翻译过程的各个方面纳入翻译的研究中，上述各个方面代表了源语社会文化和译语社会文化的各个方面，将翻译置于社会文化的语境中，将其看作是不同社会文化因素相互作用的结果，同样对翻译研究视野的扩大具有重要的意义。在翻译的功能学派中，最具影响的当属弗米尔和赖斯提出的目的论（skopo theory）。目的论与翻译文本类型理论和翻译行动理论在主旨上并没有差异，只是目的论更加明确地提出，翻译的目的决定翻译的策略和技巧，翻译的目的决定译文功能的实现，在翻译目的，原文传达信息，译文需要内部连贯、需要与原文衔接等目的论原则中，目的论原则居于首要的地位。目的决定手段，在目的论中，只要译文在译语文化中的功能实现与翻译的目的相符合，一个原文本就可以根据不同的目的被翻译成不同文类的译本。弗米尔和赖斯主要是基于信息传达类的文本即非文学文本提出目的论，但其对翻译的影响远远不限于某种文类。这是因为任何翻译活动，不管发起人是委托人还是译者自己都带有强烈的目的性。凸显翻译目的的意义在于赋予了文本之外的因素在翻译过程中的优先性，同时也突出了译者的作用。作为功能翻译研究的另一个代表人物，洛德在她的《作为一种目的活动的翻译》一书中，进一步强调了翻译使命的重要性，原文分析的重要性和翻译问题的功能层级。所谓翻译问题的功能层级，即是在翻译过程中翻译功能的实现应该按照先后顺序来加以解决，其中文献性翻译（documentary translation）和工具性翻译（instrumental translation）处于层级的最上端，需要首先解决。洛德的理论实际上是整个功能翻译理论的总和，在她的理论中我们能看见赖斯翻译文本类型学、曼陀瑞翻译行动理论、弗米尔和赖斯的目的论的影子。如果有差异的话，那就是洛德更加强调原文文本类型和功能的分析和实现，而对译语语言文化的因素则比较忽视。功能主义翻译理论可看作是与先前的语言学翻译理论的决裂，是一种反语言学的翻译研究方法。功能主义学者"完全无视语言学问题，将对等等概念毫无耐心地抛弃，将研究的中心放在译者如何作为跨文化交流者，被委托人所雇佣来生产某种由委托人决定参数，并满足读者需求的文本"（Robinson，2003：14）。

2.3 翻译活动的语境化和翻译研究的语用视角

巴斯内特以罗宾逊的述事性语言学和行事性语言学之分的讨论、话语分析的出现，以及贝克语料库翻译研究为例，来说明语言学翻译理论同样经历了文化转换（cultural shift）。罗宾逊在他的专著中，综述了奥斯丁言语行为理论的兴起、舍尔（J. Searle）对言语行为理论的发展、格赖斯（H. P. Grice）所提出的合作原则和会话含义理论以及里奇（G. Leech）的礼貌原则等。这些是语用学的主要议题。但罗宾逊与另一位编著《语用学与翻译》的希基（Leo Hickey）在语用学与翻译的问题上有很大的差异。希基的观点是翻译涉及许多方面的因素，包括语言的、心理的、社会的、认知的，等等。但是从原文到译文的翻译过程中，原文所固有的超乎语言之上的意义通过译者的工作能完整传达到译文中去（Hickey, 2001）。希基的观点亦是语用学翻译的主要观点，是从语用学理论上进一步强调和支持了奈达所提出的"功能对等"理论。罗宾逊则认为，将语言不仅仅看作是传达信息的工具，而且也是做事的工具，是赋予了语言主体的地位，实际上是赋予了译者主体的地位。行事性语言学强调语言行为者的创造性。奥斯丁在他的言语行为理论后期，认为所有的言语都是行事性的，那么涉及两种语言的翻译行为，就不能理解为译者必须忠实地传达原文，而应该将注意力关注到译者的行事上。也就是说，原文并不如此重要，译者没有必要亦步亦趋。这是罗宾逊分析行事性语言学的核心所在。他后来在《译者登场》一书中提出译者的"身体体验"（somatic experience）也就是基于他的行事性语言学的观点（Robinson, 2006）。以此类推，话语分析与翻译之间的关系也属同样的道理。译者的主体体验与判断被凸显，而原作者和原文的权威受到消解。这样的观点和以后的"操纵"和"重写"的观点一脉相承，贯穿于整个翻译的文化研究中。语料库翻译研究通过原文和译文，常常是多个译文语料的收集、整理和分析，以实证的方式来进行原文和译文的对比分析。这种分析如果以语法特征作为分析参数，以语言对等作为目标的话，其结果是原文和译文的差异性，即译文的变译性会成为译文的重要特点。如果是以功能对等作为目的的话，谁来确定是否达到了功能对等又是一个问题，读者的不在场将使这个问题很难堪。在贝克的语料库翻译研究中，社会、历史、文化等因素作为语料库中间的重要对照系进入，使得这样的一个语料库成为一个开放、多层次的原文和译文的对话系统，这和翻译的文化研究殊途同归。

3．结语

从语言学的角度来研究翻译，除了弗斯（J. R. Firth）的系统理论，韩礼德的系统功能语言学将语言研究的第一要义定为语言功能从而促使翻译研究将翻译的目的从忠实传达原文本的形式和意义转为强调译文满足译语读者要求的功能性作用以外，我们还可以将更多的目光投向以马林偌夫斯基（B. K. Malinowski）、鲍厄斯（F. Boas）、萨丕尔（E. Sapir）、沃尔夫（B. Whorf）、海姆斯（Dell Hymes）为代表的人类语言学以及以拉波夫（W. Labov）和冈帕斯（J. J. Gumperz）为代表的社会语言学上，即将具体的、生动的语境和语言变量作为考察翻译行为、过程和结果发生、进行和接受的重要背景和影响因素。他们的理论构成了文化翻译学的主要内容，也成为我们讨论语言学翻译理论文化转向的另一个重要内容。

参考文献：

萧俊明. 文化转向的由来［M］. 北京：社会科学文献出版社，2004.

Catford, J. C. *A Linguistic Theory of Translation Studies* ［M］. London：Oxford University Press，1965.

Hatim, Basil, Mason, Ian. *Discourse and the Translator* ［M］. Shanghai：Shanghai Foreign Language Education Press，2004.

Hickey, Leo. *The Pragmatics of Translation* ［M］. Shanghai：Shanghai Foreign Language Education Press，2001.

Kuhiwczak, Piotr, Littau, Karin. *A Companion to Translation Studies* ［M］. Clevedon，Buffalo，Toronto：Multilingual Matters LTD.，2010.

Munday, Jeremy. *Introducing Translation Studies：Theories and Applications* ［M］. Shanghai：Shanghai Foreign Language Education Press，2010.

Robinson, Douglas. *Performative Linguistics：Speaking and Translating as Doing Things* ［M］. London：Routledge，2003.

Robinson, Douglas. *The Translator's Turn* ［M］. Beijing：Foreign Language Teaching and Research Press，2006.

Function, Purpose and Language Use
—Social and Cultural Orientation in Linguistic Translation Theory

Duan Feng

Abstract：Function, purpose and pragmatic approach construct the new development in Linguistic Translation Theory after its theoretical reliance on Saussure's Structuralist Linguistic and Chomsky's Transformational and Generative Grammar. The study of translation is highly contextualized in the target language and the social and historical factors of the target culture are taken into account in the contrastive linguistic analysis and the discrepancy between source text and target text is effectively interpreted.

Key words：function；purpose；pragmatics；society；history；culture

论译者的 "忠实" 与 "叛逆"

——《约翰·克利斯朵夫》两个汉译本之个案研究

肖晓丹

（四川大学外国语学院，成都 610064）

摘　要：译者的"忠实"与"叛逆"一直是文学翻译理论研究中的核心议题之一。本文通过比较《约翰·克利斯朵夫》傅雷与许渊冲两个译本中的译例，从文化意象、语言形式和修辞手段等角度分析译者对创造性叛逆手法的运用与得失，指出译文的忠实包括对作者的忠实和对读者的尊重，创造性的叛逆表面上背离了作者，在深层次上却是对作者原意的忠实，因此，创造性叛逆是文学翻译的必由之路。

关键词：文学翻译；忠实；叛逆；创造性叛逆

"忠实"与"叛逆"历来是译界争论不休的话题。在严复提出的"译事三难：信、达、雅"中，"信"居于首位。翻译的信就是忠实，即忠实原作、忠实作者、忠实原作所具有的一切因素，这是翻译的根本。然而，翻译活动是一种语言转换行为，原语和目的语的语言符号系统以及社会文化背景往往存在巨大差异，传统意义上的忠实，即机械的文本对应式转换，难以实现意义传达、文化传播的目的。所以，应该采取创造性的叛逆方式进行翻译，其目的是在更深层次上达到对原文的忠实，并体现对读者的尊重。但"叛逆"终归是有限度的，因为"叛逆"的最终目的是"忠实"，落实到具体的翻译实践中，倘若过或不及都会破坏译文质量。

1. 傅雷与许渊冲翻译观中的 "忠实" 与 "叛逆"

傅雷先生和许渊冲先生都堪称中国 20 世纪首屈一指的翻译巨匠，都曾翻译过法国作家罗曼·罗兰的名作《约翰·克利斯朵夫》。许渊冲先生认为，忠实应包括内容、形式、风格三个方面。"译者应该做到既忠实于原文内容，又忠实于原文形式。……如果忠实于原文的形式和忠实于原文的内容并不一致，那就不必做到既忠实于原文内容，又忠实于原文形式而只要求忠实于原文内容，不必忠实于原文形式。"（许渊冲，1984：19）许渊冲先生在总结自己唐诗英译实践经验的基础上提出了著名的"三美说"和"三似说"，即好的翻译应"传达诗词的'意美、音美、形美'，而译文'意似、音似、形似'的程度是可以变更的"(许渊冲，1984：75)。

傅雷先生的翻译观则可以概括为"重神似不重形似"。他在 1963 年 1 月致罗新璋的信中提到："愚对译事看法实甚简单：重神似不重形似；译文必须为纯粹之中文，无生硬拗口之病；……"（傅雷，1998：291）"形似"即保留原文的语言形式，具体说如保留原文的体裁、词汇、句法、篇章结构、修辞手段等等，而"神似"是指译文要惟妙惟肖地再现原文的意境和神韵，从内涵上追求与原文的对等。要达到"神似"，进行艺术的再创造是必不可少的手段，这就意味着必须打破原句语言形式的束缚，"要求传神达意，铢两悉称，自非死抓字典，按照原文句法拼凑堆砌所能济事"（傅雷，1991：3）。

总之，无论是许渊冲先生的"三美说"，还是傅雷先生的"神似说"，都从不同的侧面肯定了翻译应该是创造性的叛逆行为。

2. 对《约翰·克利斯朵夫》两个汉译本的个案分析

2.1 文化意象的传递

《约翰·克利斯朵夫》是一部具有深广文化内涵的作品，主人公的艺术生涯包容了对西方现代哲学、历史、社会学、文学艺术等各个领域的现状的见解与思考，小说中俯拾皆是的文化意象多源于西方文化宗教典籍（如《圣经》《希腊罗马神话》），艺术成就积淀（如文学、音乐、绘画），民谣民谚等。译者在面对这些特定的文化符号时也会面临抉择，即采取异化方式，忠实地将原文翻为汉语，还是采取归化方式，将原文翻译为中国读者可以理解和接受的文化意象。如下面两段译文：

（1）Sur la colline sacrée, ce ne sont pas les pêcheurs de Galilée qui sont venus, ce sont les pharisiens.

(TOME VIII：107)

傅译：来到这神圣的高岗上的已非迦里里的渔夫，而是一批法利赛人了。

（罗兰，1992：930）

许译：来到圣山上的不是老实的渔民，而是伪君子了。

（罗兰，2000：858）

克利斯朵夫在与朋友谈论瓦格纳时，毫不留情地批判了在德国音乐界盛行一时的颓废之风。迦里里的渔夫是《圣经》中服从耶稣教化的人。法利赛人则是古犹太教的一个派别成员，《圣经》中称他们是言行不一的伪善者，后来"pharisien"在法语中逐渐演变为"伪君子"的代名词，成了众人熟知的文化意象。然而，《圣经》对中国读者来说是很陌生的，所以傅译为了保留原作品的文化意象，特意添加脚注，使读者能够理解法利赛人的来历及其在西方文化中所代表的含义，但前半句与后半句的逻辑联系仍然不甚明了。许译采取的则是归化方式，对"pêcheurs de Galiée"略作处理，创造性地译为"老实的渔夫"，与"伪君子"形成鲜明对比，前后呼应，表达更自然，也更明白易懂。

（2）Brusquement, il s'arrêta, et dit：- Venez voir mes canons. Christophe le suivit, se demandant de quel intérêt pouvait bien être son opinion sur L'artillerie française. L'autre lui montra, triomphant, des canons musicaux...

（TOME Ⅶ：129）

　　傅译：突然间他停下来，说："来看我的加农。"克利斯朵夫跟着他，心里想，要他克利斯朵夫来对法国炮队发表意见有什么用。但军官得意扬扬拿给他看的是音乐上的加农。……

（罗兰，1992：821）

　　许译：忽然一下，他打住了，说："来看我的大炮。"克利斯托夫跟着他，心想自己对法国炮兵说得出什么意见，有什么兴趣呢？不料少校神气活现地给他看的，却是轮番开炮似的轮唱曲。……

（罗兰，2000：756）

"他"指夏勃朗少校，退役后一直痴迷于音乐，因此很热衷于跟克利斯朵夫聊天。对话中的"canon"既指大炮，又是一个音乐术语，此处是一语双关。傅译采用了音译加注释的方式，使读者能够基本了解作者的意图。许译采用的则是意译，在译"canons musicaux"时进行了"增码"处理，"轮番开炮似的"将加农这一音乐形式的特点展现得淋漓尽致，并与上文中的"大炮""炮兵"相呼应，颇具诙谐的意味。字面上虽然对原文不忠，但非常贴合作者的意图，在创造性的叛逆中实现了意义的忠实。

2.2　语言形式的叛逆

　　汉语和法语是两种截然不同的语言，如果译文拘泥于原文的词序和句法，常会给读者不伦不类的感觉。有些字词、句群在译为中文时应该按照汉语表达习惯进行处理，"往往需要删去徒乱文意的虚字冗词，填满文法或语气上的漏洞，甚至需要大动手术，调整文词的次序。所谓'勿增、勿删、勿改'的戒条，应该是指文意，而不是指文词。文词上的直译、硬译、死译，是假精确，不是真精确"（余光中，2000：61）。

(1) Et ce ne sont pas les pays les plus beaux, ni ceux où la vie est la plus douce, qui prennent le cœur davantage, mais ceux où la terre est le plus simple, le plus humble, près de L'homme, et lui parle une langue intime et familière.

(TOME Ⅵ：4)

傅译：而且用不着景色最秀美或生活最舒服的乡土，才能抓握人的心；便是最朴实、最寒素的地方，跟你的心说着体贴亲密的话的，也有同样的魔力。

（罗兰，1992：661）

许译：并不是只有风景最美丽、生活最甜蜜的故乡才能系住人心的，即使是普普通通、平平常常的地方，只要在你身边，对你说这亲密无间的话，就会使你留恋。

（罗兰，2000：609）

原句主干为法语中常见的强调句型，强调成分包含了两个定语从句，如果逐字逐句地翻译会显得非常繁冗。傅译和许译都创造性地将原句拆分为两个并列句，并对"quiprennent le cœur"采取了增译法，是创造性的叛逆。经过译者加工后的两段文字各有千秋，既符合中文的语言习惯，又达到了作者要强调的目的。

(2) Il n'avait pas fini sa toilette qu'on frappait de nouveau à la porte, d'une façon convenue que savaient seuls quelques intime.

(TOME Ⅷ：4)

傅译：梳洗还没完毕，又有人敲门了，而且用着只有几个最亲密的朋友知道的方式敲着。

（罗兰，1992：864）

许译：他梳洗还没有完，又听见有人敲门了，而且敲的方式听起来像个熟人。

（罗兰，2000：796）

汉法两种语言在表层结构上有着较大差别。比如方式的表达，由介词加名词或代词构成的方式状语是法语中司空见惯的结构，有时甚至还会套一个关系从句用以修饰名词，如果直译为汉语听起来难免有些别扭。这里就是一个典型的例子。两位译者的处理方式有所不同：傅译保留了原文的句子结构，虽忠实于原文的句式，但略嫌冗长，不太符合汉语习惯。许译将关系从句"用着……方式"转换为动词词组"听起来像熟人"，这种形式的叛逆避免了翻译体，使译文更达意。

2.3 修辞的权宜

修辞是许多作家擅长运用的手段，它们是作者独具匠心的创造，字里行间显示出作者的灵感与智慧。有的修辞手段是可以直接移植的，但有一些修辞手法却因为目的语缺乏与原语对应的语言符号而难以传递。因此，修辞的翻译要想从形式和意义上都忠实原文近乎不可能，译者通常必须有所取舍与权衡，尽量表达原文的意思，很多时候都只能采取权宜性对策。

（1）Cela, c'était affaire à Mme Jeannin de le lui pardonner, si elle était une sainte;... mais lui, sénateur, qui n'était pas un <u>saint</u> - (s, a, i, n, t), - qui se flattait d'être seulement un <u>homme sain</u> - (s, a, i, n), - un homme sain, sensé et raisonnable, - lui, n'avait aucun motif pour pardonner...

(TOME VI: 47)

傅译：那可只有耶南太太能够原谅他了，如果她是一个圣者的话；但他，参议员，他不是一个圣者——（s, a, i, n, t,）——只是个健全的人——（s, a, i, n）——一个健全的，明理的，会思考的人，他可没有丝毫宽恕他的理由。

（罗兰，1992：689）

许译：耶南太太肯宽恕他，那是她有"菩萨心肠"；而他是一个参议员，并不是个"菩萨"，只是个有"心肠"、通情达理的凡人，他可没有任何理由原谅自杀的人；……

（罗兰，2000：635）

银行家耶南先生因破产自杀身亡后，本省的参议员非但不同情死者及家属，反而摆出一副道貌岸然的姿态横加指责。作者在这段心理描写中将读音完全相同的两个字"saint"与"sain"用作谐音双关，非常耐人寻味，但在汉语中却难以表达。可以看出，许译完全摆脱了原文束缚，采取了叛逆的方式，不但基督教中的"圣者"变成了佛教中的"菩萨"，"sainte"也被译为"有菩萨心肠"，经拆分后再替换原文中谐音双关的两个词。笔者认为，"菩萨"一词太过中国化，跟法国议员的身份似乎有些不搭调，而"sainte"译为"有心肠"也背离了作者的原意，因此，这里的"叛逆"似乎有些过度。傅译则完整地移植了两个单词在原文中的特殊写法，还添加了必要的注释，虽然在一定程度上牺牲了原文的幽默，但为了方便读者理解，只能采取权宜之策。从这个例子我们可以体会到修辞翻译的困难。

  （2）（Christophe）- Qu'est-ce qui vous arrêtait? - （Olivier）Je le désirais trop. - （Christophe）<u>Voilà une belle raison</u>!

（TOME Ⅶ：8-9）

  傅译："那末有什么阻碍把你拦住了?""我太想见你了。""这理由真是太妙了!"

（罗兰，1992：737）

  许译："那有什么拦住你呢?""我想得太多了。""这算什么理由!"

（罗兰，2000：737）

  克利斯朵夫主动前去探望未来的亲密伙伴奥里维，因为他知道奥里维生性腼腆，是不会主动来找自己的。对话中的"une belle raison"是典型的"倒反"，即故意以褒扬的语调表示贬损，使表达更活泼风趣。傅译忠实于原文的字句，但从上下文来看略显牵强。许译则采用了叛逆的方法，直接将其原意表达出来，更利于读者理解。

3. 结语

  本文对《约翰·克利斯朵夫》的译本进行了比较，并非为了评价傅译和许译孰优孰劣，而是旨在通过分析更深刻地体会文学翻译中"忠实"与"叛逆"这一对矛盾体之间的关系。真正的忠实包括对译者的忠实和对读者的尊重，创造性的叛逆表面上背离了作者，在深层次上却是对作者原意的忠实，因此，创造性叛逆是文学翻译的必由之路。但是，叛逆的最终目的是忠实，完全不顾忌原文，随意创造的做法也是不可取的。所谓"过犹不及"，难点就在于把握叛逆的"度"。当出现"不可译"的障碍时，不如采取权宜措施，尽量达意，并通过加注解、增补、解释的方式予以补救。以上两位大师的译本对所有翻译的初学者来说就是极好的实践教材。

参考文献：

傅雷.《高老头》重译本序［A］. 巴尔扎克. 高老头［M］. 傅雷，译. 合肥：安徽人民
　出版社，1991.

傅雷. 傅雷文集：书信卷［M］. 合肥：安徽文艺出版社，1998.

刘宓庆. 当代翻译理论［M］. 北京：中国对外翻译出版公司，2003.

罗兰，罗曼. 约翰·克利斯朵夫［M］. 傅雷，译. 桂林：漓江出版社，1992.

罗兰，罗曼. 约翰·克利斯托夫［M］. 许渊冲，译. 长沙：湖南文艺出版社，2000.

王宏印. 中国传统译论经典诠释——从道安到傅雷［M］. 武汉：湖北教育出版
　社，2003.

肖红，许均. 试论傅雷的翻译观［J］. 四川外语学院学报，2002（3）：93－97.

许渊冲. 翻译的艺术［M］. 北京：中国对外翻译出版公司，1984.

余光中. 余光中谈翻译［M］. 北京：中国对外翻译出版公司，2000.

ROLLAND, Romain. Jean-Christophe（1910）. Édition du groupe《Ebooks libres et gratuits》,
　http：//fr. groups. yahoo. com/group/ebooksgratuits. 2007.

On "Truthfulness" and "Rebellion" of Translator
—A Case Study of Two Chinese Versions of *Jean-Christophe*

Xiao Xiaodan

Abstract: In literary translation theory research, "faithfulness" and "treason" has always been one of the core discussion topics. This paper compares two translated versions of *Jean Christophe* by Fu Lei and Xu Yuanchong. It examines how well both authors have used different strategies of creative treason from the angle of utilizing cultural images, language forms and rhetoric means. The study suggests that translation should be faithful to both the author and the readers. It may appear that translation with creative treason strategies deviates from what the author writes, but actually it is more faithful to the author's original meaning when analyzing more deeply. Therefore, creative treason is necessary for literary translation.

Key words: literary translation; faithfulness; treason; creative treason

小说对话翻译刍议

席珍彦

（四川大学外国语学院，成都　610064）

摘　要： 小说对话翻译在小说翻译中的地位举足轻重。本文主要从小说对话翻译如何更好地译出人物的性格特征、身份角色，以再现原作的人物形象，揭示人物的内心世界，如何根据原作的不同语境、语气，塑造出一个个有血有肉的活生生的人物，以及译入语如何更好地展示原语文化底蕴等方面进行了论述。

关键词： 小说对话翻译；人物；性格；身份；文化

1. 引言

人们常说，眼睛是心灵的窗户。透过眼睛，可以洞察一个人的内心，可以洞察一个人的七情六欲，一个人内心的喜、怒、哀、乐。而听一个人说话，不但能体会到其灵魂深处的内心活动，还能探知其眼睛所不轻易表露的细微之处，可以从他的话语中听出这个人是慷慨大方，还是尖酸刻薄；是狡诈虚伪，还是坦诚直率；是悲观厌世，还是乐观开朗。

眼睛是窗户，透过窗户，可以瞥见屋内的大略；而话语是大门，通过大门，可以穿堂而入，尽观屋内的一切。简言之，对话在一定程度上能反映出人物的个性。出色的小说家深谙这一道理，总能利用对话来展示其小说中人物的性格，揭示人物的灵魂。如中国古典小说《红楼梦》人物对话的描写就是绝好的一例。大凡读过《红楼梦》的人，都能体会其人物对话描写的艺术。对话描写能达到塑造人物形象、描绘客观环境、推动情节发展的艺术效果。而人物、情节、环境是小说创作中不可缺少的三个要素。小说对话翻译的成功与否，在很大程度上决定着原文小说是否能被成功地转换为译文小说。判断优秀文学译作，自然有诸多公认的客观标准，但原文对话是否能在译文中得到比较完美的再现应该是一个不可忽视，甚至至关重要的因素。因此，译出性格、再现形象、展示人物的灵魂便成为小说对话翻译的最高目标。

2. 小说对话的特色

要成功翻译小说对话，译者首先必须了解小说对话的特色，以便在翻译实践中加以保留，这是遵循小说对话艺术创作的基本要求。

2.1　句法简单

对话的句法一般比非对话的句法简单。在非对话（如一般的叙述、说明、议论等）中，尤其是在一些科技性的文章和学术论文中，句子通常比较长，结构比较复杂。主句往往有不少从句。而在对话（尤其是汉语对话）中，除非作者蓄意（如律师的辩护或学者的演说等），句子一般比较短，结构也比较简单。如汉语对话："他妈的，你们有话就说吧！"（冯至，《敌后武工队》）句式简洁而有力，我们翻译时，同样应该遵循其对话的句法特点，用简单有力的英文表达出说话者的心情。这句话可译为："If you have something to say, say it, damn you."（冯庆华，2000：160）如若译成"Damn you, you can say it out if you have something to say!"就失去了原对话的简洁有力，大不如第一句译文来得地道。再如英语"You are a liar!"译成汉语时应该避免生硬地墨守原文词性的直译，如译为"你是一个说谎者！"应注意考虑对话中的感情因素，如改译成"你撒谎！"不仅符合译入语的习惯，也充分表达出了说话者的感情。

2.2　前后呼应

对话，顾名思义，有文气相连的含义，也就是说，说话者的对话前后彼此呼应。译者应揣摩语气，融会贯通，学会"求诸言外"的技巧，懂得变化之道。如下面一段对话中的"which"，如果仅仅死板地译成"这"或"那"，显然上下文的文气就会大大减弱，这就要求翻译时应细心揣摩原文对话的上下文，细察文气，使原文对话彼此呼应。

"It is an expensive habit, giving those wedding presents," said Mrs. Repton, "I wish it would go out of fashion. Simpelson is not coming here, after all."

Which was true, the object of their hopes did not enter the Repton residence.

(*Married for His Money*：15)

"……不管怎样，辛普森是不来这里了。"

那的确是真的，……①

---

① 转引自 Gai-Lai Cheng: *Translating Literary Texts: Theory and Practice*, Department of Chinese, The University of Hong Kong, 2000, p. 81.

在这里，译者如能根据上下文进行融会贯通，把"which was true"翻译成"这话说得不错"，上下文的衔接就会显得有力得多。

此外，译者在译小说对话时还要懂得变化之道，不要一味拘泥于原文的字面意思。如下面《傲慢与偏见》中班纳特太太和班纳特先生的一段对话：

> "Oh! Single, my dear, to be sure! A single man of large fortune; four or five thousand a year. What a fine thing for our girls!"
>
> "How so? How can it affect them?"
>
> (Jane Austen, 1946: 2)

> "哦，单身，我亲爱的，一点儿不错！一个有大笔家产的单身汉；每年四五千镑，这对咱们的姑娘是件多好的事呀！"
>
> "怎么个好法？这和她们有什么关系？"
>
> (张玲、张扬, 1996: 2)

班纳特先生说的话，如果简单地照字面意思译成"怎么会这样？这怎么会影响姑娘们呢？"译文不仅缺乏上下的连贯性，而且十分生硬，文采也大为逊色，显得过于拘泥于对话的字面含义。

此外，小说中人物的对话还能展现出人物的性格、说话的习惯，表明人物的身份、角色。这些特征在下文讲如何翻译小说对话时会加以具体分析。

3. 译出人物的性格特征、说话习惯、身份角色

3.1 译入语要符合人物的性格特征

作家笔下的人物形象各有各的性格特征。在不同作家的不同小说中，人物的形象可谓是千人千面，各不相同。即使是在同一作家的同一作品里，每个人物的形象也是神态各异，少有雷同。因此，翻译小说中人物的对话时，应该译出人物的个性。力求达到"只闻其声，便识其人"的效果。如托马斯·哈代（Thomas Hardy）的《德伯家的苔丝》（*Tess of the d'Urbervilles*）中，苔丝（Tess）和亚历克（Alec）之间的一段对话：

> "Well, my beauty, what can I do for you?" said he, coming forward. And perceiving that she stood quite confounded: "Never mind me. I am Mr d'Urberville. Have you come to see me or my mother?"
>
> "I came to see your mother, sir."

259

(Thomas Hardy, 1980: 64)

......

"It is so very foolish," she stammered, "I fear I can't tell you!"

"Never mind; I like foolish things. Try again, my dear." Said he kindly.

(ibid.: 65)

"啊，我的大美人儿，你上这儿来有什么事啊？"他瞧苔丝站在那儿不知道怎么好的样子，跟着说，"我就是德伯先生。你有什么话尽管说好了，你是来找我的，还是来找我母亲的？"

"我是来看你母亲的，先生。"

......

......她结巴道，"我恐怕不能跟你说！"

"没关系，我就喜欢听傻事。说出来听听，亲爱的。"他和蔼地说。

(张谷若，1996: 63)

纯洁的农家少女苔丝在虚荣的父亲和贪婪的母亲的压力下，来到有钱的德伯家认亲联宗，遇到了纨绔子弟亚历克，两人之间展开了一段对话。从对话中，我们可以明确地看出亚历克轻浮好色的性格特征，初次见到貌美的苔丝就称呼她"大美人儿""亲爱的"。当然，译者将"my beauty"译为"我的大美人儿"，原文没有"大"这一修饰，译者运用增词法在"美人儿"前加了一个"大"字，更加符合汉语的口语表达习惯，把亚历克轻浮的口吻展现得淋漓尽致。

3.2　译入语要符合人物的说话习惯

人物说话有各自的习惯：有的人言辞谨慎，有的人信口开河；有的人谈吐文雅，有的人满口脏话；有的人婉转含蓄，有的人开门见山；有的人不善言辞，有的人伶牙俐齿；有的人态度谦虚，有的人故弄玄虚。在翻译中，这一点往往容易被译者忽视。如《大卫·科波菲尔》中的密考伯先生就是一个典型的代表。他说起话来总是文绉绉的，且不分场合，不看对象。如下面他对大卫说的一段话：

"My dear Copperfield, this is luxurious. This is a way of life which reminds me of the period when I was myself in a state of celibacy, and Mrs. Micawber had not yet been solicited to plight her faith at he Hymeneal altar."

"亲爱的科波菲尔，这真可谓奢侈华美。这种生活方式不禁使本人想起了当年单身孑然，密考伯太太也未曾有人上门提亲并赴圣坛想许终身的时日来。"①

短短的两句话，密考伯先生就用了 "a state of celibacy" "solicited" "plight her faith" 等古典而正式的词语，还有 "Hymeneal" 这样的涉及希腊神话典故的词汇（"Hymen" 是古希腊神话中的司婚之神，"Hymeneal altar" 是指举行婚礼的教堂圣坛），充分表现出密考伯先生喜欢故弄玄虚、卖弄学问的滑稽形象。可在我国出版的某些译本中，由于译者忽视了人物语言的这一特点，把本来反映小说人物语言习惯的古雅的话语译得通俗化、口语化了。

3.3　译入语要符合人物的身份角色

我们知道，同一个人在不同场合里使用的语言是不同的，不同身份的人在同一场合里使用的语言是不同的，不同身份的人在不同场合里使用的语言也是不同的。如政客、学者、市民、农民等说话必定各有特色。一般来说，有身份、有地位的人在公共场合说起话来言辞谨慎，以维护自己的形象；而没受过多少教育的普通百姓说起话来通常不太讲究，常给人以"大老粗"的感觉。这就要求翻译对话时要充分考虑到人物的身份和角色。如下面《德伯家的苔丝》中苔丝说的一段话：

"Had it anything to do with father's making such a moment of himself in this carriage this afternoon? Why did'er! I felt inclined to sink into ground with shame!"

(Thomas Hardy, 1980：58)

"今儿过晌儿，俺看见俺爹坐在大马车里，出那样的洋相，他那是怎么啦？是不是叫这档子事折腾的？那阵儿把俺臊的，恨不得有个地缝钻进去！"

(张谷若，1996：35)

译文中的"过晌儿""俺爹""臊"等即符合原文的白话风格，且切合人物的身份和角色，同原文的语气和气氛相吻合，活脱脱地描绘出了苔丝的尴尬神态，使读者如闻其声，如见其人。

---

① 参见黄粉保：《论小说人物语言个性的翻译》，载《中国翻译》，2000 年第 2 期。

4. 译入语语气要切合其境

人物的语言习惯通常具有相对的稳定性，但在特定的场合、特定环境因素的影响下，人物说话的语气、腔调也会发生相应的变化。性格温婉的人也会大吼大叫，文质彬彬的人也会口吐脏话，亲人之间也会反唇相讥……如下面的《傲慢与偏见》（*Pride and Prejudice*）中的一段对话：

"O Mr. Bennet, you are wanted immediately. We are all in an uproar. You must come and make Lizzy marry Collins, ..."

（Jane Austen, 1946：99）

……

"啊，本内特先生，正急着找你呢。我们大伙炸了锅。您一定要来让丽琪嫁给柯林斯先生，……"

（张玲、张扬, 1996：104）

"Come here, child," cried her father, as she appeared. "I have sent for you on an affair of importance. I understand that Mr. Collins has made you an offer of marriage. Is it true?" Elizabeth replied that it was. "Very well—and this offer of marriage you have refused?"

"I have, sir."

"Very well. We come to the point. Your mother insists upon your accepting it. Is it not so, Mrs. Bennet?"

（Jane Austen, 1946：100）

……

"到这儿来吧，孩子，"她父亲一看见她就大声说。"我叫你来是有一件重要的事。我听说柯林斯先生向你求婚了，是真的吗？"伊丽莎白回答说是真的。"很好——那么这次求婚，你拒绝了？"

"我拒绝了。"

"很好。我们现在来谈正题吧。你妈妈一定要你接受。是不是这样，本内特太太？"

（张玲、张扬, 1996：105）

读过《傲慢与偏见》的人都能够看出，在这段对话中，班纳特一家人之间的说话语气发生了变化。由于对伊丽莎白的婚事产生了分歧，大家说话的语气也明显地带有一种陌生感，甚至有相互嘲讽的意味。班纳特夫妇相互称"Mr. Bennet"和"Mrs. Bennet",而不是"Dear, Harney"之类的亲密称呼。所以,这里把"Mr. Bennet"和"Mrs. Bennet"分别译作"班纳特先生"和"班纳特太太"比较符合人物当时说话的语气。而女儿伊丽莎白称呼其父亲为"Sir",而不是表示亲密的"Dad, Papa"。显然,这里若把"Sir"译作"爸爸"会使译文大为逊色,译作"父亲大人"较为符合人物当时说话的语气和神态。

5. 译出话语中的文化底蕴

说不同语言的人们,来自不同的文化环境,所受的文化熏陶也不同。在小说中,人物的对话通常也蕴含着丰富的文化信息,这就要求翻译时应把其中的文化信息传达出来,否则会给译入语的读者造成阅读上的困难甚至障碍,使读者不知所云。我们在翻译小说对话时不单单是把对话里的每一句话翻译出来,还要把对话里的文化内涵传达给译入语的读者。因此,必要的时候需要用脚注来辅助翻译。如在鲁迅的《阿 Q 正传》中,主人公阿 Q 常说的一句话:"我手执钢鞭将你打。"我们来看一下这句话的翻译:

> "I'll thrash you with a steel mace..."
>
> Footnote: A line from "*The Battle of Dragon and Tiger*", an opera popular in Shao-hsing. It told how Chao Kuangyin, the first emperor of the Sung Dynasty, fought with another general.

(杨宪益、戴乃迭译)①

我们知道,《阿 Q 正传》是以鲁迅的故乡浙江绍兴为背景写的,其中涉及绍兴当地的一些风俗民情。阿 Q 说的这句话出自当时绍兴的地方戏《龙虎斗》,这出戏演的是宋太祖赵匡胤和呼延赞交战的故事。若不加脚注进行解释,译入语读者可能看不懂。即使看懂了,也可能因缺乏对中国文化的了解,不能透彻地理解原作及其蕴含的文化信息。加了脚注就会有助于读者弄清这句话的来龙去脉,克服文化差异造成的不便,从而加深对原作的理解和对中国古代社会文化的了解。

---

① 转引自刘影、陈垣光:《文化交汇,风采烂然——喜读〈阿 Q 正传〉莱尔英译本》,载《中国翻译》,2002 年第 4 期。

6. 语助词的翻译

语助词的翻译在小说翻译中至关重要。小说中包含大量的对话，而对话中又包含大量的语助词。语助词用以表达人物的感情，能帮助读者理解小说中人物的思想。中文和英文中具有表达人物感情的众多语助词，然而，如何在翻译中找到对等，如何以不同方式寻求对等的翻译，决定了小说对话翻译的优劣。

6.1 英汉语中可对等的语助词的翻译

英汉语中的语助词不尽相同，有些语助词是对等的。如部分表示说话支吾、犹豫的语助词，汉语中的"嗯"和英语中的"er, um"等。以及部分表示礼貌与惊叹的语助词，如汉语的"嘘、呸、啊、啊哈、天哪、哦、哇"与英语的"hush, pah, ah, aha, gosh, oh, wow"等。英汉语中对等语助词的译法比较简单，这里就不再赘述了。

6.2 英汉语中无法对等的语助词的翻译

英语中有些语助词是无法在汉语中找到完全对等的词的，这就要求译者在翻译时根据上下文的语气、语境、态度等加以揣摩，在汉语中寻求对等的语助词。如下面一句话：

"Man! Everything is messed up!"
"天哪！所有的事都弄得一团糟！"

这里的"man"是语助词，仅按照其对等词义是译不出来的，"man"在这里显然是表示感叹。

一方面，英汉语的语助词不可能完全对等；另一方面，英语国家的人很多情况下靠语音、语调来表达感情，但语音、语调一旦付诸文字，就会被"隐身"，这时候该怎么办呢？这就要靠译者揣摩原文的语气，在适当的地方增添、删减或转换语助词。请看下面的例子：

（1）"Just look at old Repton," sneered Mr. Scampion, "I'll be fifty to one he's thinking how he's to explain it all. Simpelson don't seem over pleased to see his brother again!"

（Clara Cheeseman, 1994：21）

若不注重原文的语气语调，仅照字面意思译为：

> "看看雷普顿老先生，"斯坎皮恩先生冷笑道："……西佩森先生跟弟弟重逢，好像并不太开心。"

但译者如果再仔细揣摩一下原文的语气，以及"just""sneered"和句末的感叹号的修饰，就会发觉上面的译文显得过于平铺直叙，没有充分表达出说话者的语调和感情色彩。下面给出的译文便比前面的译文生动得多。

> "看看雷普顿老先生啊，"斯坎皮恩先生冷笑道："……西佩森先生跟弟弟重逢，好像并不太开心哪！"

（黄国彬，2000：92）

两句译文的差别在于"啊、哪"两个语助词的添加，后面的译文由于使用了语助词，就较生动地描述了"坎皮恩先生"冷笑的神态，使得译入语的语调和原文的语调相仿。

（2）诗贯六义，则讽喻、抑扬、渟漓、渊雅，皆在其中矣。

（王柏华、陶庆梅译《中国文论：英译与评论》，2003：385）

Poetry encompasses the sixth principle; moreover, indirect and metaphorical illustration, modulations, purity and reserve, gentleness and grace are all encompassed within them.

（宇文所安译）

"矣"在汉语古文中是语助词，在这句话中，原语只是一般的陈述，所以可以在译入语中省去语助词。

（3）"I declare there's a hole in my stocking-heel！"

（Thomas Hardy, 1980：89）

"哟，我的袜子后跟上有个窟窿！"

（张谷若，1996：76）

　　原文中动词"declare"有"断言，宣称，宣布，宣告，声明"等义，在此语境下语气强烈，如果直译成"我断言/宣称……"就很滑稽，但译者用语助词"哟"较好地传达了原文的语气。当然，其实也可以不使用语助词，只需在"declare"一词上多加琢磨，如可译为"说真的，我袜子后跟上有个洞！"。

7．人物对话中所夹外语的翻译

　　人物对话中所夹外语的翻译比较简单，笔者在这里只想简单提一下自己的看法。小说中人物抑或是出自谈话的需要，抑或是想展示自己的学问，不管怎样，当人物所说话语中夹带外语时，笔者认为翻译时保留其所说外语的原貌，再在文中加以注释不失为一种好的方法。这样既能使译入语的读者理解原文，又能保留谈话者话语的韵味。

8．结语

　　要把小说中的对话翻译得惟妙惟肖，不仅需要译者有良好的外语水平，同时也要求译者具备较为深厚的文学功底。这样，才能尽可能地使译文切近原文，才能使译入语的读者更好地欣赏小说，才能使"译文读者对译文的理解达到能够想象出原文读者是怎样理解和领会原文的程度"（严久生，1998：113）［The readers of a translated text should be able to comprehend it to the point that they can conceive of how the original readers of the text must have understood and appreciated it.（Eugene A. Nida, 1998：118）］，以实现最低限度而又切合实际的功能对等。

参考文献：

冯庆华. 实用翻译教程［M］. 上海：上海外语教育出版社，2000.

哈代，托马斯. 德伯家的苔丝［M］. 张谷若，译. 北京：人民文学出版社，1996.

黄粉保. 论小说人物语言个性的翻译［J］. 中国翻译，2000（2）.

李昌裕. 文学作品人物言语中语助词的翻译［J］. 中国翻译，1997（1）.

李昌裕. 晓畅通达 貌合神离——评《苔丝》中译本的语言特色［J］. 中国翻译，1996（2）.

刘影，陈垣光. 文化交汇，风采烂然——喜读《阿 Q 正传》莱尔英译本［J］. 中国翻译，2002.

王柏华，陶庆梅. 中国文论：英译与评论［M］. 上海：上海社会科学院出版社，2003.

尤金 A. ，奈达. 语言文化与翻译 ［M］. 严久生，译. 呼和浩特：内蒙古大学出版社，1998.

Austen, Jane. *Pride and Prejudice* ［M］. London：Albert Bonniers Boktryckeri, 1946.

Cheng, Gai-Lai. *Translating Literary Texts：Theory and Practice* ［M］. Hong Kong：The University of Hong Kong Department of Chinese, 2000.

Hardy, Thomas. *Tess of the d'Urbervilles* ［M］. London：The Gresham Press, 1980.

Nida, Eugene A. *Language, Culture, and Translating* ［M］. Shanghai：Shanghai Foreign Language Education Press, 1998.

On Translation of Dialogues in Novel

Xi Zhenyan

Abstract：Translation of dialogues plays a very important role in the translation of novels. This paper mainly analyzes how to better convey the feature of characters and the role of identity in the dialogue translation of novels in order to reproduce the original characters and reveal the characters' inner world；it depicts how to shape the live figures according to the context and the tone of the original work, and it also expounds how to better display the cultural connotation of the source language, and other aspects are also discussed.

Key words：translation of dialogues in novels；figure；character；identity；culture